今注本二十四史

漢書

漢 班固 撰 唐 顏師古 注

孫曉 主持校注

中國社會科學出版社

一九 傳〔七〕

漢書　卷六四上

嚴朱吾丘主父徐嚴終王賈傳第三十四上[1]

[1]【顏注】師古曰：分嚴安以後爲下卷。【今注】案，《漢書》列此卷分上下，爲文學之士類傳。此九人以對策入仕，然皆言行不一。及其遇害，或皆咎由自取。《史記》無此類傳，僅記主父偃諸人。

嚴助，會稽吳人，[1]嚴夫子子也，[2]或言族家子也。[3]郡舉賢良，對策百餘人，[4]武帝善助對，繇是獨擢助爲中大夫。[5]後得朱買臣、吾丘壽王、司馬相如、主父偃、徐樂、嚴安、東方朔、枚皋、膠倉、終軍、嚴葱奇等，[6]並在左右。是時征伐四夷，開置邊郡，軍旅數發，內改制度，朝廷多事，婁舉賢良文學之士。[7]公孫弘起徒步，[8]數年至丞相，開東閤，延賢人與謀議，朝覲奏事，因言國家便宜。上令助等與大臣辨論，中外相應以義理之文，[9]大臣數詘。[10]其尤親幸者，東方朔、枚皋、嚴助、吾丘壽王、司馬相如。相如常稱疾避事。朔、皋不根持論，上頗俳優畜之。[11]唯助與壽王見任用，而助最先進。

　　[1]【今注】嚴助：本名莊助。東漢時因避漢明帝劉莊諱，改爲嚴。　會稽吳人：會稽郡吳縣人。會稽是漢代轄境最廣的郡之一，治吳縣（今江蘇蘇州市吳中區）。

　　[2]【顏注】張晏曰：夫子，嚴忌也。【今注】嚴夫子：嚴忌，西漢辭賦家。據《嘉興市志》載：《漢書》説嚴忌是吳人，實爲由拳縣（今浙江嘉興市）人。本姓莊，因避漢明帝劉莊諱改。嚴忌少時與司馬相如等俱好辭賦，以文辯聞名於時。嘗仕吳，見吳王濞有邪，又去梁，受知於孝王。與鄒陽、枚乘俱受尊重，而忌名尤著，世稱嚴夫子。有辭賦二十四篇，今存《哀時命》，見於王逸《楚辭章句》，爲哀傷屈原之作。嚴忌事迹見本書《藝文志》、卷五一《鄒陽傳》、卷五七《司馬相如傳》。

　　[3]【顏注】師古曰：亦云夫子之族子也。

　　[4]【今注】賢良：漢代選拔統治人才的特科之一。由郡國推舉文學之士充選。亦爲“賢良文學”“賢良方正”的簡稱。　對策：郡國推舉的賢良等特科人才，由皇帝就政事、經義等設問，由應試者對答，稱爲對策。皇帝根據對策高下，授予不同官職。

　　[5]【今注】中大夫：官名。備顧問應對。漢武帝太初元年（前104）改名光禄大夫，掌論議。《荀子·大略》：“上大夫、中大夫、下大夫，吉事尚尊，喪事尚親。”《史記》卷一〇二《張釋之馮唐列傳》：“文帝由是奇釋之，拜爲中大夫。”案，嚴助對策事在武帝建元元年（前140）。

　　[6]【今注】司馬相如：傳見本書卷五七。　東方朔：傳見本書卷六五。　枚皋：傳見本書卷五一。　膠倉：趙人，本書《藝文志》縱橫家作“聊蒼”。有《待詔金馬聊蒼》三篇。陳直《漢書新證》説：“西漢時聊姓多，膠姓少。《十六金符齋續百家姓譜》五頁，有‘聊進’‘聊廣國’‘聊並’三印，均作聊是也。”　嚴葱奇：本書《藝文志》作“莊忽奇”。其人本姓莊，史因避漢明帝諱，改爲“嚴”。官常侍郎，有賦十一篇。本書《藝文志》顏注引

《七略》云："忽奇者，或言莊夫子子，或言族家子莊助昆弟。"參見《漢書考證》。

[7]【顏注】師古曰：妻，古屢字。

[8]【今注】公孫弘：傳見本書卷五八。

[9]【顏注】師古曰：中謂天子之賓客，若嚴助之輩也。外謂公卿大夫也。

[10]【顏注】師古曰：謂計議不如助等，每詘服也，音丘勿反。

[11]【顏注】師古曰：論議委隨，不能持正，如樹木之無根柢也。

建元三年，[1]閩越舉兵圍東甌，[2]東甌告急於漢。時武帝年未二十，以問大尉田蚡。[3]蚡以爲越人相攻擊，其常事，又數反覆，不足煩中國往救也，自秦時棄不屬。[4]於是助詰蚡曰："特患力不能救，德不能覆，誠能，何故棄之？且秦舉咸陽而棄之，何但越也！[5]今小國以窮困來告急，天子不振，尚安所愬，[6]又何以子萬國乎？"[7]上曰："太尉不足與計。吾新即位，不欲出虎符發兵郡國。"[8]迺遣助以節發兵會稽。會稽守欲距法，不爲發。[9]助迺斬一司馬，諭意指，[10]遂發兵浮海救東甌。未至，閩越引兵罷。

[1]【今注】建元：漢武帝年號（前140—前135）。現在一般認爲此是中國歷史上第一個年號。舊説或認爲"元鼎"爲年號之始，之前年號皆爲追加。然有學者考證認爲發現的一些文物上有元鼎之前年號的銘記，《筠清館金石記》載有銘刻建元年號的漢朝文物。又可參見賈麥明《漢武帝"建元""元光"紀年疑議》（《西北

大學學報》1985 年第 1 期）。

　　［2］【今注】閩越：閩越國。屬古百越部落的一支，主要位於今中國福建。傳見本書卷九五。　東甌：東甌國。越族的一支。主要分布在今浙江南部。其首領遥助漢滅項羽，受封爲東海王，因都東甌（今浙江温州市），俗稱東甌王。參閱《史記》卷一一四《東越列傳》。

　　［3］【今注】案，大尉，蔡琪本、大德本、殿本作“太尉”。田蚡：傳見本書卷九五。武帝建元三年（前 138）田蚡已非太尉，此仍其舊稱。

　　［4］【顔注】師古曰：言不臣屬於中華。

　　［5］【顔注】師古曰：舉，惣也（惣，蔡琪本、大德本作“捴”，殿本作“總”，本注下同）。言惣天下乃至京師皆棄也。

　　［6］【顔注】師古曰：振，舉也，起也。安，焉也。【今注】振：應作“救”解。王念孫《讀書雜志·漢書第十一》：“振，救也。（見《月令·哀公問》注，昭十四年《左傳》注，及《周語》《魯語》《吴語》注。）故《漢紀》作‘天子不能救’。”　愬：同“訴”。

　　［7］【顔注】師古曰：子謂畜爲臣子也。

　　［8］【今注】虎符：虎符是古代帝王調兵遣將之信物。一般爲銅製，虎形，分左右兩半，有子母口相合。右符留存朝堂，左符在將領之手。朝廷調動軍隊，需派人帶右符，持符驗合，軍將纔能聽命。沈欽韓《漢書疏證》説：“以銅爲符，鑄虎爲飾，中分之，頒其右而藏其左。起軍旅時，則出以合中外之契。唐用銅魚符，宋用虎豹符。明以金牌用寶調發，非古制。”

　　［9］【顔注】師古曰：以法距之，爲無符驗也。【今注】距法：據法。距，同“拒”。漢制以虎符發兵。嚴助持節發兵，無虎符爲驗。沈欽韓《漢書疏證》説，《唐六典》云：“旌以專賞，節以專殺。”故助得斬司馬也。沈氏按，《周禮·地官·掌節》“惟道路

用旌節”，注云：“今使者所擁節是也。”《司常》注：“全羽、析羽皆五采，繫之於旞旌之上，所謂注旄於干首也。”《夏采》注：“緌以旄牛尾爲之，綴於橦上，所謂注旄於干首者。王建大常，今以之復去其旒，異之於王。”然則漢之使節，但繫旄徒緌，亦去旒不用，故蘇武得卧起操持。《明史·輿服志四》：“禮部奏：‘漢光武時，以竹爲節，柄長八尺，其旄三重。’”黄公紹《韻會》注：“漢節柄長三尺。”

[10]【顏注】師古曰：以天子意指曉告之。【今注】指：同“旨”。

後三歲，閩越復興兵擊南越。[1]南越守天子約，不敢擅發兵，而上書以聞。上多其義，[2]大爲發興，遣兩將軍將兵誅閩越。[3]淮南王安上書諫曰：[4]

[1]【今注】南越：即南越國，亦稱南粵國，是秦漢時位於嶺南的一個方國。從開國君主趙佗至亡國君主趙建德，共歷五任國王，享國九十三年。傳見本書卷九五。案，1983年，漢第二代南越王趙眜墓被發掘，墓位於廣東廣州市越秀區解放北路的象崗山上。南越王墓的出土，被譽爲近代中國五大考古新發現之一。參見廣東省博物館《西漢南越王墓考古發掘報告》（文物出版社1991年版）。

[2]【顏注】師古曰：多猶重也。

[3]【今注】兩將軍：王恢、韓安國。　案，事在漢武帝建元六年（前135）。

[4]【今注】淮南王安：淮南王劉安。傳見本書卷四四。

陛下臨天下，布德施惠，緩刑罰，薄賦斂，哀鰥寡，恤孤獨，養耆老，振匱乏，盛德上隆，和澤下洽，近者親附，遠者懷德，天下攝然，[1]人安其生，自以没身不見兵革。[2]今聞有司舉兵將以誅越，臣安竊爲陛下重之。[3]越，方外之地，劗髮文身之民也。[4]不可以冠帶之國法度理也。自三代之盛，胡越不與受正朔，[5]非彊弗能服，威弗能制也，以爲不居之地，不牧之民，不足以煩中國也。[6]故古者封内甸服，[7]封外侯服，[8]侯衞賓服，[9]蠻夷要服，[10]戎狄荒服，[11]遠近埶異也。自漢初定已來七十二年，吳越人相攻擊者不可勝數，然天子未嘗舉兵而入其地也。

[1]【顏注】孟康曰：攝，安也。音奴協反。

[2]【今注】没身：終身。

[3]【顏注】師古曰：重，難也。

[4]【顏注】晉灼曰：淮南云“越人劗髮”，張揖以爲古翦字也。師古曰：劗與翦同，張説是也（張説，蔡琪本、殿本同，大德本作“晉説”）。【今注】劗（zuān）髮文身：古用以比喻未教化之民族。劗，同“剪”。《玉篇》説：“剃髮也。減也，切也。吳人謂髡法爲劗。”又《正韻》：“子踐切，音剪。”《淮南子·原道訓》：“九嶷之南，陸事寡而水事衆，於是民人被髮文身，以象鱗蟲。”高誘注曰：“文身，刻畫其體，内墨其中，爲蛟龍之狀。以入水，蛟龍不害也，故曰以象鱗蟲也。”《禮記·王制》：“東方曰夷，被髮文身。”孔穎達注疏：“越俗斷髮文身，以辟蛟龍之害，故刻其肌，以丹青涅之。”

[5]【顏注】師古曰：與讀曰豫。

[6]【顏注】師古曰：地不可居，而民不可牧養也。

[7]【顏注】師古曰：封内謂圻千里之内也（蔡琪本、大德

本、殷本"謂"後有"封"字）。甸服，主治王田以供祭祀也。
【今注】甸服：古"五服"之一。或稱古制離王城五百里的區域。
《尚書·禹貢》："中邦錫土姓：'祇台德先，不距朕行，五百里甸
服。'"孔氏傳："規方千里之內謂之甸服，爲天子服治田，去王城
面五百里。"蔡沈《書集傳》："甸服，畿內之地也……五百里者，
王城之外，四面皆五百里也。"或謂爲"九服"之一，指王畿外方
五百里至千里之間的地區。《周禮·夏官·職方氏》："方千里曰王
畿，其外方五百里曰侯服，又其外方五百里曰甸服。"鄭玄注：
"服，服事天子也。"舊說以《尚書》所記爲夏制，《周禮》所記爲
周制。

[8]【顔注】師古曰：封外，千里之外也。侯，候也，爲王
者斥候。【今注】封外：或應作"邦外"。錢大昭《漢書辨疑》說：
"此用《國語》文，避高祖諱，故作'封'。"

[9]【顔注】服虔曰：侯服之外，又有衞服。賓，賓見於王
也。侯衞二服同爲賓也。

[10]【顔注】師古曰：又在侯衞之外而居九州之內也。要，
言以文德要來之耳，音一遙反。

[11]【顔注】師古曰：此在九州之外者也。荒，言其荒忽絶
遠，來去無常也。【今注】荒服：古"五服"之一。距離京師二千
到二千五百里之地，泛指邊遠疆域。案，以上甸服至荒服，是叙述
古五服制度。《國語·周語上》："夫先王之制：邦內甸服，邦外侯
服，侯衞賓服，夷蠻要服，戎狄荒服。"

　　臣聞越非有城郭邑里也，處谿谷之閒，篁竹
之中，[1]習於水鬬，便於用舟，地深昧而多水
險，[2]中國之人不知其執阻而入其地，[3]雖百不當
其一。得其地，不可郡縣也；攻之，不可暴取也。
以地圖察其山川要塞，相去不過寸數，而間獨數

百千里，[4]阻險林叢弗能盡著。[5]視之若易，行之甚難。天下賴宗廟之靈，方內大寧，[6]戴白之老不見兵革，[7]民得夫婦相守，父子相保，陛下之德也。越人名爲藩臣，貢酎之奉，不輸大內，[8]一卒之用不給上事。[9]自相攻擊而陛下發兵救之，是反以中國而勞蠻夷也。[10]且越人愚戇輕薄，負約反覆，其不用天子之法度，非一日之積也。[11]壹不奉詔，舉兵誅之，臣恐後兵革無時得息也。

[1]【顏注】服虔曰：竹叢也。音皇。師古曰：竹田曰篁。

[2]【顏注】師古曰：昧，暗也。言多草木。

[3]【今注】中國：古華夏族建國於黃河流域，以爲居天下之中，故稱中國。中國一詞最早見於西周初年"何尊"銘文："餘其宅茲中國，自之辟民。"

[4]【顏注】師古曰：間，中間也。或八九百里，或千里也。

[5]【顏注】師古曰：不可盡載於圖也。著音竹助反。

[6]【今注】方內：國內。《史記》卷一〇《孝文本紀》："方內安寧，靡有兵革。"

[7]【顏注】師古曰：戴白，言白髮在首。

[8]【顏注】應劭曰：國僻遠（蔡琪本、大德本、殿本作"越國僻遠"），珍奇之貢，宗廟之祭皆不與也。大內，都內也，國家寶藏也。師古曰：百官公卿表云治粟屬官有都內令丞也。【今注】案，王先謙《漢書補注》引《資治通鑑》胡注："言越國僻遠，既不輸土貢，又不輸酎金於中國，得其地無益也。"　大內：漢大內指掌國庫官員。《史記》卷一一《孝景本紀》："以大內爲二千石，置左右內官，屬大內。"陳直《漢書新證》不贊同此說，"大內既爲二千石重職及屬官左右內（左內、右內似即後來合併改

稱都内令，屬於大司農)，何以未見有人除拜者。王國百官及出土封泥印章，亦從未見大内之官名"。

[9]【顏注】師古曰：給，供也。

[10]【顏注】師古曰：疲勞中國之人於蠻夷之地。

[11]【顏注】師古曰：積，久也。

間者，數年歲比不登，民待賣爵贅子以接衣食，[1]賴陛下德澤振救之，得毋轉死溝壑。四年不登，五年復蝗，民生未復。[2]今發兵行數千里，資衣糧，入越地，[3]輿轎而隃領，[4]拕舟而入水，[5]行數百千里，夾以深林叢竹，水道上下擊石，[6]林中多蝮蛇猛獸，[7]夏月暑時，歐泄霍亂之病相隨屬也，[8]曾未施兵接刃，死傷者必眾矣。前時南海王反，陛下先臣使將軍間忌將兵擊之，[9]以其軍降，處之上淦。[10]後復反，會天暑多雨，樓船卒水居擊櫂，[11]未戰而疾死者過半。親老涕泣，孤子謕號，[12]破家散業，迎尸千里之外，裹骸骨而歸。悲哀之氣數年不息，長老至今以為記。[13]曾未入其地而禍已至此矣。

[1]【顏注】如淳曰：淮南俗賣子與人作奴婢，名為贅子，三年不能贖，遂為奴婢。師古曰：贅，質也。一說，云贅子者，謂令子出就婦家為贅壻耳。贅壻解在《賈誼傳》。

[2]【顏注】師古曰：生謂生業。復音扶目反。

[3]【顏注】師古曰：資猶齎。

[4]【顏注】服虔曰：轎音橋梁（殿本無"梁"字），謂隘道輿車也（隘，大德本、殿本同，蔡琪本作"溢"）。臣瓚曰：今

竹輿車也，江表作竹輿以行是也。項昭曰：陵絕水曰轎，音旗廟反。領，山領也（山領，蔡琪本、大德本、殿本作"山嶺"）。不通舡車，運轉皆擔輿也。師古曰：服音、瓚説是也。項氏謬矣。此直言以轎過領耳，何云陵絕水乎！又旗廟之音無所依據。喻與踰同（喻，蔡琪本、大德本、殿本作"隃"）。【今注】輿轎：轎子，靠人或畜扛載而行。

[5]【顏注】師古曰：扡（扡，大德本同，蔡琪本、殿本作"柂"），曳也，音它。【今注】案，扡，大德本同，蔡琪本、殿本作"柂"。

[6]【顏注】師古曰：謂船觸石，難以行也。

[7]【顏注】師古曰：嫚，惡嫂也，音數福反，解在《田儋傳》。

[8]【顏注】師古曰：泄，吐也，音弋制反。屬音之欲反。【今注】歐泄：亦作"歐洩"。上吐下瀉。歐，同"嘔"。

[9]【顏注】文穎曰：先臣，淮南屬王長也。間忌，人姓名。師古曰：《淮南王傳》作簡忌，此本作間，轉寫字誤省耳。

[10]【顏注】蘇林曰：淦音耿弇之弇。師古曰：音工含反。【今注】上淦：古地名。在今江西新幹縣（1957年，國務院因淦字生僻，將新淦縣改爲新幹縣）。淦，贛江支流。康熙《新淦縣誌》卷一四《藝文》收錄的明代張九韶《重修陶母墓記》，其文曰："然臨江未治郡之先，新淦屬廬陵治，在今清江鎮之東南二十里有山，曰紫淦，淦水出其下，縣之得名以此。"

[11]【顏注】師古曰：言常居舟中水上，而又有擊櫂行舟之役，故多死也。櫂音直孝反。【今注】樓船：漢代水軍戰船，亦作水軍的代稱。漢代水兵稱爲樓船卒、樓船士。

[12]【顏注】師古曰：諦，古啼字。

[13]【今注】案，王先謙《漢書補注》説，書其事爲監戒。

臣聞軍旅之後必有凶年，言民之各以其愁苦之氣薄陰陽之和，感天地之精，[1]而災氣爲之生也。陛下德配天地，明象日月，恩至禽獸，澤及草木，一人有飢寒不終其天年而死者，爲之悽愴於心。今方內無狗吠之警，[2]而使陛下甲卒死亡，暴露中原，霑漬山谷，[3]邊境之民爲之早閉晏開，[4]鼂不及夕，[5]臣安竊爲陛下重之。[6]

[1]【顏注】師古曰：薄，迫也。

[2]【顏注】師古曰：方內，中國四方之內也。

[3]【今注】霑漬：沾污。

[4]【顏注】師古曰：晏，晚也。言有兵難，故邊城早閉而晚開也。

[5]【顏注】師古曰：鼂，古朝字也。言憂危亡不自保也。

[6]【顏注】師古曰：重，難也。

不習南方地形者，多以越爲人衆兵彊，能難邊城。[1]淮南全國之時，多爲邊吏，[2]臣竊聞之，與中國異。[3]限以高山，人迹絕，[4]車道不通，天地所以隔外內也。其入中國必下領水，[5]之山峭峻，[6]漂石破舟，[7]不可以大船載食糧下也。越人欲爲變，必先田餘干界中，[8]積食糧，迺入伐材治船。邊城守候誠謹，越人有入伐材者，輒收捕，焚其積聚，雖百越，奈邊城何？且越人緜力薄材，[9]不能陸戰，又無車騎弓弩之用，然而不可入者，以保地險，而中國之人不能其水土也。[10]臣聞越甲卒不下數十萬，所以入之，五倍迺足，[11] 輓車奉饟者，不在其中。[12] 南方暑溼，近夏癉熱，[13] 暴露水居，蝮蛇蠚生，[14] 疾疢多作，[15] 兵未血刃而病死者什二三，雖舉越國而虜之，不足以償所亡。[16]

[1]【顏注】服虔曰：爲邊城作難也。

[2]【顏注】師古曰：全國謂未分爲三之時也。淮南人於邊爲吏，與越接境，故知其地形也。【今注】淮南：王國名。都壽春（今安徽壽縣）。高帝始置。文帝十六年（前164），淮南國一分爲三，即淮南、衡山、廬江。

[3]【顏注】師古曰：言其風土不同。

[4]【今注】案，蔡琪本、大德本、殿本、中華本"絶"字前有"所"字。

[5]【今注】領水：王先謙《漢書補注》引郭嵩燾説，指建昌之四望嶺、杉嶺水出盱江者。

[6]【今注】案，疑"之"字前應有"領水"二字，蔡琪本、大德本、殿本、中華本均有。

[7]【顏注】師古曰：言水流湍急，石爲之漂轉，觸破舟船也。漂音匹遥反。【今注】漂石破舟：水流湍急，暗礁時現，常破舟船。銀雀山漢墓竹簡《孫臏兵法·奇正》："故行水得其理，剽石折舟；用民得其生，則令行如留。"

[8]【顏注】韋昭曰：越邑，今鄱陽縣也。【今注】餘干：餘汗縣。西漢置。治所在今江西餘干縣。隋文帝開皇九年（589）去"水"存"干"，名爲"餘干縣"。

[9]【顏注】孟康曰：緜音滅，薄力也。師古曰：緜，弱也，言其柔弱如緜，讀如本字。孟説非也。

[10]【顏注】師古曰：能，堪也。【今注】能：耐。錢大昕

《廿二史考異・漢書三》說：“‘能’‘耐’二字，古書多通用。《食貨志》‘能風與旱’，《鼂錯傳》‘其性能寒’‘其性能暑’，《趙充國傳》‘漢馬不能冬’，《西域傳》‘不能饑渴’，顏皆讀如‘耐’。此亦當從‘耐’音。”

[11]【顏注】師古曰：不下，言不減也。漢軍多之五倍，然後可入其地也。

[12]【顏注】師古曰：輓，引也，音晚。饟亦餉字。

[13]【顏注】師古曰：癉，黃病，音丁幹反。【今注】癉熱：盛熱。《皇帝內經・靈樞經・論疾診尺》：“冬傷於寒，春生癉熱。”王充《論衡・感虛》：“人形長七尺，形中有五常，有癉熱之病，深自剋責，猶不能愈。”案，顏注以癉爲黃病，不妥。

[14]【顏注】師古曰：蠚，毒也，音壑。【今注】蠚（hē）：有毒腺的動物刺毒別的生物。或又作“螫（zhé）”。

[15]【今注】疢：熱病也。亦作“疹”。案，疢，蔡琪本、大德本、殿本作“癁”。又《漢書考正》宋祁曰：“景本‘癁’作‘災’。”宋祁所言景本與底本不同。

[16]【顏注】師古曰：舉謂總取也。

　　臣聞道路言，閩越王弟甲弑而殺之，[1]甲以誅死，其民未有所屬。陛下若欲來內，[2]處之中國，使重臣臨存，[3]施德垂賞以招致之，此必攜幼扶老以歸聖德。若陛下無所用之，則繼其絕世，存其亡國，建其王侯，以爲畜越，[4]此必委質爲藩臣，世共貢職。[5]陛下以方寸之印，丈二之組，填撫方外，[6]不勞一卒，不頓一戟，[7]而威德並行。今以兵入其地，此必震恐，以有司爲欲屠滅之也，必雉兔逃入山林險阻。[8]背而去之，則復相群聚；留而守之，歷歲經年，則士卒罷勌，食糧乏絕，[9]男子不得耕稼樹種，婦人不得紡績織紝，[10]丁壯從軍，老弱轉餉，[11]居者無食，行者無糧。民苦兵事，亡逃者必衆，隨而誅之，不可勝盡，盜賊必起。

[1]【顏注】師古曰：甲者，閩王弟之名。【今注】弟甲：猶弟某。實是弟餘善。劉安上書時不知其名，故謂之甲。參見顧炎武《日知錄》卷二七。

[2]【今注】內（nà）：古同"納"，收入。

[3]【顏注】師古曰：存謂省問之。

[4]【顏注】李奇曰：如人畜養六畜也。師古曰：直謂畜養之耳，非六畜也。

[5]【顏注】師古曰：共讀曰供。

[6]【顏注】師古曰：組者，印之綬。

[7]【顏注】師古曰：頓，壞也。一曰頓讀曰鈍（鈍，蔡琪本、殿本同，大德本作"逜"）。

[8]【顏注】師古曰：如雉兔之逃竄而入山林險阻之中。

[9]【顏注】師古曰：罷讀曰疲。勌亦倦字。【今注】勌：古同"倦"。

[10]【顏注】師古曰：樹，植也。機縷曰紝。紝音人禁反。【今注】織紝：亦作"織紉"。指織作布帛之事。

[11]【顏注】師古曰：餉亦饟字。

臣聞長老言，秦之時嘗使尉屠睢擊越，[1]又使監禄鑿渠通道。[2]越人逃入深山林叢，不可得攻。留軍屯守空地，曠日引久，[3]士卒勞倦，越出擊之。[4]秦兵大破，迺發適戍以備之。[5]當此之時，外內騷動，百姓靡敝，[6]行者不還，往者莫反，皆不聊生，亡逃相從，群爲盜賊，於是山東之難始興。此老子所謂“師之所處，荆棘生之”者也。[7]兵者凶事，一方有急，四面皆從。臣恐變故之生，姦邪之作，由此始也。《周易》曰：“高宗伐鬼方，[8]三年而克之。”[9]鬼方，小蠻夷；高宗，殷之盛天子也。以盛天子伐小蠻夷，三年而後克，言用兵之不可不重也。

[1]【顏注】張晏曰：郡都尉，姓屠名睢也。【今注】屠睢：秦朝將領。秦始皇時，蒙恬北征匈奴，屠睢南征百越。《史記》卷一一二《平津侯主父列傳》：“又使尉屠睢將樓船之士南攻百越，使監禄鑿渠運糧，深入越，越人遁逃。曠日持久，糧食絶乏，越人擊之，秦兵大敗。”

[2]【顏注】張晏曰：監郡御史也，名禄。【今注】監禄：監即監御史，名禄，亦稱史禄，姓失傳。秦始皇南定百越，他負責軍需，在今廣西興安縣附近開鑿運河，溝通湘江和灕江，以便利糧草運輸，後世稱爲靈渠、興安渠或湘桂運河。

[3]【今注】引久：猶持久。蔡琪本、大德本、殿本作“持久”。

[4]【今注】案，越出擊之，蔡琪本、大德本、殿本作“越迺出擊之”。

[5]【顏注】師古曰：適讀曰謫。【今注】適戍：謫罰戍邊。《史記》卷四八《陳涉世家》：“二世元年七月，發閭左適戍漁陽。”

[6]【顏注】師古曰：靡，散也，音糜。

[7]【顏注】師古曰：《老子道經》之言也。師旅行，必殺傷

士衆，侵暴田畝，故致荒殘而生荊棘也（故致，蔡琪本、大德本同，殿本作“故”）。

[8]【今注】鬼方：古族名。商周時居於中國西北方的部落。其活動載於《古本竹書紀年》、《史記》卷三《殷本紀》和出土的《小盂鼎》及商周甲骨卜辭中。參閱宋代王應麟《困學紀聞·易》、王國維《觀堂集林·鬼方昆夷玁狁考》。

[9]【顏注】師古曰：《既濟》九三爻辭。

　　臣聞天子之兵，有征而無戰，言莫敢校也。[1]如使越人蒙徼幸以逆執事之顏行，[2]厮輿之卒有一不備而歸者，[3]雖得越王之首，臣猶竊爲大漢羞之。陛下以四海爲境，九州爲家，八藪爲囿，江漢爲池，[4]生民之屬皆爲臣妾。人徒之衆足以奉千官之共，[5]租稅之收足以給乘輿之御。玩心神明，秉執聖道，負黼依，[6]馮玉几，[7]南面而聽斷，號令天下，四海之內莫不嚮應。[8]陛下垂德惠以覆露之，[9]使元元之民安生樂業，則澤被萬世，傳之子孫，施之無窮。天下之安猶泰山而四維之也，[10]夷狄之地何足以爲一日之間，[11]而煩汗馬之勞乎！《詩》云“王猶允塞，徐方既來”，[12]言王道甚大，而遠方懷之也。臣聞之，農夫勞而君子養焉，[13]愚者言而智者擇焉。[14]臣安幸得爲陛下守藩，以身爲郭蔽，人臣之任也。邊境有警，愛身之死而不畢其愚，非忠臣也。[15]臣安竊恐將吏之以十萬之師爲一使之任也！[16]

　　[1]【顏注】師古曰：校，計也。不敢與計彊弱曲直（彊，蔡琪本、大德本同，殿本作"强"）。【今注】莫敢校：伐罪而吊其民，故言"莫敢校"。顏說未當。參見王先謙《漢書補注》。

　　[2]【顏注】文穎曰：顏行猶鴈行（大德本、殿本同，蔡琪本"顏行"後有"者"字），在前行，故曰顏也。師古曰：蒙，犯也。行音胡郎反。【今注】案，蒙，蔡琪本同，大德本、殿本作"蒙死"。　顏行：前行。《管子·輕重甲》："若此，則士爭前戰爲顏行。"

　　[3]【顏注】張晏曰：廝，微；輿，衆也。師古曰：廝，析薪者。輿，王駕車者（王，蔡琪本、大德本、殿本作"主"）。此皆言賤役之人。【今注】廝輿：廝役。《呂氏春秋·決勝》："雖廝輿白徒，方數百里皆來會戰。"

　　[4]【顏注】師古曰：八藪，謂魯有大野，晉有大陸，秦有楊汗，宋有孟諸，楚有雲夢，吳越之間有具區，齊有海隅，鄭有圃田。

　　[5]【顏注】師古曰：千官猶百官也，多言之耳。共讀曰供。

　　[6]【顏注】師古曰：負，背也。白與黑畫爲斧文，謂之黼也。依讀曰扆。扆形如屏風而曲之，畫以黼文，張於牖間（牖間，蔡琪本、大德本、殿本作"戶牖之間"）。【今注】黼依：古帝王座後屏風，繡有白黑相間斧形花紋。

　　[7]【顏注】師古曰：馮讀曰凭。【今注】玉几：玉飾矮桌。

　　[8]【顏注】師古曰：嚮讀曰響。

　　[9]【顏注】師古曰：露謂使之霑潤澤也（霑，蔡琪本、大德本同，殿本作"沾"）。或露或覆，言養育也。

　　[10]【顏注】師古曰：維謂聯繫之。

　　[11]【顏注】如淳曰：得其地物，不足爲一日閑暇之虞也。

　　[12]【顏注】師古曰：《大雅·常武》之詩也（詩也，蔡琪本、大德本同，殿本作"詩"）。猶，道也。允，信也。塞，滿

也。既，盡也。言王道信充滿於天下，則徐方淮夷盡來服也。【今注】案，引詩見《詩·大雅·常武》。

[13]【顏注】師古曰：言農夫勤力於耕稼，所得五穀以養君子也。

[14]【今注】案，《史記》卷九二《淮陰侯列傳》："狂夫之言，聖人擇焉。"又，沈欽韓《漢書疏證》説："語見《文子·上德篇》。《趙策》，武靈王胡服，趙文諫語同。"

[15]【顏注】師古曰：畢，盡也，盡言其意也。

[16]【顏注】師古曰：言漢發一使鎮撫之，則越人賓服，不煩兵往。

是時，漢兵遂出，踰領，[1]適會閩越王弟餘善殺王以降。[2]漢兵罷。上嘉淮南之意，美將卒之功，[3]迺令嚴助諭意風指於南越。[4]南越王頓首曰："天子迺幸興兵誅閩越，死無以報！"即遣太子隨助入侍。

[1]【今注】案，《漢書考正》宋祁説，一本"踰"上有"未"字。作"未踰領"，王念孫《讀書雜志·漢書第十一》説："一本是也。《漢紀》作'兵已出，未逾五嶺'。《南粵》《閩粵》兩傳皆云'兵未踰領'。《史記》同。"

[2]【今注】餘善：亦作"余善"，姓騶氏。事見《史記》卷一一四《東越列傳》。

[3]【今注】案，《漢書考正》宋祁説，浙本"卒"作"率"。王念孫《讀書雜志·漢書第十一》説："浙本是也。'率'即'帥'字。《漢紀》作'美將帥之功'，是其證。隸書'率'與'卒'相近，因譌爲'卒'。"

[4]【顏注】師古曰：風讀曰諷，以天子之意指諷告也。【今注】指：同"旨"。

助還，又諭淮南曰：[1]“皇帝問淮南王，使中大夫玉上書言事，[2]聞之。朕奉先帝之休德，夙興夜寐，明不能燭，[3]重以不德，[4]是以比年凶菑害衆。[5]夫以眇眇之身，託于王侯之上，内有飢寒之民，南夷相攘，[6]使邊騷然不安，朕甚懼焉。今王深惟重慮，[7]明太平以弼朕失，稱三代至盛，際天接地，人迹所及，咸盡賓服，藐然甚懟。[8]嘉王之意，靡有所終，[9]使中大夫助諭朕意，告王越事。”

[1]【今注】諭淮南：指漢武帝借嚴助口諭。

[2]【今注】案，玉，蔡琪本同，大德本、殿本作“王”。

[3]【顏注】師古曰：燭，照也。

[4]【顏注】師古曰：重音直用反。

[5]【顏注】師古曰：菑，古灾字。

[6]【顏注】師古曰：攘謂相侵奪也，音人羊反。

[7]【顏注】師古曰：惟，思也。慮，計也。

[8]【顏注】如淳曰：王之所言藐然，聞之甚懟也。師古曰：藐，遠也（蔡琪本、大德本同，殿本“遠”前有“謂”字）。言不可及也。藐音武卓反。

[9]【顏注】師古曰：靡，無也。終，極也。

助諭意曰：“今者大王以發屯臨越事上書，陛下故遣臣助告王其事。王居遠，事薄邊，不與王同其計。[1]朝有闕政，遺王之憂，[2]陛下甚恨之。夫兵固凶器，明主之所重出也，[3]然自五帝三王禁暴止亂，非兵，未之聞也。漢爲天下宗，操殺生之柄，[4]以制海内之命，危者望安，亂者卬治。[5]今越閩王狼戾不仁，[6]殺其骨肉，離其親戚，所爲甚多不義，又數舉兵侵陵百越，并兼鄰國，以爲暴彊，陰計奇策，入燔尋陽樓船，[7]欲招會稽之地，以踐句踐之迹。[8]今者，邊又言閩王率兩國擊南越。陛下爲萬民安危久遠之計，使人諭告之曰：'天下安寧，各繼世撫民，禁毋敢相并。'有司疑其以虎狼之心，貪據百越之利，或於逆順，不奉明詔，則會稽、豫章必有長患。且天子誅而不伐，焉有勞百姓苦士卒乎？[9]故遣兩將屯於境上，震威武，揚聲鄉。[10]屯曾未會，[11]天誘其衷，閩王隕命，輒遣使者罷屯，毋後農時。[12]南越王甚嘉被惠澤，蒙休德，願革心易行，身從使者入謝。[13]有狗馬之病，不能勝服，[14]故遣太子嬰齊入侍；病有瘳，願伏北闕，望大廷，[15]以報盛德。閩王以八月舉兵於冶南，[16]士卒罷倦，[17]三王之衆相與攻之，[18]因其弱弟餘善以成其謀。[19]至今國空虛，遣使者上符節，請所立，不敢自立，以待天子之明詔。此一舉，不挫一兵之鋒，不用一卒之死，而閩王伏辜，南越被澤，威震暴王，義存危國，此則陛下深計遠慮之所出也。事效見前，[20]故使臣助來諭王意。"

　　[1]【顏注】如淳曰：薄，迫也。言事迫，不暇得先與王共議之。或曰薄，語助也。師古曰：薄，迫，是也。遽，速也，音其據反。

　　[2]【顏注】師古曰：言朝政有闕（大德本同，蔡琪本、殿本無"言"字），乃使王有憂也。遺猶與也。

　　[3]【顏注】師古曰：重，難也。

［4］【顏注】師古曰：操，執持也，音千高反。

［5］【顏注】師古曰：卬讀曰仰，謂仰而望之。【今注】卬：同“仰”。

［6］【顏注】師古曰：狼性貪戾，凡言狼戾者，謂貪而戾。【今注】案，越閩王，蔡琪本、大德本、殿本作“閩越王”。

［7］【顏注】師古曰：漢有樓船貯在尋陽也。【今注】尋陽：縣名。治所在今湖北武穴市東南龍坪鎮。

［8］【顏注】師古曰：先是越王句踐稱霸中國，今越王欲慕之。句音功侯反。

［9］【顏注】師古曰：王者之兵，但行誅耳，無有戰鬬，故云不伐也。

［10］【顏注】師古曰：鄉讀曰響也（蔡琪本、大德本、殿本無“也”字）。【今注】鄉：通“響”。

［11］【顏注】師古曰：言兵未盡集。

［12］【顏注】師古曰：令及農時，不待後也。

［13］【顏注】師古曰：革，改也。

［14］【顏注】師古曰：服謂朝服也。

［15］【今注】案，大廷，大德本、殿本同，蔡琪本作“天廷”。

［16］【顏注】蘇林曰：山名也，今名東冶，屬會稽。【今注】冶：冶縣，又稱東冶。治所在今福建福州市。秦置。公元前222年，秦設閩中郡，冶縣爲閩中郡治所。西漢時，無諸以佐漢滅楚功被封爲閩越王，統治閩中，定都於冶。

［17］【顏注】師古曰：罷讀曰疲。

［18］【今注】三王：南越王、東越王、閩越王。

［19］【今注】案，謀，大德本同，蔡琪本、殿本作“誅”。

［20］【顏注】師古曰：見，顯也。前謂目前。

　　於是王謝曰：“雖湯伐桀，文王伐崇，[1]誠不過此。臣安妄以愚意狂言，陛下不忍加誅，使使者臨詔臣安以所不聞，[2]誠不勝厚幸！”助由是與淮南王相結而還。上大説。[3]

　　[1]【今注】文王伐崇：西周文王攻崇之戰。崇爲商西部重鎮，築有高城。文王率師攻城，三旬不克。文王退兵，重修教化，操練士卒，再戰崇陷。文王得崇後，周便“三分天下而有二”。

　　[2]【顏注】師古曰：先未聞者今得聞也。

　　[3]【顏注】師古曰：説讀曰悦。

　　助侍燕從容，[1]上問助居鄉里時，助對曰：“家貧，爲友壻富人所辱。”[2]上問所欲，對願爲會稽太守。[3]於是拜爲會稽太守。數年，不聞問。[4]賜書曰：“制詔會稽太守：君厭承明之廬，[5]勞侍從之事，懷故土，[6]出爲郡吏。會稽東接於海，南近諸越，[7]北枕大江。[8]間者，闊焉久不聞問，具以《春秋》對，毋以蘇秦從橫。”[9]助恐，上書謝稱：“《春秋》天王出居于鄭，不能事母，故絶之。[10]臣事君，猶子事父母也，臣助當伏誅。陛下不忍加誅，願奉三年計最。”[11]詔許，因留侍中。有奇異，輒使爲文，[12]及作賦頌數十篇。

　　[1]【顏注】師古曰：從容，閑語也。從音千容反。【今注】燕：同“宴”。

　　[2]【顏注】師古曰：友壻，同門之壻。

　　[3]【今注】案，陳直《漢書新證》説：“《越絶書》卷二云：

‘漢文帝前十六年，會稽太守治吳縣，都尉治錢塘。’嚴助吳人，太守治所在其鄉里，故引以爲榮，朱買臣亦同此例。”

[4]【顏注】師古曰：無善聲。【今注】案，顏注恐誤。李慈銘《越縵堂讀史札記·漢書六》說：“不聞問，謂不通信問也。故詔云‘間者，闊焉久不聞問’，而助以不能事父母爲比。顏注非。”

[5]【顏注】張晏曰：承明廬在石渠閣外。直宿所止曰廬。【今注】承明：殿名。在未央宮。本書卷七五《翼奉傳》：“未央宮又無高門、武臺、麒麟、鳳皇、白虎、玉堂、金華之殿，獨有前殿、曲臺、漸臺、宣室、承明耳。”古代天子左右路寢稱承明，因承接明堂之後，故稱。《説苑·修文》：“守文之君之寢曰左右之路寢，謂之承明何？曰：承乎明堂之後者也。”

[6]【顏注】師古曰：懷，思也。

[7]【顏注】師古曰：越種非一，故言諸。

[8]【顏注】師古曰：枕，臨也。

[9]【顏注】師古曰：從音子容反。【今注】蘇秦：戰國時期著名縱橫家。雒陽（今河南洛陽市）人。任六國之相，力主合縱抗秦。 從：同“縱”。

[10]【顏注】師古曰：周惠王之子襄王也。弟叔帶有寵於惠后，欲立之，故襄王避難而出奔也。僖二十四年經書：“天王出居於鄭。”《公羊傳》曰：“王者無外，此其言出何？不能乎母也。”

[11]【顏注】如淳曰：舊法，當使丞奉歲計，今躬自欲入奉也。晉灼曰：最，凡要也。【今注】計最：指漢代郡官吏每年或遠郡每三年的考績。最，謂撮舉大要。

[12]【顏注】師古曰：謂非常之文。

後淮南王來朝，厚賂遺助，交私論議。及淮南王反，事與助相連，上薄其罪，欲勿誅。[1]廷尉張湯爭，[2]以爲助出入禁門，腹心之臣，而外與諸侯交私如此，不誅，後不可治。助竟棄市。[3]

[1]【顏注】師古曰：以其過爲輕小。

[2]【今注】廷尉：官名。戰國始置，秦、漢沿置。列位九卿，爲最高司法審判機構長官。

[3]【今注】案，事在漢武帝元狩元年（前122）。

朱買臣字翁子，吳人也。[1]家貧，好讀書，不治産業，常艾薪樵，賣以給食，[2]擔束薪，行且誦書。其妻亦負戴相隨，數止買臣毋歌嘔道中。[3]買臣愈益疾歌，妻羞之，求去。買臣笑曰："我年五十當貴，[4]今已四十餘矣。女苦日久，待我富貴報女功。"[5]妻恚怒曰："如公等，終餓死溝中耳，何能富貴？"買臣不能留，即聽去。其後，買臣獨行歌道中，負薪墓間。故妻與夫家俱上冢，見買臣飢寒，呼飯飲之。[6]

[1]【今注】案，沈欽韓《漢書疏證》説，《一統志》："朱買臣宅在吳縣穹隆山，相傳寺基故址也。"又案，李慈銘《越縵堂讀史札記·漢書六》説："翁子即公子也，如《儒林傳》劉公子，《游俠傳》高公子、羽公子，《尹翁歸傳》暴公子之比。後漢薛漢亦字公子。"陳直《漢書新證》則説："《六藝之一録》集古印譜下平聲，有'張買臣印'。《漢印文字徵》第四、四頁，有'翟買臣印'。據此西漢名買臣者尚爲習見，與買之、買得相似，特見於文獻紀載者只有朱買臣一人耳。又李慈銘謂公子與翁子相通，證之《漢印文字徵》第二、二頁，有'詹翁子印'，與其他王公子等印，自有區別，李説未盡然也。"

[2]【顏注】師古曰：艾讀曰刈。給，供也。【今注】艾：通

"刈"。割。

　　[3]【顏注】師古曰：嘔讀曰謳，音一侯反。【今注】嘔：通
"謳"。

　　[4]【今注】案，蔡琪本、大德本、殿本、中華本"貴"前有
"富"字。

　　[5]【顏注】師古曰：女皆讀曰汝。

　　[6]【顏注】師古曰：飯謂飤之，音扶晚反。飲音於禁反。

　　後數歲，買臣隨上計吏爲卒，將重車至長安，[1]詣
闕上書，[2]書久不報。待詔公車，[3]糧用乏，上計吏卒
更乞匃之。[4]會邑子嚴助貴幸，[5]薦買臣。召見，說
《春秋》，言楚詞，帝甚說之，[6]拜買臣爲中大夫，與
嚴助俱侍中。是時方築朔方，[7]公孫弘諫，以爲罷敝中
國。[8]上使買臣難詘弘，語在《弘傳》。後買臣坐事
免，久之，召待詔。

　　[1]【顏注】師古曰：買臣身自充卒，而與計吏將重車也。
載衣食具曰重車。重音直用反。【今注】重車：裝載輜重的車子。
《史記》卷一一一《衛將軍驃騎列傳》："（霍去病）少而侍中，貴，
不省士。其從軍，天子爲遣太官齎數十乘，既還，重車餘棄粱肉，
而士有飢者。"

　　[2]【今注】詣闕：到天子的宮闕。"闕"本義爲皇宮前兩邊
供瞭望的樓閣，後引申爲皇帝居處，借指朝廷。

　　[3]【今注】公車：官署名。衛尉下屬設公車令，掌宮殿司馬
門的警衛。天下上計事及徵召等，經由此處受理。

　　[4]【顏注】師古曰：更音工衡反。乞音氣。匃音工大反。
【今注】匃：同"丐"。

[5]【今注】邑子：同邑的人，同鄉。《史記》卷八九《張耳陳餘列傳》："臣之邑子，素知之。"錢大昕《廿二史考異·漢書三》說："邑子猶言邑人。助與買臣皆吳人，同邑，故有邑子之稱。《疏廣傳》'公卿大夫故人邑子設祖道，供帳東都門外'，《趙廣漢傳》'廣漢疑其邑子榮畜教令'，《尹翁歸傳》'定國家在東海，欲屬託邑子二人'，皆與此同義。六朝碑多有題'邑子'者。"

[6]【顏注】師古曰：說讀曰悅。

[7]【今注】朔方：地名。朔方郡治窳渾（今内蒙古磴口縣）。漢武帝元朔三年（前 126）派遣校尉蘇建率領十萬人興築陰山南麓的長城，築朔方郡治及下屬縣城。朔方郡正位於長安城的正北方，因此取《詩經》中"城彼朔方"之意。

[8]【顏注】師古曰：罷讀曰疲。

是時，東越數反覆，買臣因言："故東越王居保泉山，[1]一人守險，千人不得上。今聞東越王更徙處南行，去泉山五百里，居大澤中。今發兵浮海，直指泉山，陳舟列兵，席卷南行，可破滅也。"上拜買臣會稽太守。上謂買臣曰："富貴不歸故鄉，如衣繡夜行，今子何如？"[2]買臣頓首辭謝。詔買臣到郡，治樓船，備糧食、水戰具，須詔書，軍到與俱進。[3]

[1]【顏注】師古曰：泉山即今泉州之山也，臨海，去海十餘里。保者，保守之以自固（自固，蔡琪本同，大德本、殿本作"自固也"）。說者乃云保是地名（乃云，殿本同，蔡琪本作"乃謂"），失之矣。【今注】泉山：因爲山上泉眼諸多，別稱"泉山"。後稱清源山。與今福建泉州市區三面接壤。

[2]【今注】案，語出《史記》卷七《項羽本紀》："項王見秦

宮室皆以燒殘破，又心懷思欲東歸，曰：'富貴不歸故鄉，如衣繡夜行，誰知之者！'"

[3]【顏注】師古曰：須，待也。【今注】案，軍到與俱進，蔡琪本同，大德本、殿本作"到軍與俱進"。

初，買臣免，待詔，常從會稽守邸者寄居飯食。[1]拜爲太守，買臣衣故衣，懷其印綬，步歸郡邸。直上計時，會稽吏方相與群飲，[2]不視買臣。買臣入室中，守邸與共食，食且飽，少見其綬。[3]守邸怪之，前引其綬，視其印，會稽太守章也。守邸驚，出語上計掾吏。皆醉，大呼曰："妄誕耳！"[4]守邸曰："試來視之。"其故人素輕買臣者入內視之，[5]還走，疾呼曰："實然！"坐中驚駭。白守丞，[6]相推排陳列中庭拜謁。買臣徐出戶。有頃，長安廄吏乘駟馬車來迎，[7]買臣遂乘傳去。[8]會稽聞太守且至，發民除道，縣長吏並送迎，車百餘乘。入吳界，見其故妻、妻夫治道。買臣駐車，呼令後車載其夫妻，到太守舍，置園中，給食之。[9]居一月，妻自經死，買臣乞其夫錢，令葬。[10]悉召見故人與飲食諸嘗有恩者，皆報復焉。[11]

[1]【顏注】師古曰：飯音扶晚反。

[2]【顏注】師古曰：直讀曰值。

[3]【顏注】師古曰：見，顯示也。

[4]【顏注】師古曰：誕，大言也。呼音火故反。次下亦同。

[5]【今注】案，入內視之，蔡琪本同，大德本、殿本作"入視之"。

[6]【顏注】服虔曰：守邸丞也。張晏曰：漢舊郡國丞長吏

與計吏俱送計也（吏，大德本、殿本同，蔡琪本作“使”）。師古曰：張說是也。謂之守丞者，繫太守而言也。守音式授反。【今注】守丞：即會稽守邸丞。陳直《漢書新證》説統屬於大鴻臚之郡邸長丞。

[7]【顏注】張晏曰：故事，大夫乘官車駕駟，如今州牧刺史矣。

[8]【顏注】師古曰：傳音張戀反。【今注】乘傳：乘坐驛車。傳，驛站的馬車。

[9]【顏注】師古曰：食讀曰飤。

[10]【顏注】師古曰：乞音氣。【今注】乞：給予。參見陳摯、楊軍《小議〈漢書·朱買臣傳〉“乞其夫錢”“皆報復焉”釋義》（《中南民族大學學報》2016年第3期）。

[11]【顏注】師古曰：復音扶目反。

居歲餘，買臣受詔將兵，與橫海將軍韓説等俱擊破東越，[1]有功。徵入爲主爵都尉，[2]列於九卿。數年，坐法免官，復爲丞相長史。[3]張湯爲御史大夫。始買臣與嚴助俱侍中，貴用事，湯尚爲小吏，趨走買臣等前。後湯以廷尉治淮南獄，排陷嚴助，買臣怨湯。及買臣爲長史，湯數行丞相事，知買臣素貴，故陵折之。買臣見湯，坐牀上弗爲禮。[4]買臣怨，[5]常欲死之。[6]後遂告湯陰事，湯自殺，上亦誅買臣。[7]買臣子山拊，[8]官至郡守，右扶風。[9]

[1]【顏注】師古曰：説讀曰悦。【今注】案，《漢書考證》齊召南：“按，説出句章，浮海，從東方往，即前買臣所畫‘浮海，直指泉山’之策也。”

［2］【今注】主爵都尉：漢官名。景帝中元六年（前 144）由主爵中尉改，掌封爵事，即負責諸侯國各王及其子孫封爵奪爵等事宜。武帝太初元年（前 104），更名爲右扶風，職掌全異。

［3］【今注】丞相長史：官名。協助丞相管理文書等事務的高級官吏，秩千石。

［4］【顏注】師古曰：言不動容以禮之也。爲音于僞反。【今注】案，牀，大德本、殿本同，蔡琪本作“床”。

［5］【今注】案，怨，蔡琪本、大德本、殿本作“深怨”。

［6］【顏注】師古曰：致死以害之。

［7］【今注】案，事見本書卷五九《張湯傳》。

［8］【顏注】如淳曰：拊音夫。【今注】案，陳直《漢書新證》説：“西漢名山拊者，除本傳朱山拊外，《儒林傳》有張山拊，而《史記·倉公傳》有曹山跗。《漢印文字徵》第六、十八頁，有‘質山跗印’，同卷十三頁，有‘桑山跗印’。附古讀如部，《左傳》部婁無松柏，《説文》引作附婁，謂小土山也，山拊之名，取義於此。附、拊、跗三字，皆同音之假借。”

［9］【今注】案，本書《百官公卿表》：“孝宣本始四年，六安相朱山拊爲右扶風，一年，下獄死。”

　　吾丘壽王，[1]字子贛，趙人也。年少，以善格五召待詔。[2]詔使從中大夫董仲舒受《春秋》，高材通明。遷爲侍中中郎，[3]坐法免。上書謝罪，願養馬黄門，[4]上不許。[5]後願守塞扞寇難，[6]復不許。久之，上疏願擊匈奴，詔問狀，壽王對良善，復召爲郎。

　　［1］【今注】案，吾丘或有作“虞邱”“吾邱子”等。沈欽韓《漢書疏證》：“《説苑·善説篇》作‘虞邱’。《新序》《列女傳》，楚莊王令尹有虞邱子，《説苑·敬慎篇》作‘吾邱子’。《御覽·七

百六十四》作'吾邱'，注：'吾，一曰虞。''虞''吾'古同音通用。"

[2]【顏注】蘇林曰：博之類，不用箭，但行梟散。孟康曰：格音各。行伍相各，故言各。劉德曰：格五，棋行。簺法曰塞白乘五（塞，大德本同，蔡琪本、殿本作"簺"），至五格不得行，故云格五。師古曰：即今戲之簺也。音先代反。【今注】格五：漢代流行的棋類游戲。又名簿簺、博塞或簺。北梁鮑宏著有《簺經》曰："簺有四采，塞、白、乘、五是也。乘五，至五即格不得行，故云格五。"清代翟灝《通俗編》（中華書局 2013 年版）認爲格五的具體走法是：雙方各執黑白棋五枚，共行中道，每次移一步，遇對方則跳越，以先抵敵境爲勝。

[3]【今注】案，遷爲，蔡琪本、大德本同，殿本作"遷"。侍中中郎：皇帝近衛侍從，品秩不詳。

[4]【今注】黃門：此爲官署名。侍奉皇帝及其家族的宦官機構。

[5]【顏注】師古曰：請於黃門供養馬之事。

[6]【今注】案，扞，蔡琪本同，大德本、殿本作"捍"。

稍遷，會東郡盜賊起，拜爲東郡都尉。[1]上以壽王爲都尉，不復置太守。是時，軍旅數發，年歲不孰，多盜賊。詔賜壽王璽書曰："子在朕前之時，知略輻湊，[2]以爲天下少雙，海內寡二。及至連十餘城之守，任四千石之重，[3]職事並廢，盜賊從橫，[4]甚不稱在前時，何也？"壽王謝罪，因言其狀。

[1]【今注】東郡：治濮陽（今河南濮陽市西南），轄二十二縣。　都尉：輔助太守主管軍事的主官。秦與漢初，每郡有郡尉，秩比二千石，景帝時改名爲都尉。

[2]【顏注】師古曰：言其無方而至，若車輪之歸於轂。【今注】知略輻湊：智慧與謀略聚集。知略，智慧與謀略。輻湊，車輻集中於軸心。

[3]【顏注】師古曰：郡守、都尉皆二千石，以壽王爲都尉，不置太守，兼惣二任（惣，蔡琪本、大德本作"摠"，殿本作"總"），故云四千石也。

[4]【顏注】師古曰：從音子庸反。

復徵入爲光禄大夫侍中。[1]丞相公孫弘奏言："民不得挾弓弩。十賊彍弩，百吏不敢前，[2]盗賊不輒伏辜，免脱者衆，害寡而利多，此盗賊所以蕃也。[3]禁民不得挾弓弩，則盗賊執短兵，短兵接則衆者勝。以衆吏捕寡賊，其執必得。盗賊有害無利，則莫犯法，刑錯之道也。臣愚以爲禁民毋得挾弓弩便。"上下其議。壽王對曰：

[1]【今注】案，復，蔡琪本、大德本、殿本作"後"。　光禄大夫：官名。戰國置中大夫，漢沿用。漢武帝時始改爲光禄大夫，秩比二千石，掌顧問應對。屬光禄勳。案，此處"光禄大夫"應作"中大夫"。周壽昌《漢書注校補》説，"《百官志》：'太初元年更名中大夫爲光禄大夫'"，"公孫弘相在元朔五年，踰三年薨，當元狩二年，下距太初元年凡十八年。此當公孫丞相時，應稱中大夫"。

[2]【顏注】張晏曰：彍音郭。師古曰：引滿曰彍。

[3]【顏注】師古曰：蕃亦多也，音扶元反。

臣聞古者作五兵，非以相害，以禁暴討邪

也。[1]安居則以制猛獸而備非常，有事則以設守衞而施行陣。及至周室衰微，上無明王，諸侯力政，彊侵弱，衆暴寡，海內抏敝，巧詐並生。[2]是以知者陷愚，勇者威怯，苟以得勝爲務，不顧義理。故機變械飾，所以相賊害之具不可勝數。於是秦兼天下，廢王道，立私議，滅《詩》《書》而首法令，[3]去仁恩而任刑戮，[4]墮名城，殺豪桀，[5]銷甲兵，折鋒刃。其後，民以鈠鉏箠梃相撻擊，[6]犯法滋衆，盜賊不勝，[7]至於赭衣塞路，[8]群盜滿山，卒以亂亡。故聖王務教化而省禁防，知其不足恃也。

[1]【顏注】師古曰：五兵謂矛、戟、弓、劍、戈。

[2]【顏注】師古曰：抏，訛盡也，音五官反。【今注】抏（wán）：消耗。

[3]【顏注】師古曰：以法令爲首。

[4]【顏注】師古曰：去，除也。

[5]【顏注】師古曰：墮，毀也，音火規反。

[6]【顏注】師古曰：鈠，摩田之器也。箠，馬檛也。梃，大杖也。鈠音憂。箠音之累反。梃音大鼎反。

[7]【顏注】師古曰：滋，益也。不勝，言不可勝也。

[8]【今注】赭衣：囚衣。以赤土染成赭色，故稱。又借指囚犯，罪人。《荀子·正論》：“殺，赭衣而不純。”楊倞注：“以赤土染衣，故曰赭衣……殺之，所以異於常人之服也。”

今陛下昭明德，建太平，舉俊材，興學官，三公有司或由窮巷，起白屋，裂地而封，[1]宇內日化，方外鄉風，[2]然而盜賊猶有者，郡國二千石之罪，非挾弓弩之過也。《禮》曰男子生，桑弧蓬矢以舉之，明示有事也。[3]孔子曰："吾何執？執射乎？"[4]大射之禮，自天子降及庶人，三代之道也。《詩》云："大侯既抗，弓矢斯張，射夫既同，獻爾發功。"[5]言貴中也。[6]愚聞聖王合射以明教矣，未聞弓矢之為禁也。且所為禁者，為盜賊之以攻奪也。攻奪之罪死，然而不止者，大姦之於重誅固不避也。臣恐邪人挾之而吏不能止，良民以自備而抵法禁，[7]是擅賊威而奪民救也。[8]竊以為無益於禁姦，而廢先王之典，使學者不得習行其禮，大不便。

[1]【顏注】師古曰：白屋，以白茅覆屋也。壽王言此者，並以譏公孫弘。【今注】案，沈欽韓《漢書疏證》說，程大昌《演繁露》："《春秋》，莊公丹桓宮楹，非禮也。在禮，楹，天子丹，諸侯黝堊，大夫蒼，士黈。黈，黃色也。"按此，則士以上屋楹方許循等級用彩色；庶人則不許，是以謂為白屋。顏云"以白茅覆屋"，古無其傳也。後世諸侯王及達官所居屋，皆飾以朱，故曰朱門、朱邸。言朱以別於白也。

[2]【顏注】師古曰：鄉讀曰嚮。

[3]【顏注】師古曰：有四方扞禦之事。【今注】桑弧蓬矢：古時男子出生，以桑木為弓，蓬草為矢，射天地四方，喻男兒志在四方。《禮記·射義》："故男子生，桑弧蓬矢六，以射天地四方。天地四方者，男子之所有事也。" 案，明示，蔡琪本、殿本同。大德本作"射示"，誤。

[4]【顏注】師古曰：《論語》載孔子之言。【今注】案，語

見《論語・子罕》。

[5]【顏注】師古曰：《小雅・賓之初筵》之詩也。侯，所以居的，以皮爲之。天子射豹侯，諸侯射熊侯，卿大夫射麋侯，士射鹿豕侯。抗，舉也。射夫，眾射者也。同，同耦也。言既舉大侯，又張弓矢，分耦而射，則獻其發矢中的之功也。【今注】案，語見《詩・小雅・賓之初筵》。

[6]【顏注】師古曰：中音竹仲反。

[7]【顏注】師古曰：抵，觸也。

[8]【顏注】師古曰：擅，專也。

　　書奏，上以難丞相弘。弘詘服焉。及汾陰得寶鼎，[1]武帝嘉之，薦見宗廟，臧於甘泉宮。群臣皆上壽賀曰：“陛下得周鼎。”壽王獨曰非周鼎。上聞之，召而問之，曰：“今朕得周鼎，群臣皆以爲然，壽王獨以爲非，何也？有説則可，無説則死。”壽王對曰：“臣安敢無説！臣聞周德始乎后稷，長於公劉，大於大王，[2]成於文武，顯於周公。德澤上昭，天下漏泉，[3]無所不通。上天報應，鼎爲周出，故名曰周鼎。今漢自高祖繼周，亦昭德顯行，布恩施惠，六合和同。至於陛下，恢廓祖業，功德愈盛，天瑞並至，珍祥畢見。昔秦始皇親出鼎於彭城而不能得，天祚有德而寶鼎自出，此天之所以與漢，迺漢寶，非周寶也。”上曰：“善。”群臣皆稱萬歲。是日，賜壽王黃金十斤。後坐事誅。[4]

　　[1]【今注】汾陰：縣名。治所在今山西萬榮縣西南榮河鎮廟前村。又，汾陰得寶鼎事見《史記》卷一二《孝武本紀》。

[2]【顏注】師古曰：公劉，后稷曾孫也。大王（大王，蔡琪本、大德本同，殿本作“太王”），文王之祖，則古公亶甫也（亶甫，蔡琪本、大德本同，殿本作“亶父”）。【今注】案，大王，蔡琪本、大德本同，殿本作“太王”。

[3]【顏注】師古曰：昭，明也。漏，言潤澤下霑如屋之漏。

[4]【今注】案，漢武帝誅吾丘壽王，後頗悔恨。本書卷三六《楚元王傳》載按道侯韓説諫曰：“前吾丘壽王死，陛下至今恨之；今殺寬，後將復大恨矣！”

主父偃，齊國臨菑人也。[1]學長短從横術，[2]晚迺學《易》《春秋》、百家之言。[3]游齊諸子間，[4]諸儒生相與排儐，不容於齊。家貧，假貸無所得，[5]北游燕、趙、中山，皆莫能厚，客甚困。以諸侯莫足游者，元光元年，[6]迺入關見衛將軍。[7]衛將軍數言上，上不省。資用乏，留久，諸侯賓客多厭之，迺上書闕下。朝奏，暮召入見。所言九事，其八事爲律令，一事諫伐匈奴，曰：

[1]【今注】案，陳直《漢書新證》説，主父爲趙武靈王之後，《漢印文字徵》第五、九頁，有“主父宮”“主父會”二印，據此西漢主父之姓尚習見。　臨菑：縣名。亦作“臨甾”“臨淄”，以城臨菑水得名。爲齊郡郡治。治所在今山東淄博市東北。

[2]【顏注】服虔曰：蘇秦法百家書説也。師古曰：長短解在《張湯傳》。從横説在《藝文志》。

[3]【今注】案，本書卷八八《儒林傳》記述，主父偃受《易》於王同。

[4]【顏注】師古曰：諸子，諸侯王子。

[5]【顏注】師古曰：賨音土得反。

[6]【今注】元光元年：公元前 134 年。

[7]【顏注】師古曰：衛青。【今注】案，迺入，蔡琪本、大德本、殿本作"迺西入"。　衛將軍：衛青。傳見本書卷五五。案，王先謙《漢書補注》說："《通鑑考異》云：'《漢書》謂元光元年，三人上書。按，嚴安書云"徇南夷，朝夜郎，降羌僰，畧薉州"，其事皆在元光元年以後，蓋誤以"朔"字爲"光"字耳。'先謙案，偃書詞氣實爲始伐匈奴而發。據《武紀》，元光二年，王恢建議擊匈奴，未成。六年，衛青始爲將軍，伐匈奴有功。偃以元光元年入關，衛將軍爲言於上，不見用，迺上書，當在元光六年。惟謂與嚴、徐同上書，上召見三人。《考異》因據安書以合偃事，欲易'元光'爲'元朔'。案，《漢紀》列三人上書於元光二年，固未當；《通鑑》載之元朔元年，衛皇后已立之後，亦非也。傳明言元光元年，偃西入關，留久乃上書，未嘗以上書爲元光二年事。竊意三人上書皆在元光六年，《史記》載安書'今欲招南夷'云云，欲者，將然之詞，非已成之迹也。本書刪去'欲'字，遂滋後人之疑。餘詳《安傳》。"

　　臣聞明主不惡切諫以博觀，忠臣不避重誅以直諫，是故事無遺策而功流萬世。今臣不敢隱忠避死，以效愚計，願陛下幸赦而少察之。《司馬法》曰："國雖大，好戰必亡；天下雖平，忘戰必危。[1]天下既平，天子大愷，[2]春蒐秋獮，[3]諸侯春振旅，秋治兵，所以不忘戰也。"[4]且怒者逆德也，兵者凶器也，爭者末節也。[5]古之人君一怒必伏尸流血，故聖王重行之。[6]夫務戰勝，窮武事，未有不悔者也。

[1]【顔注】師古曰：司馬穰苴善用兵，著書言兵法，謂之《司馬法》。一説司馬，古主兵之官，有軍陳用兵之法。【今注】司馬法：兵書名。或以爲三代兵法的化石。姜太公曾任周文王的大司馬，故有《司馬法》出自姜太公之説。而後世司馬穰苴所寫兵書名爲《司馬穰苴書》，並非《司馬法》。《司馬法》並非一人所撰，《史記》卷一三〇《太史公自序》記載："《司馬法》所從來尚矣，太公、孫、吳、王子能紹而明之。"《司馬法》現僅殘存五篇。

[2]【顔注】應劭曰：大愷，《周禮》還師振旅之樂也。

[3]【今注】春蒐秋獮：國君春季圍獵、秋季狩獵之稱。

[4]【顔注】師古曰：春爲陽中，其行木也；秋爲陰中，其行金也。金、木，兵器所資，故於此時蒐獮治兵也。蒐，蒐索也，取不孕者。獮，應殺氣也。振，整；旅，眾也。獮音先淺反。【今注】案，語見《司馬法·仁本》。

[5]【今注】案，《尉繚子·兵議》："兵者，凶器也。爭者，逆德也。"

[6]【顔注】師古曰：重，難也。

昔秦皇帝任戰勝之威，蠶食天下，并吞戰國，海内爲一，功齊三代。務勝不休，欲攻匈奴，李斯諫曰："不可。夫匈奴無城郭之居，委積之守，遷徙鳥舉，[1]難得而制。輕兵深入，糧食必絶；運糧以行，重不及事。得其地，不足以爲利；得其民，不可調而守也。[2]勝必棄之，非民父母。靡敝中國，甘心匈奴，[3]非完計也。"秦皇帝不聽，遂使蒙恬將兵而攻胡，卻地千里，以河爲境。地固澤鹵，不生五穀，[4]然後發天下丁男以守北河。[5]暴兵露師十有餘年，死者不可勝數，終不能踰河而北。是豈人衆之不足，兵革之不備哉？其埶不可也。又使天下飛芻輓粟，[6]起於黄、腄、琅邪負海之郡，轉輸北河，[7]率三十鍾而致一石。[8]男子疾耕不足於糧餉，[9]女子紡績不足於帷幕。百姓靡敝，孤寡老弱不能相養，道死者相望，[10]蓋天下始叛也。

[1]【今注】鳥舉：鳥飛。喻居無定處。

[2]【顔注】李奇曰：不可和調也。

[3]【顔注】師古曰：靡，散也，音糜（靡，蔡琪本、大德本、殿本作"糜"）。其下類此。

[4]【顔注】師古曰：地多沮澤而鹹鹵。

[5]【今注】北河：古時黄河自今内蒙古磴口縣以下，分爲南北二支，北支稱"北河"，約爲今烏加河（又作"五加河"）。

[6]【顔注】師古曰：運載芻槀，令其疾至，故曰飛芻也。輓謂引車船也，音晚。

[7]【顔注】師古曰：黄、腄，二縣名也，並在東萊。言自東萊及琅邪緣海諸郡，皆令轉輸至北河也。腄音直瑞反，又音誰。【今注】案，起於，大德本、殿本同，蔡琪本作"起以"。　黄：黄縣。治所在今山東龍口市。　腄：腄縣。治所在今山東烟臺市福山區。　琅邪：縣名。治所在今山東青島市黄島區。

[8]【顔注】師古曰：六斛四斗爲鍾。計其道路所費，凡用百九十二斛，乃得一石至。

[9]【顔注】師古曰：餉亦饟字。

[10]【顔注】師古曰：道死謂死於路也。

及至高皇帝定天下，略地於邊，聞匈奴聚代

谷之外而欲擊之。^[1]御史成諫曰：“不可。夫匈奴，獸聚而鳥散，從之如搏景，^[2]今以陛下盛德攻匈奴，臣竊危之。”高帝不聽，遂至代谷，果有平城之圍。^[3]高帝悔之，迺使劉敬往結和親，然後天下亡干戈之事。

[1]【今注】代谷：地名。在今山西繁峙及舊崞縣一帶。

[2]【顏注】師古曰：搏，擊也。搏人之陰景，言不可得也。【今注】搏景：亦作“搏影”。喻難以捉摸。《管子·兵法》：“善者之爲兵也，使敵若据虛，若搏景。”《史記》卷一一二《平津侯主父列傳》：“夫匈奴之性，獸聚而鳥散，从之如搏影。”

[3]【今注】平城：縣名。西漢初置。治所在今山西大同市西北。

故兵法曰：“興師十萬，日費千金。”秦常積衆數十萬人，雖有覆軍殺將，係虜單于，^[1]適足以結怨深讎，不足以償天下之費。夫匈奴行盜侵敺，所以爲業，天性固然。^[2]上自虞夏殷周，固不程督，^[3]禽獸畜之，不比爲人。夫不上觀虞夏殷周之統，而下循近世之失，此臣之所以大恐，百姓所疾苦也。且夫兵久則變生，事苦則慮易。^[4]使邊境之民靡敝愁苦，將吏相疑而外市，^[5]故尉佗、章邯得成其私，^[6]而秦政不行，權分二子，此得失之效也。故《周書》曰：“安危在出令，存亡在所用。”^[7]願陛下孰計之而加察焉。

[1]【顏注】師古曰：覆音芳目反。

[2]【顏注】師古曰：來侵邊境而敺略人畜也。敺與驅同（敺，蔡琪本、殿本作“敺”），其字從攴（攴，蔡琪本作“攴”，大德本作“文”，殿本作“攴”），音普木反。【今注】案，敺，蔡琪本、殿本作“敺”。

[3]【顏注】師古曰：程，課也。督，視責也。【今注】程督：監督。

[4]【顏注】師古曰：言思慮變易，失其常也。

[5]【顏注】張晏曰：與外國交求己利，若章邯之比也。

[6]【顏注】師古曰：佗音徒何反。【今注】尉佗：南粵王趙佗。事迹見本書卷九五《西南夷兩粵朝鮮傳》。　章邯：秦將，投降於項羽，封爲雍王。

[7]【顏注】師古曰：此《周書》者，本《尚書》之餘。【今注】案，語見《尚書·周書》。

是時，徐樂、嚴安亦俱上書言世務。書奏，上召見三人，謂曰：“公皆安在？何相見之晚也！”[1]迺拜偃、樂、安皆爲郎中。偃數上疏言事，遷謁者，[2]中郎，[3]中大夫。歲中四遷。

[1]【顏注】師古曰：言皆者，各在何處。

[2]【今注】謁者：官名。古時國君左右掌傳達等事的近侍。屬光祿勳（秦及漢初爲郎中令）。

[3]【今注】中郎：官名。爲帝王近侍官。秩爲比六百石，屬光祿勳（秦及漢初爲郎中令）。習稱中郎。

偃說上曰：“古者諸侯地不過百里，彊弱之形易制。今諸侯或連城數十，地方千里，緩則驕奢易爲淫

亂，急則阻其彊而合從，[1]以逆京師。今以法割削，則
逆節萌起，[2]前日朝錯是也。[3]今諸侯子弟或十數，而
適嗣代立，[4]餘雖骨肉，無尺地之封，則仁孝之道不
宣。願陛下令諸侯得推恩分子弟，以地侯之。彼人人
喜得所願，上以德施，實分其國，必稍自銷弱矣。"於
是上從其計。[5]又說上曰："茂陵初立，[6]天下豪桀兼并
之家，亂衆民，皆可徙茂陵，内實京師，外銷姦猾，
此所謂不誅而害除。"上又從之。

[1]【顏注】師古曰：從音子容反。

[2]【顏注】師古曰：萌謂事之始生，如草木之萌芽也。

[3]【今注】朝錯：鼂錯。傳見本書卷四九。

[4]【顏注】師古曰：適讀曰嫡。

[5]【今注】案，漢武帝元朔二年（前127）始令諸侯王分封
子弟。推恩令頒布後，諸侯王的支庶多得以受封爲列侯。漢制，侯
國隸屬於郡，地位與縣相當。

[6]【今注】茂陵：漢武帝陵墓，位於今陝西興平市東北，東
西爲橫亘百里之"五陵原"。北遠依九嵕山，南遥屏終南山。此地
漢時原屬槐里縣之茂鄉，故稱"茂陵"。參見張明惠等《漢武帝茂
陵考古調查、勘探簡報》（《考古與文物》2011年第2期）。

尊立衛皇后及發燕王定國陰事，[1]偃有功焉。大臣
皆畏其口，賂遺累千金。或說偃曰："大横！"[2]偃曰：
"臣結髮游學四十餘年，身不得遂，[3]親不以爲子，昆
弟不收，賓客棄我，我阸日久矣。丈夫生不五鼎食，
死則五鼎亨耳！[4]吾日暮，故倒行逆施之。"[5]

[1]【今注】案，事見本書卷三五《荆燕吳傳》。

[2]【顏注】師古曰：横音胡孟反。

[3]【顏注】師古曰：遂猶達也。

[4]【顏注】張晏曰：五鼎食，牛、羊、豕、魚、麋也。諸侯五（五，大德本、殿本同，蔡琪本作"王"），卿大夫三（三，大德本、殿本同，蔡琪本作"也"）。師古曰：五鼎亨之（亨，大德本、殿本同，蔡琪本作"烹"），謂被鑊亨之誅。【今注】五鼎：指羊、豕、膚、魚和臘等鼎。三鼎與五鼎是士禮和卿大夫禮之分别。顏注引張晏有誤。沈欽韓《漢書疏證》説："《聘禮》注：'少牢鼎五，羊、豕、腸胃、魚、臘。'是五鼎無牛也。《少牢饋食禮》，五鼎，羊、豕、膚、魚、臘，臘用麋。"李慈銘《越縵堂讀史札記·漢書六》説："牛，惟《周禮·膳夫》之牢鼎九、《儀禮·聘禮》之飪鼎七始有之，張注明是誤字。偃時爲中大夫，故以大夫禮言之。'生不五鼎食'非語辭，與下'則'字相應爲文，言不生而五鼎食，則死而五鼎亨耳。"案，亨，大德本、殿本同，蔡琪本作"烹"。

[5]【顏注】師古曰：暮言年齒老也。倒行逆施，謂不遵常理。此語本出五子胥（五子胥，大德本同，蔡琪本、殿本作"伍子胥"），偃述而稱之。【今注】案，《史記》卷六六《伍子胥列傳》伍子胥有"吾日莫途遠，吾故倒行而逆施之"語。

偃盛言朔方地肥饒，外阻河，蒙恬城以逐匈奴，[1]內省轉輸戍漕，廣中國，滅胡之本也。上覽其説，下公卿議，皆言不便。公孫弘曰："秦時嘗發三十萬衆築北河，終不可就，[2]已而棄之。"朱買臣難詘弘，遂置朔方，本偃計也。

[1]【今注】案，蒙恬城，蔡琪本、大德本、殿本作"蒙恬築

[2]【顏注】師古曰：就，成也。

元朔中，[1]偃言齊王內有淫失之行，[2]上拜偃爲齊相。至齊，徧召昆弟賓客，散五百金予之，數曰：[3]"始吾貧時，昆弟不我衣食，賓客不我內門，[4]今吾相齊，諸君迎我或千里。吾與諸君絕矣，毋復入偃之門！"迺使人以王與姊姦事動王。[5]王以爲終不得脱，恐效燕王論死，迺自殺。[6]

[1]【今注】元朔：漢武帝年號（前128—前123）。

[2]【顏注】師古曰：失讀曰佚，音尹一反。

[3]【顏注】師古曰：數，責也。數音所具反。【今注】數（shǔ）：責備。

[4]【顏注】師古曰：衣音於旣反。食讀曰飤。內門，謂內之於門中也。

[5]【今注】案，以王，大德本同，蔡琪本、殿本作"告王"。

[6]【今注】案，齊王自殺於漢武帝元朔二年（前127）。見本書卷三八《高五王傳》。

偃始爲布衣時，嘗游燕、趙，及其貴，發燕事。趙王恐其爲國患，欲上書言其陰事，爲居中，[1]不敢發。及其爲齊相，出關，即使人上書，告偃受諸侯金，以故諸侯子多以得封者。及齊王以自殺聞，[2]上大怒，以爲偃劫其王令自殺，迺徵下吏治。偃服受諸侯之金，實不劫齊王令自殺。上欲勿誅，公孫弘爭曰："齊王自殺無後，國除爲郡，入漢，偃本首惡，[3]非誅偃無以謝天下。”迺遂族偃。^[4]偃方貴幸時，客以千數，及族死，無一人視，獨孔車收葬焉。^[5]上聞之，以車爲長者。

[1]【今注】居中：在皇帝身邊。

[2]【今注】案，王先謙《漢書補注》引宋祁説，或作“及齊以王自殺聞”。

[3]【今注】首惡：元凶。誅首惡乃《春秋》之義。《公羊傳》僖公二年：“虞師、晉師滅夏陽。虞，微國也，曷爲序乎大國之上？使虞首惡也。”董仲舒《春秋繁露·精華》：“志邪者不待成，首惡者罪特重，本直者其論輕。”

[4]【今注】案，主父偃死於漢武帝元朔三年（前126）。其獄乃咸宣所治，見本書卷九〇《酷吏傳》。

[5]【今注】孔車：人名。漢洨國（今安徽固鎮縣濠城鎮）人，事迹不詳。《史記》卷一一二《平津侯主父列傳》作“洨孔車”。洨當爲屬沛郡之洨侯國。

徐樂，燕無終人也。^[1]上書曰：

臣聞天下之患，在於土崩，不在瓦解，古今一也。何謂土崩？秦之末世是也。陳涉無千乘之尊，疆土之地，^[2]身非王公大人名族之後，鄉曲之譽，^[3]非有孔、曾、墨子之賢，陶朱、猗頓之富也。^[4]然起窮巷，奮棘矜，^[5]偏袒大呼，^[6]天下從風，^[7]此其故何也？由民困而主不恤，下怨而上不知，俗已亂而政不脩，此三者陳涉之所以爲資也。此之謂土崩。故曰天下之患在乎土崩。何謂瓦解？吳、楚、齊、趙之兵是也。七國謀爲大逆，號皆稱萬乘之君，帶甲數十萬，威足以嚴其境內，財足以勸其士民，然不能西攘尺寸之地，[8]而身爲禽於中原者，此其故何也？非權輕於匹夫而兵弱於陳涉也，當是之時先帝之德未衰，[9]而安土樂俗之民衆，故諸侯無竟外之助。[10]此之謂瓦解。故曰天下之患不在瓦解。

[1]【今注】無終：縣名。治所在今天津市薊州區。案，顧炎武《日知錄》卷三一説，“《地理志》無燕郡，而無終屬右北平。考燕王定國以元朔二年秋有罪自殺，國除。而元狩六年夏四月，始立皇子旦爲燕王。其間爲燕郡者十年，而志佚之也。徐樂上書，當在此時，而無終於其時屬燕郡，後改屬右北平耳”。又案，燕無終人，蔡琪本、大德本、殿本作“燕郡無終人”。

[2]【今注】案，疆，蔡琪本、大德本、殿本作“尺”。

[3]【今注】案，王念孫《讀書雜志·漢書第十一》説，《史記》“鄉曲之譽”前有“無”字，此脱，則文義不明。

[4]【今注】陶朱：范蠡別稱。范蠡，字少伯，春秋末期楚國宛邑人。古代商賈的聖祖，人稱陶朱公。 猗頓：姓名不詳。古代著名富商。戰國初年魯國人，後因在猗地（今山西臨猗縣）發家致富，歿後又埋葬在猗地，故稱猗頓。

[5]【顏注】師古曰：棘，戟也。矜者，戟之把也。時秦銷兵器，故但有戟之把耳。矜音巨巾反。此下亦同。【今注】棘矜：戟柄。棘，通“戟”。《史記》卷一一二《平津侯主父列傳》：“（陳勝）非有孔、墨、曾子之賢，陶朱、猗頓之富，然起窮巷，奮棘矜，偏袒大呼而天下從風。”司馬貞《索隱》：“矜，今戟柄。棘，戟也。”

[6]【今注】偏袒：解衣裸露一臂。

[7]【顏注】師古曰：呼音火故反。

[8]【顔注】師古曰：攘謂侵取漢地。

[9]【今注】案，先帝之德未衰，《史記·平津侯主父列傳》作"先帝之德澤未衰"。

[10]【顔注】師古曰：竟讀曰境。其下同。

　　由此觀之，天下誠有土崩之執，雖布衣窮處之士或首難而危海内，[1]陳涉是也，況三晉之君或存乎？[2]天下雖未治也，誠能無土崩之執，雖有彊國勁兵，不得還踵而身爲禽，[3]吴楚是也，況群臣百姓，能爲亂乎？此二體者，安危之明要，賢主之所留意而深察也。

[1]【顔注】師古曰：首難謂首唱而作難也。

[2]【顔注】師古曰：韓、魏、趙三國本共分晉，故稱三晉。

[3]【顔注】師古曰：還讀曰旋。【今注】還踵：旋踵；轉身。

　　間者，關東五穀數不登，年歲未復，[1]民多窮困，重之以邊境之事，[2]推數循理而觀之，民宜有不安其處者矣。不安故易動，易動者，土崩之執也。故賢主獨觀萬化之原，明於安危之機，脩之廟堂之上，而銷未形之患也。其要，期使天下無土崩之執而已矣。故雖有彊國勁兵，陛下逐走獸，射飛鳥，弘游燕之囿，淫從恣之觀，極馳騁之樂，自若。[3]金石絲竹之聲，不絶於耳，帷幄之私，[4]俳優朱儒之笑，不乏於前，而天下無宿憂。[5]名何必夏、子，俗何必成、康！[6]雖然，臣竊以陛下天然之質，[7]寬仁之資，而誠以天下爲務，則湯、文不難侔，[8]而成、康之俗未必不復興也。[9]此二體者立，然後處尊安之實，揚廣譽於當世，親天下而服四夷，餘恩遺德爲數世隆，南面背依攝袂而揖王公，[10]此陛下之所服也。[11]臣聞圖王不成，其敝足以安。[12]安則陛下何求而不得，何威而不成，奚征而不服哉？[13]

[1]【顏注】師古曰：復音扶目反。

[2]【顏注】師古曰：重音直用反。

[3]【顏注】師古曰：自若者，言如其常，無所廢損也。從讀曰縱。

[4]【今注】案，《史記》卷一一二《平津侯主父列傳》作"帷帳之私"。

[5]【顏注】師古曰：宿，久也。

[6]【顏注】服虔曰：夏，禹也。子，湯也。湯，子姓。【今注】案，《史記·平津侯主父列傳》作"名何必湯、武"。成康，指西周成王、康王之世。

[7]【今注】案，蔡琪本、大德本、殿本作"爲陛下"。又，《史記·平津侯主父列傳》作"天然之聖"。

[8]【今注】案，湯文，蔡琪本、大德本、殿本作"禹湯之名"。

[9]【顏注】師古曰：侔，等也。【今注】案，《史記·平津侯主父列傳》作"則湯武之名不難侔"。

[10]【顏注】師古曰：依讀曰扆。已解於上。【今注】案，陳直《漢書新證》說："《禮記·曲禮》：'天子當依而立。'《經典釋文》，依本又作扆同。又按：《隸釋》卷十九《魏受禪表》云：'負依而治。'以依爲扆，與本文同，爲漢魏時通常之隸體假借字。"

　　[11]【顏注】師古曰：服，事也。

　　[12]【顏注】師古曰：言其敝末之法，猶足自安也。【今注】案，《太平御覽》卷七七："桓譚《新論》曰：'儒者或曰："圖王不成，其敝可以霸。'"徐樂抄襲，改"霸"字爲"安"字。

　　[13]【顏注】師古曰：奚，何也。

漢書　卷六四下

嚴朱吾丘主父徐嚴終王賈傳第三十四下^[1]

[1]【顏注】師古曰：此卷首尚載嚴、朱、吾丘、主父、徐者，存其本書題目，以示不變易也。

嚴安者，臨菑人也。^[1]以故丞相史上書，^[2]曰：

臣聞《鄒子》曰：^[3]“政教文質者，所以云救也，^[4]當時則用，過則舍之，^[5]有易則易之，^[6]故守一而不變者，未睹治之至也。”今天下人民用財侈靡，車馬衣裘宮室皆競修飾，調五聲使有節族，^[7]雜五色使有文章，重五味方丈於前，^[8]以觀欲天下。^[9]彼民之情，見美則願之，是教民以侈也。侈而無節，則不可贍，^[10]民離本而徼末矣。^[11]末不可徒得，^[12]故搢紳者不憚爲詐，帶劍者夸殺人以矯奪，^[13]而世不知媿，故姦軌浸長。^[14]夫佳麗珍怪固順於耳目，故養失而泰，^[15]樂失而淫，禮失而采，^[16]教失而僞。僞采淫泰，非所以範民之道也。^[17]是以天下人民逐利無已，犯法者衆。臣願爲民制度以防其淫，使貧富不相燿以和其心。心既和平，其性恬安。恬安不營，則盜賊銷；盜賊銷，則刑罰少；刑罰少，則陰陽和，四時正，風雨時，草木暢茂，五穀蕃孰，六畜遂字，[18]民不夭厲，和之至也。[19]

[1]【今注】臨菑：縣名。亦作"臨甾""臨淄"，以城臨菑水得名。爲齊郡郡治。治所在今山東淄博市東北。

[2]【今注】丞相史：官名。丞相屬官，初佐丞相監察地方。秩四百石。本書《百官公卿表上》載："監御史，秦官，掌監郡。漢省，丞相遣史分刺州，不常置。"位在司直、長史下。案，嚴安所上書，即"上書言世務"書，與徐樂同。

[3]【顏注】師古曰：鄒衍之書也。【今注】鄒子：此或指鄒衍所著《鄒子》一書。鄒子，又作"騶子"。今多指鄒衍。戰國齊人，陰陽家。所撰的《鄒子》《鄒子終始》，均失傳。《史記》卷七四《孟子荀卿列傳》説"齊有三鄒子"，分別指鄒忌、鄒衍、鄒奭。

[4]【顏注】師古曰：以救敝。【今注】救：匡正時弊。

[5]【顏注】師古曰：非其時則廢置也。

[6]【顏注】師古曰：可變易者則易也。

[7]【顏注】蘇林曰：族音奏。師古曰：節，止也。奏，進也。【今注】節族：節奏。

[8]【今注】方丈：指方丈之食。極言肴饌之豐盛。《孟子·盡心下》："食前方丈，侍妾數百人，我得志，弗爲也。"趙岐注："極五味之饌食，列於前，方一丈。"葛洪《抱樸子·詰鮑》："食則方丈，衣則龍章。"

[9]【顏注】孟康曰：觀猶顯也。欲音慾（欲音慾，蔡琪本同，大德本、殿本無此句）。師古曰：顯示之，使其慕欲也。【今注】觀：示範。

[10]【顏注】師古曰：贍，足也。

　　[11]【顏注】師古曰：徼，要求也，音工堯反。【今注】徼：通"僥"。貪求不止。《左傳》文公二年："寡君願徼福于周公魯公。"

　　[12]【顏注】師古曰：徒，空也。

　　[13]【顏注】師古曰：夸，大也，競也。矯，僞也。【今注】矯奪：強行奪取。

　　[14]【顏注】師古曰：浸，漸也。

　　[15]【今注】泰：奢侈。

　　[16]【顏注】如淳曰：采，飾也。師古曰：采者，文過其實也。

　　[17]【顏注】師古曰：範謂爲之立法也。

　　[18]【顏注】師古曰：蕃，多也。遂，成也。字，生也。蕃音扶元反。【今注】案，軑，蔡琪本、大德本同，殿本作"熟"。

　　[19]【顏注】師古曰：屬，病也。

　　　臣聞周有天下，其治三百餘歲。成、康其隆也，刑錯四十餘年而不用。及其衰，亦三百餘年，故五伯更起。[1]伯者，常佐天子興利除害，誅暴禁邪，匡正海內，以尊天子。五伯既没，賢聖莫續，天子孤弱，號令不行。諸侯恣行，彊陵弱，衆暴寡。田常篡齊，[2]六卿分晉，[3]並爲戰國，此民之始苦也。於是彊國務攻，弱國修守，合從連衡，馳車轂擊，[4]介冑生蟣蝨，民無所告愬。[5]

　　[1]【顏注】師古曰：伯讀曰霸。更音工衡反。其下並同。

　　[2]【今注】田常篡齊：田常，即田成子，或作"陳成子"。春秋時齊國大臣。齊簡公四年（前481），田常殺簡公，立齊平公，

任相國，把持朝政。

[3]【今注】六卿分晉：春秋時晉國的范、中行、知、趙、韓、魏六大家族，世代爲晉卿，故稱"六卿"。後范、中行、知三家敗落，趙、韓、魏三家裂土分晉而爲諸侯。

[4]【顏注】師古曰：車轂相擊，言其衆多也。從音子容反。

[5]【今注】告愬：訴説。

　　及至秦王，蠶食天下，并吞戰國，稱號皇帝，一海内之政，壞諸侯之城。銷其兵，鑄以爲鍾虡，[1]示不復用。元元黎民得免於戰國，逢明天子，人人自以爲更生。[2]鄉使秦緩刑罰，薄賦斂，[3]省繇役，貴仁義，賤權利，上篤厚，下佞巧，變風易俗，化於海内，則世世必安矣。秦不行是風，循其故俗，爲知巧權利者進，篤厚忠正者退，法嚴令苛，諂諛者衆，[4]日聞其美，意廣心逸。欲威海外，[5]使蒙恬將兵以北攻彊胡，[6]辟地進境，[7]戍於北河，[8]飛芻輓粟以隨其後。[9]又使尉屠睢將樓船之士攻越，[10]使監禄鑿渠運糧，[11]深入越地，越人遁逃。曠日持久，糧食乏絶，越人擊之，秦兵大敗。秦乃使尉佗將卒以戍越。[12]當是時，秦禍北構於胡，南挂於越，[13]宿兵於無用之地，[14]進而不得退。行十餘年，丁男被甲，丁女轉輸，苦不聊生，自經於道樹，死者相望。及秦皇帝崩，天下大畔。陳勝、吳廣舉陳，[15]武臣、張耳舉趙，[16]項梁舉吳，[17]田儋舉齊，[18]景駒舉郢，[19]周市舉魏，[20]韓廣舉燕，[21]窮山通谷，豪士並起，不可勝載也。然本皆非公侯之後，非長官之吏，[22]無尺寸之埶，起閭巷，杖棘矜，應時而動，不謀而俱起，不約而同會，壤長地進，至乎伯王，[23]時教使然也。秦貴爲天子，富有天下，滅世絕祀，窮兵之禍也。故周失之弱，秦失之彊，不變之患也。

[1]【顏注】師古曰：虡，懸鍾者也。解在《賈山》《司馬相如傳》。【今注】鍾虡（jù）：亦作“鐘簴”。一種懸鐘的格架。上有猛獸爲飾。《周禮·考工記·梓人》：“若是者以爲鐘虡，是故擊其所縣，而由其虡鳴。”孫詒讓《正義》：“《說文·虍部》云：‘虡，鍾鼓之栒也，飾爲猛獸。’即謂贏屬之獸。”

[2]【顏注】師古曰：言天下既免戰國之苦，若逢明聖之主則可以更生，而秦皇反爲虐政以殘害也。【今注】更生：重生。比喻復興。案，王先謙《漢書補注》說：“言秦併六國，示不復用兵，人人以爲逢明天子，有更生之慶。顏注非。”

[3]【顏注】師古曰：鄉讀曰嚮。

[4]【顏注】師古曰：謿，古詔字。

[5]【今注】案，欲威海外，《史記》卷一一二《平津侯主父列傳》作“欲肆威海外”。

[6]【今注】案，彊，大德本、殿本同，蔡琪本作“强”。本卷下同不注。

[7]【顏注】師古曰：辟讀曰闢。

[8]【今注】北河：古時黃河自今內蒙古磴口縣以下，分爲南北二支，北支稱“北河”，約爲今烏加河（又作“五加河”）。

[9]【今注】飛芻輓粟：指迅速運送糧草。芻，飼料；輓，拉車或船；粟，小米，泛指糧食。本書卷六四上《主父偃傳》：“又使天下飛芻輓粟。”

　　〔10〕【今注】屠睢：秦朝將領。秦始皇時，蒙恬北征匈奴，屠睢南征百越。《史記·平津侯主父列傳》："又使尉屠睢將樓船之士南攻百越，使監祿鑿渠運糧，深入越，越人遁逃。曠日持久，糧食絕乏，越人擊之，秦兵大敗。"

　　〔11〕【今注】監祿：監即監御史，名祿，亦稱史祿，姓失傳。秦始皇南定百越，他負責軍需，在今廣西興安縣附近開鑿運河，溝通湘江和灕江，以便利糧草運輸，後世稱爲靈渠、興安渠或湘桂運河。

　　〔12〕【今注】尉佗：南越王趙佗。

　　〔13〕【顔注】師古曰：挂，縣也。【今注】挂：讀爲"絓（guà）"，結也。絓於越，王念孫《讀書雜志·漢書第十一》言禍結於越。

　　〔14〕【顔注】師古曰：宿，留也。

　　〔15〕【顔注】師古曰：舉謂起兵也。

　　〔16〕【今注】武臣：陳（今河南淮陽縣）人，陳勝部將，後自立爲趙王。　張耳：傳見本書卷三二。

　　〔17〕【今注】項梁：秦泗水郡下相縣（今江蘇宿遷市西南）人。秦末著名起義軍首領。楚國貴族項燕之子。項羽的叔父。

　　〔18〕【今注】田儋：原是戰國時期齊國王族。陳勝、吳廣起義後，田儋趁機殺死狄縣縣令，舉兵起義，自立爲齊王，攻取平定齊國故地。

　　〔19〕【今注】景駒：秦末楚國貴族，陳勝、吳廣起義後，被擁立爲楚王。　郢：古都名。春秋時，楚文王建都於郢。故址在今湖北江陵縣西北紀南城。楚國都城多有遷徙，凡遷至之地均稱爲郢。

　　〔20〕【今注】周市：秦末起義軍將領。陳勝在陳縣建立政權後，遣周市率軍北攻原魏國故地。

　　〔21〕【今注】韓廣：秦末起義軍將領。原爲趙國小吏。陳勝

建立政權後，派趙人武臣經略趙地。武臣穩定趙地後，派韓廣安撫燕地。韓廣到燕，被當地貴族立爲燕王。或説韓廣自立爲燕王。

[22]【顏注】師古曰：長官謂一官之長也。

[23]【顏注】張晏曰：長，進益也。師古曰：言其稍稍攻伐，進益土境，以至彊大也（彊，大德本、殿本同，蔡琪本作"强"）。長音竹兩反。伯讀曰霸。

　　今徇南夷，[1]朝夜郎，[2]降羌僰，[3]略薉州，建城邑，[4]深入匈奴，燔其龍城，[5]議者美之。此人臣之利，非天下之長策也。今中國無狗吠之警，而外累於遠方之備，靡敝國家，[6]非所以子民也。[7]行無窮之欲，甘心快意，結怨於匈奴，非所以安邊也。禍挐而不解，兵休而復起，[8]近者愁苦，遠者驚駭，非所以持久也。今天下鍛甲摩劍，矯箭控弦，[9]轉輸軍糧，未見休時，此天下所共憂也。夫兵久而變起，[10]事煩而慮生。今外郡之地或幾千里，[11]列城數十，形束壤制，[12]帶脅諸侯，[13]非宗室之利也。上觀齊晉所以亡，公室卑削，六卿大盛也；下覽秦之所以滅，刑嚴文刻，欲大無窮也。今郡守之權非特六卿之重也，地幾千里非特閭巷之資也，甲兵器械非特棘矜之用也，以逢萬世之變，則不可勝諱也。[14]
　　後以安爲騎馬令。[15]

[1]【今注】案，今徇南夷，《史記》卷一一二《平津侯主父列傳》作"今欲招南夷"。徇，巡行。南夷，舊指南方的少數民

族。又指屈原流放所經南方邊遠地區。《楚辭·涉江》："哀南夷之莫我知兮。"

[2]【今注】朝：使某某朝見。《孟子·梁惠王上》："欲辟土地，朝秦楚。" 夜郎：即夜郎國。古西南少數民族建立的一個政權。西漢以前，夜郎國名無文獻可考。《華陽國志·南中志》載："將軍莊蹻泝沅水，出且蘭（今貴州福泉市），以伐夜郎。"一般認爲，夜郎國大約興起於戰國。至漢成帝時，夜郎王興同脅迫周邊二十二邑反叛漢廷，爲漢朝牂柯太守陳立所殺，夜郎遂滅。關於夜郎國都的故地，現有多説，一爲貴州長順縣廣順鎮説，依據《後漢書》卷八六《西南夷傳》記述；一爲湖南懷化市沅陵縣，依據2000年發掘的龐大的巨型墓葬群；一爲貴州畢節市赫章縣可樂鄉説，依據古彝族文獻。或參見侯紹莊、鍾莉《夜郎研究述評》（貴州人民出版社2003年版）。案，王先謙《漢書補注》説："《西南夷傳》'唐蒙通夜郎，開犍爲郡'，乃建元六年事。《武紀》，元光五年，發巴蜀治南夷道，元朔二年罷。自建元六年，凡十年始罷。詳見《公孫弘》《西南夷》諸傳。元狩中，又因張騫之言重開，至元鼎六年始定。安所謂'徇南夷，朝夜郎'者，指前役而言。是時，夜郎道雖通而未來朝。《史記》載是書，作'今欲招南夷，朝夜郎'。班删'欲'字，遂啓後人之疑。"

[3]【今注】羌僰（bó）：羌人與僰人。羌，古代民族，原住以今青海爲中心，南至四川，北接新疆的一帶地區，東漢時移居今甘肅一帶。僰，即濮人，古代居住於西南地區的一個少數民族。

[4]【顏注】張晏曰：薉，貉也。師古曰：薉與穢同。【今注】薉州：此指古東北南部地區和漢四郡（樂浪郡、玄菟郡、真番郡、臨屯郡）故地。薉通"濊"，又作"穢"，即濊貊，古東北地區少數民族名。濊在東，貊在西，後來貊部落合併了濊部落。1958年朝鮮平壤貞柏洞土壙墓出土了"夫租薉君"銀印和其他器物。"夫租薉君"銀印是漢朝授予的印綬。夫租，縣名。爲樂浪郡嶺東七縣之一。薉君即穢族的君長。（參見白錬行《關於"夫租薉君"

印》，《文化遺產》1962 年第 4 期；李淳鎮著，永島暉臣慎、西谷正譯《"夫租薉君"墓について》，《考古學研究》14 卷 4 號）案，王先謙《漢書補注》說："薉，即穢爲蠻夷也。建元六年爲郡，見《地理志》。羌降，自元鼎六年平西羌外，史無明文。據《後書·西羌傳》，景帝時，研種留何率種人求守隴西塞，則諸羌早有保塞者，武帝初或頗事招徠，未著成效，史遂略而不書。《武紀》：'元朔元年，東夷薉君南閭等口二十八萬人降，爲蒼海郡。三年，罷。'蓋元光末安上書時，招降薉州事已萌芽也。"

[5]【顔注】師古曰：燔，燒也。龍城，匈奴祭天處。燔音扶元反。【今注】龍城：又稱"龍庭"。漢時匈奴祭天，大會諸部處。"龍"亦作"蘢"。本書卷九四《匈奴傳上》："五月，大會龍城。"具體位置有多説。或説是現今内蒙古赤峰市附近，或説是蒙古國鄂爾渾河西側的和碩柴達木湖附近等。（參見邱樹森《兩漢匈奴單于庭、龍城今地考》，《社會科學戰綫》1984 年第 2 期）

[6]【顔注】師古曰：累音力瑞反。【今注】靡敝：耗費，浪費。

[7]【顔注】師古曰：子謂養之如子也。

[8]【顔注】師古曰：挈，相連引也，音女居反。

[9]【顔注】師古曰：矯，正曲使直也。控，引也。

[10]【今注】案，兵久，大德本同，蔡琪本、殿本作"兵多"。

[11]【顔注】師古曰：幾音鉅依反。次下亦同。

[12]【顔注】孟康曰：言其土地形埶，足以束制其民。

[13]【顔注】師古曰：帶者，言諸侯之於郡守，譬若佩帶，謂輕小也。脅謂其威力足以脅之也。一曰帶在脅旁，附著之義也。【今注】案，帶脅，《史記》卷一一二《平津侯主父列傳》作"旁脅"。

[14]【顔注】師古曰：言不可盡諱者，言必滅亡也。

[15]【顔注】師古曰：主天子之騎馬也。騎音其寄反。【今

注】騎馬令：官名。爲“騎馬厩令”的省稱，秦置漢沿，掌天子騎馬，太僕屬官。

終軍字子雲，濟南人也。[1]少好學，以辯博能屬文聞於郡中。[2]年十八，選爲博士弟子。至府受遣，[3]太守聞其有異材，召見軍，甚奇之，與交結。軍揖太守而去，至長安上書言事。武帝異其文，拜軍爲謁者給事中。[4]

[1]【今注】濟南：郡名。西漢初年置。漢高帝時稱博陽郡，後改名濟南郡。治東平陵縣（今山東濟南市章丘區龍山北）。

[2]【顏注】師古曰：屬音之欲反。

[3]【顏注】師古曰：博士弟子屬太常。受遣者，由郡遣詣京師。【今注】博士弟子：漢代博士的學生，學習一定年限後，經考核，一般可任郡國文學等職務，優秀者可授中央或地方行政官。

[4]【今注】謁者：官名。始置於春秋，秦漢因之。掌賓贊受事，即爲天子傳達。　給事中：加官名。侍從皇帝，備顧問應對，參議政事，因執事於殿中，故名。

從上幸雍，[1]祠五畤，[2]獲白麟，一角而五蹄。[3]時又得奇木，其枝旁出，輒復合於木上。上異此二物，博謀群臣。[4]軍上對曰：[5]

[1]【今注】雍：此指雍城，秦國國都，自秦德公元年（前677）至秦獻公二年（前383）定都此地，爲秦國定都時間最久的都城。遺址位於今陝西寶雞市鳳翔縣南郊。

[2]【今注】五畤（zhì）：指處於雍城附近的五個祭祀場所。畤，

祭祀天地或古代帝王的處所名。秦時雍有四時。五時,特指漢高祖建立北時後,分別祭祀青帝、白帝、赤帝、黃帝、黑帝的五個場所,即密時、鄜時、下時、上時、北時。

　　[3]【顏注】師古曰:每一足有五蹄也。【今注】白麟:白色的麒麟。古以爲祥瑞。據本書卷六《武紀》記載,此事在武帝元狩元年(前122)冬十月。

　　[4]【顏注】師古曰:訪其徵應也。

　　[5]【今注】案,下文爲《白麟奇木對》。又,本書《藝文志》有終軍著録八篇,已佚。清人馬國翰《玉函山房輯佚書》輯有四篇。

　　　　臣聞《詩》頌君德,《樂》舞后功,異經而同指,明盛德之所隆也。南越竄屏葭葦,與鳥魚群,[1]正朔不及其俗。有司臨境,而東甌內附,[2]閩王伏辜,[3]南越賴救。北胡隨畜薦居,[4]禽獸行,虎狼心,上古未能攝。大將軍秉鉞,單于犇幕;[5]票騎抗旌,昆邪右袵。[6]是澤南洽而威北暢也。[7]若罰不阿近,舉不遺遠,設官竢賢,縣賞待功,[8]能者進以保禄,罷者退而勞力,[9]刑於宇內矣。[10]履衆美而不足,懷聖明而不專,[11]建三宮之文質,章厥職之所宜,[12]封禪之君無聞焉。[13]

　　[1]【顏注】師古曰:葭,蘆也,成長則曰葦。葭音加。

　　[2]【今注】東甌:古族名。越族的一支。分布於今浙江南部。其首領遙助漢滅楚,封爲東海王,建王都於東甌(今浙江温州市)。參閱《史記》卷一一四《東越列傳》。

　　[3]【今注】閩王:此指閩越王無諸的後代東越王餘善。餘善刻"武帝"璽,自立爲帝,漢武帝調遣四路大軍共數十萬人圍攻閩越國。

閩越餘王居股殺餘善後降漢。武帝爲了消除後患,詔令大軍將閩越貴族遷往江淮内地,焚毀閩越國的城池宫殿。遺址位於今福建武夷山市。

[4]【顔注】蘇林曰:薦,草也。師古曰:蘇説非也。薦讀曰荐。荐,屢也。言隨畜牧屢易故居,不安住也。《左傳》"戎狄荐居"者也。

[5]【顔注】師古曰:犇,古奔字。【今注】大將軍:衛青。 幕:同"漠"。

[6]【顔注】師古曰:抗,舉也。右衽,從中國化也。昆音下門反。【今注】昆邪:漢匈奴部落之一。又稱渾邪。駐牧張掖(今甘肅張掖市西北)等西北邊郡一帶。武帝元狩二年(前121),爲漢驃騎將軍霍去病所敗,昆邪王率衆降漢。 右衽:交領服是左壓右,稱右衽,是漢服始終保留的特徵,亦作爲漢族的象徵符號之一。與之相反,古代少數民族的服裝,多前襟向左掩,稱爲左衽。《論語·憲問》孔子説:"管仲相桓公,霸諸侯,一匡天下,民到於今受其賜,微管仲,吾其被髮左衽矣。"案,《漢書考證》齊召南説:"按此對元狩元年冬十月,行幸雍,祠五畤,獲白麟時也。昆邪來降,其事在二年秋。終軍此時何以能預言邪?當指元朔六年衛青率六將軍絶幕克獲,而霍去病以票姚校尉立功封冠軍侯耳!況去病至元狩三年(實爲'二年')始爲票騎將軍,在元年何以預言'票騎'?疑'票騎抗旌'二語,後人所改竄,班氏誤承用也。"

[7]【顔注】師古曰:洽,溥也(溥,大德本、殿本同,蔡琪本作"博")。暢,達也。

[8]【顔注】師古曰:竢,古俟字。次下亦同。

[9]【顔注】師古曰:罷讀曰疲,謂不堪職任者也。勞力,歸農畝也。

[10]【顔注】師古曰:刑,法也,謂成法於宇内也(謂,蔡琪本、大德本、殿本作"言")。一曰,刑,見之(之,蔡琪本、

大德本、殿本作“也”）。

[11]【顏注】師古曰：言自謙也。

[12]【顏注】服虔曰：三宮，明堂、辟雍、靈臺也。鄭氏曰：於三宮班政教，有文質者也。

[13]【顏注】張晏曰：前世封禪之君不聞若斯之美也。【今注】封禪：封爲“祭天”，禪爲“祭地”。古代帝王祭祀天地的大型典禮。傳說夏商周三代，已有封禪典禮。

　　夫天命初定，萬事草創，[1]及臻六合同風，九州共貫，必待明聖潤色，祖業傳於無窮。[2]故周至成王，然後制定，而休徵之應見。[3]陛下盛日月之光，垂聖思於勒成，[4]專神明之敬，奉燔瘞於郊宮，[5]獻享之精交神，積和之氣塞明，[6]而異獸來獲，宜矣。昔武王中流未濟，白魚入於王舟，俯取以燎，群公咸曰“休哉！”[7]今郊祀未見於神祇，[8]而獲獸以饋，[9]此天之所以示饗，而上通之符合也。宜因昭時令日，改定告元，[10]茝以白茅於江淮，發嘉號于營丘，以應緝熙，[11]使著事者有紀焉。[12]

[1]【顏注】師古曰：謂始受命之君也。

[2]【顏注】師古曰：潤色謂光飾之。

[3]【顏注】師古曰：休，美也。徵，證也。

[4]【今注】勒成：此指封禪。李慈銘《越縵堂讀史札記·漢書六》說：“勒成者，封禪也。班固《東都賦》云：‘憲章稽古，封岱勒成，儀炳乎世宗。’張衡《東京賦》云：‘登岱勒封，與黃比崇。’是勒成爲當時常語，故以對郊宮。”

[5]【顏注】師古曰：燔，祭天也。瘞，祭地也。祭天則燒之，祭地則薶之。郊宮，謂泰畤及后土也。

[6]【顏注】師古曰：塞，荅也。明者，明靈，亦謂神也。【今注】獻享：奉獻酒食等以示犒勞。　塞明：光明充盈，此與“交神”對。王先謙《漢書補注》説：“和氣充塞天地，日月所照，無不到也。‘交神’與‘塞明’爲對。言陰陽微顯之交，皆以精氣感孚，故致靈異。顏訓塞爲荅，則讀如今賽字，失之遠矣。”

[7]【顏注】師古曰：謂伐紂時。解在《董仲舒傳》。【今注】白魚入於王舟：或見《尚書大傳》卷三：“八百諸侯俱至孟津，白魚入舟。”

[8]【今注】案，祇，殿本作“祇”。

[9]【顏注】師古曰：以饋謂充祭俎也。

[10]【顏注】張晏曰：改元年以告神祇也（祇，殿本作“祇”）。師古曰：昭，明也。令，善也。【今注】案，《漢書考正》劉奉世説：“軍此對頗可疑。按紀，獲麟在元狩元年，昆邪降在二年，其上對已大緩。又《史記·封禪書》元鼎三年，有司始言，元不宜以一二數，乃云三元爲狩。蓋於此年追述三元也。而軍此云宜改元。史又云，由是改元，有來降者皆可。疑軍對非真，史誤因之。”又，王先謙《漢書補注》説：“《封禪書》《孝武紀》皆作‘後三年，有司言，元不宜以一二數，三元郊得一角獸曰狩云’，《郊祀志》作‘今郊得一角獸曰狩云’。案，既云‘今’，則非元鼎中語。‘後三年’三字蓋誤，當是‘後一年’。故《漢紀》於獲麟之下，書‘由是改元朔爲元狩’，《通鑑》亦於獲麟下書‘久之，有司又言’云，莫能定爲何年。以此傳證之，則獲麟未久改元，不疑。故下文匈奴來降，止後數月事也。”

[11]【顏注】服虔曰：苴，作席也。張晏曰：江淮職貢三脊茅爲藉也。孟康曰：嘉號，封禪也。泰山在齊分野，故曰營丘也。或曰登封泰山以明姓號也。師古曰：苴音祖，又音子豫反。非苞

苴之苴也。【今注】案，苴以，蔡琪本、殿本作“苴”，無“以”字。　白茅：古天子分封，用代表方位的五色土築壇，按封地所在方向取一色土，包以白茅而授之。　緝熙：光明。《詩·大雅·文王》：“穆穆文王，於緝熙敬止。”

[12]【顏注】師古曰：謂史官也。紀，記也。

　　蓋六鶂退飛，逆也；[1]白魚登舟，順也。[2]夫明闇之徵，上亂飛鳥，下動淵魚，[3]各以類推。今野獸并角，明同本也；[4]衆支內附，示無外也。若此之應，殆將有解編髮，[5]削左衽，襲冠帶，要衣裳，而蒙化者焉。[6]斯拱而竢之耳！[7]

[1]【顏注】張晏曰：六鶂退飛，象諸侯畔逆，宋襄公伯道退也。【今注】六鶂退飛：亦作“六鶂退蜚”。水鳥飛翔，遇風退縮。《春秋》僖公十六年：“六鶂退飛過宋都。”杜預注：“鶂，水鳥，高飛遇風而退。”《史記》卷三八《宋微子世家》：“六鶂退蜚，風疾也。”

[2]【顏注】張晏曰：周，木德也。舟，木也。殷，水德。魚，水物。魚躍登舟，象諸侯順周，以紂畀武王也。臣瓚曰：時論者未以周爲木殷爲水也。謂武王伐殷而魚入王舟，象征而必獲，故曰順也。師古曰：瓚說是也。

[3]【顏注】師古曰：亂，變也。

[4]【顏注】師古曰：并，合也。獸皆兩角，今此獨一，故云并也。

[5]【今注】編髮：指結髮爲辮。古代一些少數民族的髮式，故“編髮”借指蠻夷。《尚書大傳》卷二：“武丁內反諸己，以思先王之道，三年編髮重譯來朝者六國。”

[6]【顏注】師古曰：要衣裳謂著中國之衣裳也。編讀曰辮。

要音一遥反。

[7]【顏注】師古曰：拱手而待之，言其即至。

對奏，上甚異之，由是改元爲元狩。[1]後數月，越地及匈奴名王有率衆來降者，[2]時皆以軍言爲中。[3]

[1]【今注】元狩：漢武帝年號（前122—前117）。

[2]【今注】案，越地事當指"獻馴象、能言鳥"。匈奴降者爲昆邪王。事見本書卷六《武紀》。又，王先謙《漢書補注》說："元狩二年，匈奴昆邪王殺休屠王，並將其衆合四萬人來降，見《武紀》。越地來降者，表傳無考。《武紀》及《南粵傳》所載，故歸義粤侯嚴、甲二人，當是也。"

[3]【顏注】師古曰：中音竹仲反。

元鼎中，[1]博士徐偃使行風俗。[2]偃矯制，[3]使膠東、魯國，[4]鼓鑄鹽鐵。[5]還，奏事，徙爲太常丞。[6]御史大夫張湯劾偃矯制大害，[7]法至死。偃以爲《春秋》之義，大夫出疆，有可以安社稷，存萬民，顓之可也。[8]湯以致其法，不能詘其義。有詔下軍問狀，軍詰偃曰："古者諸侯國異俗分，百里不通，時有聘會之事，安危之執，呼吸成變，故有不受辭造命顓己之宜。[9]今天下爲一，萬里同風，故《春秋》'王者無外'。[10]偃巡封域之中，稱以出疆何也？且鹽鐵，郡有餘臧，[11]正二國廢，國家不足以爲利害，而以安社稷存萬民爲辭，何也？"又詰偃："膠東南近琅邪，[12]北接北海，[13]魯國西枕泰山，東有東海，受其鹽鐵。偃

度四郡口數田地，[14] 率其用器食鹽，不足以并給二郡
邪？將執宜有餘，而吏不能也？何以言之？偃矯制而
鼓鑄者，欲及春耕種贍民器也。[15] 今魯國之鼓，當先
具其備，[16] 至秋乃能舉火。此言與實反者非？[17] 偃已
前三奏，無詔，[18] 不惟所爲不許，[19] 而直矯作威福，
以從民望，干名采譽，[20] 此明聖所必加誅也。‘枉尺直
尋’，孟子稱其不可；[21] 今所犯罪重，所就者小，[22] 偃
自予必死而爲之邪？[23] 將幸誅不加，欲以采名也？”[24]
偃窮詘，服罪當死。軍奏：“偃矯制顓行，非奉使體，
請下御史徵偃即罪。”[25] 奏可。上善其詰，有詔示御史
大夫。[26]

[1]【今注】元鼎：漢武帝年號（前116—前111）。

[2]【顏注】師古曰：行音下更反。

[3]【顏注】師古曰：矯，詫也。詫言受詔也。

[4]【今注】膠東魯國：西漢封國。膠東國都即墨（今山東平
度市古峴鎮）。魯國都魯縣（今山東曲阜市）。

[5]【顏注】如淳曰：鑄銅鐵，扇熾火，謂之鼓。

[6]【今注】太常丞：官名。太常副貳。掌宗廟祭祀禮儀的具
體事務，總管本府諸曹，參議禮制。兩漢多用博士、議郎充任。西
漢時秩千石。

[7]【今注】御史大夫：官名。秦置漢沿。三公之一。掌監察
百官，並代皇帝接受百官奏章、起草詔命文書等。秩中二千石。
張湯：傳見本書卷五九。

[8]【顏注】師古曰：顓與專同。下亦類此。【今注】案，《公
羊傳》莊公十九年：“聘禮，大夫受命不受辭，出竟，有可以安社
稷，利國家者，則專之可也。”

[9]【今注】案，沈欽韓《漢書疏證》説："《繁露·精華篇》：'公子結受命媵陳，道生事，從齊桓盟。《春秋》弗非，以爲救莊公之危。公子遂命使京師，道生事，之晉。《春秋》非之，以爲是時僖公安甯無危也。故有危而不專救，謂之不忠；無危而擅生事，是卑君也。'軍義本此。"

[10]【今注】王者無外：《公羊傳》關於"大一統"理論具體説明。對天子而言没有外國。語出《公羊傳》僖公二十四年："冬，天王出居於鄭。王者無外，此其言出何？不能乎母也。"

[11]【顏注】師古曰：先有畜積。

[12]【今注】琅邪：亦作"琅琊"或"瑯琊"。山名。在今山東諸城市東南海濱。

[13]【今注】北海：渤海。

[14]【顏注】師古曰：度，計也，音大各反。

[15]【顏注】師古曰：贍，足也。

[16]【顏注】師古曰：備者猶今言調度。

[17]【顏注】師古曰：重問之。【今注】案，王先謙《漢書補注》説，謂此明係言與實反，偃能以此語爲非情實乎？正詰責之辭，故顏云"重問之"。

[18]【顏注】師古曰：不報聽也。

[19]【顏注】師古曰：惟，思也。

[20]【顏注】師古曰：干，求也。采，取也。

[21]【顏注】師古曰：孟子，孟軻也。八尺曰尋。孟子之書曰陳代問於孟子曰："枉尺直尋，若何爲也（何，蔡琪本、大德本、殿本作"可"）。"孟子曰："子過矣。枉己者未有能直人者也。"尋長而尺短。故陳代言所直者多，而所曲者少，則可爲之。孟子以爲苟有少曲，則害於大直，故不可也。【今注】枉尺直尋：屈起來祇有一尺，伸直却有八尺。《孟子·滕文公下》："枉尺而直尋，宜若可爲也。"喻在小節上不妨委屈，以求更大的好處。

［22］【顏注】師古曰：就，成也。

［23］【顏注】師古曰：予，許也。

［24］【顏注】師古曰：幸，冀也。

［25］【顏注】師古曰：微，召也。即，就也。

［26］【今注】案，王先謙《漢書補注》曰：“《郊禮志》載徐偃云‘太常諸生行禮，不如魯善’，事在元封元年。是偃即罪後，仍得赦免也。”

初，軍從濟南當詣博士，步入關，關吏予軍繻。[1]軍問：“以此何爲？”吏曰：“爲復傳，[2]還當以合符。”[3]軍曰：“丈夫西游，[4]終不復傳還。”棄繻而去。軍爲謁者，使行郡國，[5]建節東出關，[6]關吏識之，曰：“此使者迺前棄繻生也。”軍行郡國，所見便宜以聞。還奏事，上甚説。[7]

［1］【顏注】張晏曰：繻音須。繻，符也。書帛裂而分之，若券契矣。蘇林曰：繻，帛邊也。舊關出入皆以傳。傳煩，因裂繻頭合以爲符信也。師古曰：蘇説是也。【今注】繻：漢出入關隘的帛製通行證，上寫字，分爲兩半，出入時驗合。《玉篇》：“繻，帛邊也。古者過關以符書帛裂而分之，若今券也。”案，陳直《漢書新證》説：“漢代人民過關，皆用符傳，有四種不同形式。一曰符：《居延漢簡釋文》卷一、八十一頁，有簡文云：‘始元七年閏月甲辰，居延與金關，符合以從事。’同卷八十二頁，有符文云：‘永光四年正月己酉，橐他延壽隧長孫時符。妻大女昭武萬歲里□□，年卅二。子大男輔年十九歲，子小男廣宗年十二歲，子小女足年九歲，輔妻南來年十五歲，皆黑色。’二曰傳：同卷同頁，有傳文云：‘永始五年四月戊午入關傳。’三曰過所：同卷同頁，有過所文云：

'元延二年十月乙酉，居延令尚，丞忠，移過所縣道河津關，遣亭長王豐，以詔書買騎馬酒泉、敦煌、張掖郡中，當舍傳舍從者，如律令，守令史詡，佐襃。十月丁亥出。'四曰繻：見於本傳。傳與符爲一類，其區別是符有齒，傳無齒，符紀數，傳不紀數，符分左右，先寄右符至所到地區，用以合符。傳等於後來之路證，過所性質，與傳相近。蘇林注謂因傳煩改用繻，照其解釋，是繻行而傳廢。然居延永始五年傳爲成帝時物，其流行且在終軍用繻之後，可見蘇説之未確。又按：《居延漢簡釋文》五九頁，有簡文云：'鄣戍卒南陽葉甯里公乘張鞅年廿，武吏官一人，持吏卒召籍謁府，須集帛書。'帛書疑即繻之別名。綜言之符、傳、過所、繻，四種在並行過程中，何種人身份，始用何種形式，現今因材料缺乏，尚不能確定。"

[2]【顏注】師古曰：復，返也。謂返出關更以爲傳。復音扶福反。傳音張戀反。次下亦同。

[3]【今注】合符：合驗符信。古代以竹簡木牘或帛爲符，上書文字，剖而爲二，各執其一，合之爲證。

[4]【今注】案，丈夫，蔡琪本、大德本、殿本作"大丈夫"。

[5]【顏注】師古曰：行音下更反。其後亦同。

[6]【今注】建節：執持符節。古代使臣受命，必建節以爲憑信。

[7]【顏注】師古曰：説讀曰悦。

當發使匈奴，[1]軍自請曰："軍無橫草之功，[2]得列宿衛，食禄五年。邊境時有風塵之警，臣宜被堅執鋭，當矢石，啓前行。[3]鑾下不習金革之事，[4]今聞將遣匈奴使者，臣願盡精厲氣，奉佐明使，畫吉凶於單于之前。臣年少材下，孤於外官，[5]不足以亢一方之任，[6]竊不勝憤懣。"詔問畫吉凶之狀，上奇軍對，擢爲諫大夫。[7]

    [1]【顏注】師古曰：漢朝欲遣人爲使於匈奴也。【今注】案，使，蔡琪本、大德本、殿本作"使使"。

    [2]【顏注】師古曰：言行草中，使草偃臥，故云橫草也。

    [3]【顏注】師古曰：行音下郎反。

    [4]【今注】金革：兵事。

    [5]【顏注】師古曰：孤，遠也。外官謂非侍衛之臣也。

    [6]【顏注】師古曰：亢，當也，音抗。

    [7]【今注】諫大夫：官名。漢武帝置。掌諫爭，備顧問應對。屬郎中令，秩比八百石。

    南越與漢和親，迺遣軍使南越，說其王，欲令入朝，比内諸侯。軍自請："願受長纓，必羈南越王而致之闕下。"[1]軍遂往說越王，越王聽許，請舉國内屬。天子大説，[2]賜南越大臣印綬，壹用漢法，以新改其俗令使者留填撫之。[3]越相呂嘉不欲内屬，[4]發兵攻殺其王，及漢使者皆死。語在《南越傳》。軍死時年二十餘，[5]故世謂之"終童"。

    [1]【顏注】師古曰：言如馬羈也。【今注】案，"終軍請纓"出典於此。

    [2]【顏注】師古曰：説讀曰悦。

    [3]【顏注】師古曰：填音竹刃反。

    [4]【今注】呂嘉：南越國丞相。趙佗任命呂嘉爲相。呂嘉積極推廣中原文化、農耕技術，使南越國逐漸壯大。呂嘉連任三代南越王的輔臣，權傾一時。

［5］【今注】案，終軍死於漢武帝元狩元年（前122）。

　　王褒字子淵，蜀人也。[1]宣帝時修武帝故事，講論六蓺群書，博盡奇異之好，徵能爲楚辭，九江被公，[2]召見誦讀。益召高材劉向、張子僑、華龍、柳褎等待詔金馬門。[3]神爵、五鳳之間，[4]天下殷富，數有嘉應。上頗作歌詩，欲興協律之事，丞相魏相奏言知音善鼓雅琴者，[5]渤海趙定、梁國龔德，[6]皆召見待詔。於是益州刺史王襄欲宣風化於衆庶，[7]聞王褒有俊材，請與相見，使褒作《中和》《樂職》《宣布詩》，[8]選好事者令依《鹿鳴》之聲習而歌之。[9]時氾鄉侯何武爲僮子，選在歌中。[10]久之，武等學長安，歌太學下，轉而上聞。宣帝召見武等觀之，皆賜帛，謂曰：“此盛德之事，吾何足以當之！”

　　［1］【今注】案，王褒《僮約》稱資中男子王子淵。《華陽國志》卷一〇説：褒資中人。資中，縣名。漢時屬蜀郡，治所在今四川資陽市。

　　［2］【顏注】師古曰：被，姓也，音皮義反。【今注】九江：郡名。原爲秦始皇分天下三十六郡之一。漢先後改爲九江國、淮南國。武帝時淮南國除爲九江郡。治壽春（今安徽壽縣城關鎮）。案，《太平御覽》卷八五九：“宣帝詔徵被公見誦《楚辭》，被公年衰母老，每一誦，輒與粥。”

　　［3］【顏注】師古曰：華音戶化反。【今注】劉向：傳見本書卷三六。　張子僑華龍：二人事迹皆見於本書卷七八《蕭望之傳》。其賦著録見本書《藝文志》。　柳褎：《河東柳氏先宗譜》（光緒戊戌年版）稱：柳氏第六世柳祉，漢昭帝元鳳癸卯三年（前78）授

御史中丞，爵封關內侯。子柳褒，官位金馬門侍詔。

[4]【今注】神爵：漢宣帝年號（前61—前58）。　五鳳：漢
宣帝年號（前57—前54）。

[5]【今注】魏相：傳見本書卷七四。

[6]【今注】渤海：郡名。治浮陽（今河北滄州市舊州鎮）。
趙定：本書《藝文志》載有《樂》家《雅琴趙氏》。　龔德：本
書《藝文志》載有《樂》家《雅琴龍氏》九十九篇，名德，梁人。
龔、龍，當有一誤。

[7]【今注】益州：漢武帝設十三州刺史部之一。蜀地爲益州
部，州治在雒縣（今四川廣漢市北）。　刺史：官名。又稱刺使、
部刺史。“刺”是檢核問事，司監察之職。“史”爲“御史”之意。
武帝各部始置刺史一人，秩六百石，位低權重。　王襄：事不詳。

[8]【顏注】師古曰：《中和》者，言政治和平也。《樂職》
者，言百官各得其職也。《宣布》者，風化普洽，無所不被。

[9]【今注】鹿鳴：《詩·小雅》首篇，先秦宮廷樂歌。《儀禮
注疏》：“《鹿鳴》，君與臣下及四方之賓燕，講道脩政之樂歌也。”
據沈欽韓《漢書疏證》說：“《鹿鳴》之樂，漢見存也。唐行鄉飲酒
禮，亦歌《鹿鳴》。《通典·禮三十三》：‘開元十八年，宣州刺史裴
耀卿上疏曰：州縣久絶雅聲，不識古樂，請於太常調習雅聲。’則
當時歌《鹿鳴》自有雅聲。宋政和中亦按習之，見《宋史·樂
志》。”

[10]【顏注】師古曰：氾音凡。【今注】氾鄉：地名。在今山
東即墨市東南。　何武：傳見本書卷八六。

　　襄既爲刺史作頌，[1]又作其傳，[2]益州刺史因奏襄
有軼材。[3]上迺徵襄。既至，詔襄爲聖主得賢臣頌其
意。襄對曰：[4]

[1]【顏注】師古曰：即上《中和》《樂職》《宣布詩》也。以美盛德，故謂之頌也。

[2]【顏注】師古曰：解釋頌歌之義及作者之意。【今注】案，傳當爲《四子講德》，見《文選》卷五一載王褒《四子講德論序》。

[3]【顏注】師古曰：軼與逸同。

[4]【今注】案，下文爲《聖主得賢臣頌》。

夫荷旃被毳者，[1]難與道純緜之麗密;[2]羹藜唅糗者，不足與論大牢之滋味。[3]今臣辟在西蜀，[4]生於窮巷之中，長於蓬茨之下，[5]無有遊觀廣覽之知，[6]顧有至愚極陋之累，[7]不足以塞厚望，應明指。[8]雖然，敢不略陳愚而抒情素。[9]

[1]【今注】荷旃被毳：穿著獸皮之人。旃，通“氈”。毳，鳥獸細毛。

[2]【顏注】師古曰：純，絲也。謂織爲繒帛之麗，絲纊之密也。一說，純緜，不雜緜也（緜，蔡琪本、大德本同，殿本作“綿”）。【今注】案，緜，蔡琪本、大德本同，殿本作“綿”。

[3]【顏注】服虔曰：唅音含。師古曰：糗即今之熬米麥所爲者，音丘九反，又音昌少反。【今注】羹藜：野菜羹。　大牢：太牢，古祭祀，牛羊豕三牲皆備謂之太牢。有時亦指牛一牲。古祭祀所用犧牲，祭前需飼養於牢，故此類犧牲稱爲牢。案，大牢，蔡琪本、大德本、殿本作“太牢”。

[4]【顏注】師古曰：辟讀曰僻。

[5]【顏注】師古曰：蓬茨，以蓬蓋屋也。茨音才私反。

[6]【今注】遊觀：游覽。

[7]【顏注】師古曰：顧猶反也。累音力瑞反。

[8]【顏注】師古曰：塞，當也。

[9]【顏注】師古曰：抒猶泄也，音食汝反。

記曰：共惟《春秋》法五始之要，[1]在乎審
己正統而已。夫賢者，國家之器用也。所任賢，
則趨舍省而功施普；[2]器用利，則用力少而就效
衆。故工人之用鈍器也，勞筋苦骨，終日矻矻。[3]
及至巧冶鑄干將之樸，清水焠其鋒，[4]越砥斂其
咢，[5]水斷蛟龍，陸剸犀革，[6]忽若彗氾畫塗。[7]
如此，則使離婁督繩，公輸削墨，[8]雖崇臺五增，
延袤百丈，而不溷者，工用相得也。[9]庸人之御駑
馬，亦傷吻敝策而不進於行，[10]匈喘膚汗，人極
馬倦。及至駕齧齕，驂乘旦，[11]王良執靶，[12]韓
哀附輿，[13]縱馳騁騖，忽如景靡，[14]過都越國，
蹦如歷塊；[15]追奔電，逐遺風，[16]周流八極，萬
里壹息。[17]何其遼哉？人馬相得也。[18]故服絺綌
之凉者，[19]不苦盛暑之鬱燠；[20]襲貂狐之燠者，
不憂至寒之悽愴。[21]何則？有其具者易其備。賢
人君子，亦聖王之所以易海內也。是以嘔喻受
之，[22]開寬裕之路，以延天下英俊也。[23]夫竭知
附賢者，必建仁策；索人求士者，必樹伯迹。[24]
昔周公躬吐捉之勞，故有圉空之隆；[25]齊桓設庭
燎之禮，故有匡合之功。[26]由此觀之，君人者勤
於求賢而逸於得人。[27]

[1]【顏注】服虔曰：共，敬也。張晏曰：要，《春秋》稱

“元年春王正月”，此五始也。師古曰：元者氣之始，春者四時之始，王者受命之始，正月者政教之始，公即位者一國之始，是爲五始。共讀曰恭。【今注】案，《説苑·尊賢》：“共惟五始之要，治亂之端，在乎審己而任賢也。”

　　[2]【顔注】師古曰：趨讀曰趣。普，博也。

　　[3]【顔注】應劭曰：矻矻，勞極貌。如淳曰：健作貌也。師古曰：如説是也。矻音口骨反。

　　[4]【顔注】師古曰：焠謂燒而内水中以堅之也。鋒，刃芒端也。焠音千内反。【今注】干將：古傳説鑄劍大師，常轉義爲寶劍名。《吴越春秋》記載，干將“采五山之鐵精，六合之金英”，以鑄鐵劍。

　　[5]【顔注】晉灼曰：砥石出南昌，故曰越也。師古曰：咢，刃旁也，音五各反。【今注】越砥：南方出産的磨刀石。劉禹錫《砥石賦》：“有客自東，遺余越砥，圭形石質，蒼色膩理。”（《劉夢得文集》，上海商務印書館影印 1936 版）。　咢：“鍔”的古字。刀劍的刃。

　　[6]【顔注】師古曰：剬，截也，音之兗反，又音徒官反。

　　[7]【顔注】師古曰：彗，帚也。汜，氾灑地也。塗，泥也。如以帚埽氾灑之地，以刀畫泥中，言其易。

　　[8]【顔注】張晏曰：離婁，黄帝時明目者也。應劭曰：公輸，魯般，性巧者也。師古曰：督，察視也。【今注】離婁督繩：離婁負責測量。離婁，傳説中視力特强的人。《孟子·離婁上》：“孟子曰：‘離婁之明，公輸子之巧，不以規矩，不能成方員。’”焦循《正義》：“離婁，古之明目者，黄帝時人也。黄帝亡其玄珠，使離朱索之。離朱，即離婁也，能視於百步之外，見秋毫之末。”

　　公輸削墨：公輸負責砍削木材。公輸，春秋魯國人，姬姓，公輸氏，名班，人稱公輸盤、公輸般、班輸，尊稱公輸子，又稱魯盤或者魯般，慣稱“魯班”。

[9]【顏注】師古曰：涽，亂也，音胡頓反。

[10]【顏注】師古曰：吻，口角也。策，所以擊馬也。【今注】傷吻敝策：傷、敝同義，損傷。吻，嘴脣。策，馬鞭。意思是使馬口受傷，讓馬鞭損壞。暗喻事倍功半。

[11]【顏注】孟康曰：良馬低頭，口至郗，故曰齧郗。張晏曰：駕則旦至，故曰乘旦。師古曰：乘音食證反。【今注】驂（cān）：古代駕在車前兩側的馬。引申義是駕三匹馬。乘旦：王念孫《讀書雜志·漢書第十一》案："乘旦"當爲"乘且"字之誤。"且"與"駔"同。駔者，駿馬之名。

[12]【顏注】張晏曰：王良，郵無恤，字伯樂。晉灼曰：靶音霸，謂轡也。師古曰：參驗《左氏傳》及《國語》《孟子》，郵無恤、郵良、劉無止、王良，揔一人也（揔，蔡琪本、大德本同。殿本作"總"）。《楚辭》云"驥躊躇於敝輦，遇孫陽而得代"。王逸云孫陽，伯樂姓名也。《列子》云伯樂，秦穆公時人。考其年代不相當，張說云良字伯樂，斯失之矣。【今注】王良：春秋時晉國善御者。案，吳仁傑《兩漢刊誤補遺》七説："《孟子》所稱王良，《左傳》所稱郵良、郵無恤，《國語》所稱郵無正，顏氏謂總一人，是固然矣。《國語》載郵無正，其下云'伯樂與尹鐸有怨，以其賞如伯樂氏'，則伯樂即郵無正，而顏謂晏失之，非也。顏既誤以王良、伯樂爲兩人，而《人表》又並列郵無恤、王良、伯樂爲三人，豈未嘗考《春秋傳》耶？良爲趙簡子御得名，未嘗事秦，亦與穆公生不並世。"

[13]【顏注】應劭曰：《世本》"韓哀作御"。師古曰：宋衷云：韓哀，韓文侯也。時已有御，此復言作者，加其精巧也。然則善御者耳，非始作也。【今注】韓哀：相傳古代發明馭馬術的人。《三國志》卷四二《蜀書·邵正傳》："韓哀秉轡而馳名。"裴松之注引《呂氏春秋》："韓哀作御。"案，今本《呂氏春秋·勿躬》作"寒哀"。

［14］【顏注】師古曰：亂馳曰驚。景靡者，如光景之徒靡也。

［15］【顏注】師古曰：如經歷一塊，言其速疾之甚。塊音口內反。

［16］【顏注】師古曰：《呂氏春秋》云"遺風之乘"，言馬行尤疾，每在風前，故遺風於後。今此言逐遺風，則是風之遺逸在後者，馬能逐及也。

［17］【今注】案，壹，蔡琪本、大德本同，殿本作"一"。

［18］【顏注】師古曰：遼謂所行遠。

［19］【今注】絺（chī）綌（xì）：葛布衣服。絺，細葛布；綌，粗葛布。

［20］【顏注】師古曰：鬱，熱氣也。燠，温也，音於六反。

［21］【顏注】師古曰：悽愴，寒冷也。煗音乃短反。【今注】煗：生僻字，古意爲暖。

［22］【顏注】應劭曰：嘔喻，和悦貌。師古曰：嘔音於付反。

［23］【顏注】師古曰：裕，饒也。

［24］【顏注】師古曰：伯讀曰霸。

［25］【顏注】師古曰：一飯三吐飡（飡，大德本同，蔡琪本、殿本作"食"），一沐三捉（三捉，大德本、殿本同，蔡琪本作"二捉"）髮，以賓賢士，故能成太平之化，刑措不用，囹圄空虛也。【今注】吐捉：吐哺捉髮。周公求才心切，每吃飯和洗沐都要中斷幾次接待來客。後遂以此指在位者禮賢下士之典實。典出《史記》卷三三《魯周公世家》。 案，圉，殿本作"圄"。

［26］【顏注】應劭曰：有以九九求見桓公，桓公不納。其人曰："九九小術，而君不納之，況大於九九者乎！"於是桓公設庭燎之禮而見之。居無幾，隰朋自遠而至，齊桓遂以霸。師古曰：九九，計數之書，若今《算經》也。匡謂一匡天下也。合謂九合

諸侯。【今注】庭燎之禮：春秋時期天子和國王議事或接待外賓時，在大庭中燃起火炬，稱"庭燎"，這是最高規格的接待禮儀。齊桓公因求賢若渴而"庭燎招士"。《詩經》有《庭燎》一首。

[27]【顏注】師古曰：逸，閒也。

人臣亦然。昔賢者之未遭遇也，圖事揆策則君不用其謀，陳見悃誠則上不然其信，[1] 進仕不得施效，斥逐又非其愆。是故伊尹勤於鼎俎，太公困於鼓刀，[2] 百里自鬻，甯子飯牛，[3] 離此患也。[4] 及其遇明君遭聖主也，運籌合上意，諫諍即見聽，進退得關其忠，任職得行其術，去卑辱奧渫而升本朝，[5] 離疏釋蹻而享膏粱，[6] 剖符錫壤而光祖考，傳之子孫，以資說士。[7] 故世必有聖知之君，而後有賢明之臣。故虎嘯而風洌，龍興而致雲，[8] 蟋蟀俟秋唫，蜉蝤出以陰。[9]《易》曰："飛龍在天，利見大人。"[10]《詩》曰："思皇多士，生此王國。"[11] 故世平主聖，俊艾將自至，[12] 若堯、舜、禹、湯、文、武之君，獲稷、契、皋陶、伊尹、呂望，[13] 明明在朝，穆穆列布，[14] 聚精會神，相得益章。[15] 雖伯牙操遞鍾，[16] 逢門子彎烏號，[17] 猶未足以喻其意也。

[1]【顏注】師古曰：悃，至也，音口本反。

[2]【顏注】師古曰：勤於鼎俎，謂負鼎俎以干湯也。鼓刀，謂屠牛於朝歌也。【今注】伊尹勤於鼎俎：指伊尹負鼎，以烹調的滋味比喻爲政的方法。事見《史記》卷三《殷本紀》。鼎俎，古代

祭祀、燕饗時置牲體、食物的禮器。轉指割烹的用具。 太公困於鼓刀：指姜太公屠牛於朝歌。鼓刀，謂宰殺牲畜時敲擊其刀，使之發聲。屈原《離騷》："吕望之鼓刀兮，遭周文而得舉。"

　　[3]【顏注】師古曰：鬻，賣也。《吕氏春秋》云百里奚之未遇時也，虞亡而虜縛，鬻以五羊之皮。公孫枝得而悦之，獻諸穆公。飯牛，解在《鄒陽傳》。鬻音弋六反。【今注】甯子：甯戚。春秋時齊國大夫。曾飼養牛，爲齊桓公賞識，用爲大夫。

　　[4]【顏注】師古曰：離，遭也。

　　[5]【顏注】張晏曰：奧，幽也。渫，狎也，汙也。言散奧渫汙，不章顯也。師古曰：渫音先列反。

　　[6]【顏注】應劭曰：離此疏食，釋此木蹻也。臣瓚曰：以繩爲蹻也。師古曰：蹻即今之鞋耳。瓚説是也。蹻音居略反。

　　[7]【顏注】師古曰：談説之士傳以爲資也。

　　[8]【顏注】師古曰：洌洌，風貌也，音列。

　　[9]【顏注】孟康曰：蜉蝣，渠略也。師古曰：蟋蟀，今之促織也。蜉蝣，甲蟲也，好叢聚而生也，朝生而夕死。蝣音由，字亦作蚰，其音同也。

　　[10]【顏注】師古曰：《乾卦》九五爻辭也。言王者居正陽之位，賢才見之，則利用也。

　　[11]【顏注】師古曰：《大雅·文王》之詩也。思，語辭也。皇，美也。言美哉，此衆多賢士，生此周王之國也。【今注】案，語見《詩·大雅·文王》。

　　[12]【顏注】師古曰：艾讀曰乂。

　　[13]【顏注】師古曰：契讀與高同，字本作偰，後從省耳。【今注】案，《文選》"吕望"之下有"之臣"二字。

　　[14]【顏注】師古曰：明明，察也。穆穆，美也。

　　[15]【顏注】師古曰：章，明也。

　　[16]【顏注】晉灼曰：遞音遞迭之遞（迭，大德本、殿本作

"送"）。二十四鍾各有節奏，擊之不常，故曰遞。臣瓚曰：《楚辭》云"奏伯牙之號鍾"。號鍾，琴名也。馬融《笛賦》曰"號鍾高調"。伯牙以善鼓琴，不聞説能擊鍾也。師古曰：琴名是也，字既作遞，則與《楚辭》不同，不得即讀爲號，當依晉音耳。

［17］【顔注】師古曰：逄門，善射者，即逄蒙也。烏號，弓名也。並解在前也。

故聖主必待賢臣而弘功業，俊士亦俟明主以顯其德。上下俱欲，驩然交欣，千載壹合，論説無疑，翼乎如鴻毛過順風，[1]沛乎如巨魚縱大壑。[2]其得意若此，則胡禁不止，曷令不行？[3]化溢四表，橫被無窮，遐夷貢獻，萬祥畢湊。[4]是以聖王不偏窺望而視已明，不單頃耳而聽已聰；[5]恩從祥風翺，德與和氣游，[6]太平之責塞，優游之望得；[7]遵遊自然之執，恬淡無爲之場，休徵自至，壽考無疆，雍容垂拱，永永萬年，何必偃印詘信若彭祖，呴噓呼吸如僑、松，[8]眇然絶俗離世哉！[9]《詩》云："濟濟多士，文王以寧"，[10]蓋信乎其以寧也！

［1］【今注】案，過，蔡琪本、大德本、殿本作"遇"。

［2］【顔注】師古曰：巨亦大也。沛音普大反。

［3］【顔注】師古曰：胡、曷皆何也。

［4］【顔注】師古曰：湊字與臻同。

［5］【顔注】師古曰：單，盡極也。頃讀曰傾。

［6］【顔注】師古曰：翺，翔也。

［7］【顔注】師古曰：塞，滿也。

　　[8]【顏注】如淳曰:《五帝紀》彭祖,堯舜時人。《列僊傳》彭祖(僊,大德本同,蔡琪本、殿本作"仙"),殷大夫也,歷夏至商末,號年七百。師古曰:信讀曰伸。呴噓,皆開口出氣也。僑,王僑,松,赤松子,皆仙人也。呴音許于反。噓音虛。【今注】偃卬:偃仰。沈欽韓《漢書疏證》說:"偃卬屈信者,熊經鳥伸,若五禽之戲也。"　詘信:屈伸。彎曲和伸直。詘,同"屈"。信,同"伸"。

　　[9]【顏注】師古曰:眇然,高遠之意也。

　　[10]【顏注】師古曰:亦文王之詩也。濟濟,盛貌也。言文王能多用賢人,故邦國得以安寧也。【今注】案,語見《詩·大雅·文王》。

　　是時,上頗好神僊,故襃對及之。上令襃與張子僑等並待詔,數從襃等放獵,[1]所幸宮館,輒爲歌頌,第其高下,以差賜帛。議者多以爲淫靡不急,上曰:"'不有博弈者乎,爲之猶賢乎已!'[2]辭賦大者與古詩同義,小者辯麗可喜。[3]辟如女工有綺縠,音樂有鄭衞,[4]今世俗猶皆以此虞說耳目,[5]辭賦比之,尚有仁義風諭,[6]鳥獸草木多聞之觀,賢於倡優博弈遠矣。"頃之,擢襃爲諫大夫。

　　[1]【顏注】師古曰:放,士衆大獵也,一曰游放及田獵。【今注】放獵:放出獵犬追逐禽獸。許慎《説文解字》:"獵,放獵,逐禽也。從犬,巤聲。"王念孫《讀書雜志·漢書第十一》説當作"遊獵"。應誤。

　　[2]【顏注】師古曰:此《論語》載孔子之詞也(詞,蔡琪本、大德本同,殿本作"辭")。言博弈雖非道藝,無事爲之,

猶賢也。弈，今之圍棊也（棊，蔡琪本、大德本同，殿本作
"碁"）。【今注】案，語見《論語·陽貨》。

　　[3]【顏注】師古曰：喜，好也，音許吏反。

　　[4]【顏注】師古曰：綺讀曰譬。【今注】綺（qǐ）縠（hú）：
綾綢縐紗。綺，平紋地起斜紋花的單色絲織物；縠，縐紗，輕薄纖
細透亮、表面起皺的平紋絲織物。　鄭衛：此指鄭、衛二國俗樂。
古稱鄭衛之聲浮華淫靡。

　　[5]【顏注】師古曰：虞與娛同。說讀曰悅。

　　[6]【顏注】師古曰：風讀曰諷。

　　其後太子體不安，[1]苦忽忽善忘，不樂。詔使褒等
皆之太子宮虞侍太子，[2]朝夕誦讀奇文及所自造作。疾
平復，迺歸。[3]太子喜褒所為《甘泉》及《洞簫
頌》，[4]令後宮貴人左右皆誦讀之。後方士言益州有金
馬碧雞之寶，[5]可祭祀致也，宣帝使褒往祀焉。褒於道
病死，上閔惜之。

　　[1]【今注】案，事見本書卷九八《元后傳》。

　　[2]【顏注】師古曰：之，往也。

　　[3]【顏注】師古曰：復音扶目反。

　　[4]【顏注】師古曰：喜音許吏反。【今注】甘泉：賦名。即
《甘泉宮頌》。見《藝文類聚》卷六二引。　洞簫頌：賦名。《文
選》卷一七及《藝文類聚》卷四四皆載。

　　[5]【今注】金馬碧雞：祥瑞靈物。王褒作《移金馬碧雞頌》。
見《後漢書》卷八六《西南夷傳》、《水經注·淹水》、《文選》劉
峻《廣絕交論》注。本書《郊祀志》下亦載："或言益州有金馬碧
雞之神，可醮祭而致。"顏師古注引如淳曰："金形似馬，碧形似

雞。"《後漢書·郡國志五》："越巂郡十四城……青蛉有禺同山，俗謂有金馬碧雞。"《水經注》載"禺同山（今雲南大姚縣、永仁縣一帶），其山神有金馬、碧雞，光影儵忽，民多見之"。今雲南昆明市東有金馬山，西有碧雞山，山有神祠。昆明市和雲南大姚縣，均有"金馬碧雞坊"。

　　賈捐之字君房，賈誼之曾孫也。[1]元帝初即位，上疏言得失，召待詔金馬門。初，武帝征南越，元封元年立儋耳、珠厓郡，[2]皆在南方海中洲居，[3]廣袤可千里，[4]合十六縣，户二萬三千餘。其民暴惡，自以阻絶，數犯吏禁，吏亦酷之，率數年壹反，殺吏，漢輒發兵擊定之。自初爲郡至昭帝始元元年，[5]二十餘年間，凡六反叛。至其五年，罷儋耳郡并屬珠厓。至宣帝神爵三年，[6]珠厓三縣復反。反後七年，甘露元年，[7]九縣反，輒發兵擊定之。元帝初元元年，[8]珠厓又反，發兵擊之。諸縣更叛，連年不定。[9]上與有司議大發軍，捐之建議，以爲不當擊。上使侍中駙馬都尉樂昌侯王商詰問捐之曰："珠厓内屬爲郡久矣，今背畔逆節，而云不當擊，長蠻夷之亂，虧先帝功德，經義何以處之？"[10]捐之對曰：[11]

　　[1]【今注】案，陳直《漢書新證》説："《唐書·宰相世系表》賈氏云：'賈誼子璠，璠二子嘉、惲。'賈嘉已見《賈誼傳》，本文稱捐之爲賈誼之曾孫，不言爲賈嘉之子，當爲賈惲之子無疑，《世系表》出於賈氏譜牒，當有依據也。又按：《漢印文字徵》第十二、十一頁，有'傅捐之''張捐之'兩印。《居延漢簡釋文》卷二、六十五頁，有鄣卒孫捐之之紀載，可見西漢名捐之者甚爲

普遍。"

　　[2]【今注】元封：漢武帝年號（前 110—前 105）。　儋耳：郡名。治所在今海南儋州市西北。據本書卷六《武紀》："儋耳者，種大耳。"《山海經·海內南經》注："鏤離其耳，分令下垂以爲飾，即儋耳也。"《正德瓊臺志》引《異物志》說："儋耳之日，鏤其頰皮，上連耳匡，分爲數支，狀似雞腸，累耳下垂。"《儋縣考》說："其人耳長及肩。"郭沫若《說儋耳》："儋耳可省言爲儋，則耳殆助語，有音無義，故儋耳並非垂大之耳。"　珠崖：郡名。治所在今海南海口市瓊山區龍塘鎮。案，錢大昭《漢書辨疑》說，《本紀》記述二郡立於武帝元鼎六年（前 111）。

　　[3]【顏注】師古曰：居海中之洲也。水中可居者曰洲。【今注】案，南方海中洲即今海南島。又，南方，蔡琪本、殿本同，大德本作"西方"，誤。

　　[4]【顏注】師古曰：袤，長也。

　　[5]【今注】始元：漢昭帝年號（前 86—前 80）。

　　[6]【今注】神爵：漢宣帝年號（前 61—前 58）。

　　[7]【今注】甘露：漢宣帝年號（前 53—前 50）。

　　[8]【今注】初元：漢元帝年號（前 48—前 44）。

　　[9]【顏注】師古曰：更音工衡反。

　　[10]【顏注】師古曰：於六經之內，當何者之科條也。

　　[11]【今注】案，下文即《棄珠崖議》。

　　臣幸得遭明盛之朝，蒙危言之策，無忌諱之患，[1]敢昧死竭卷卷。[2]臣聞堯舜，聖之盛也，禹入聖域而不優，[3]故孔子稱堯曰"大哉"，韶曰"盡善"，禹曰"無間"。[4]以三聖之德，地方不過數千里，西被流沙，東漸于海，朔南暨聲教，迄于四海，[5]欲與聲教則治之，不欲與者不彊治也。[6]故君臣歌德，[7]含氣之物各得其宜。武丁、成王，殷、周之大仁也，[8]然地東不過江、黃，西不過氐、羌，南不過蠻荊，北不過朔方。[9]是以頌聲並作，視聽之類咸樂其生，越裳氏重九譯而獻，[10]此非兵革之所能致。及其衰也，南征不還，[11]齊桓捄其難，[12]孔子定其文。[13]以至乎秦，興兵遠攻，貪外虛內，務欲廣地，不慮其害。然地南不過閩越，北不過太原，而天下潰畔，禍卒在於二世之末，[14]《長城之歌》至今未絕。[15]

[1]【顏注】師古曰：危言，直言也。言出而身危，故云危言。《論語》稱孔子曰："邦有道，危言危行。"

[2]【顏注】師古曰：卷讀與拳同。

[3]【顏注】臣瓚曰：禹之功德，裁入聖人區域，但不能優泰耳。

[4]【顏注】師古曰：《論語》稱孔子曰"大哉，堯之為君也"，又曰"韶，盡美矣，又盡善也"，又曰"禹吾無閒然矣"。韶，舜樂名。閒音工莧反。

[5]【顏注】師古曰：此引《禹貢》之辭。漸，入也，一曰浸也。朔，北方也。暨，及也。迄，至也。【今注】聲教：聲威教化。案，《尚書·禹貢》："東漸於海西，被於流沙，朔南暨聲教，訖于四海。"

[6]【顏注】師古曰：與讀曰豫。

[7]【顏注】師古曰：言皆有德可歌頌。

[8]【顏注】師古曰：武丁，殷之高宗。

[9]【今注】蠻荊：古代稱長江流域中部荊州地區。　朔方：此泛指北方寒冷之地。

[10]【顏注】晉灼曰：遠國使來，因九譯言語乃通也。張晏曰：越不著衣裳，慕中國化，遣譯來著衣裳也，故曰越裳也。師古曰：張說非也。越裳自是國名，非以襲衣裳始爲稱號。王充《論衡》作越嘗，此則不作衣裳之字明矣。

[11]【顏注】師古曰：謂昭王也。爲楚所溺也。

[12]【顏注】師古曰：謂襄王也。初爲太子，而惠王欲立王子帶，齊桓公爲首止之盟，以定太子之位。事在《左傳》僖九年（九年，蔡琪本、大德本、殿本作“五年”）。

[13]【顏注】張晏曰：孔子作《春秋》，夷狄之國雖大，自稱王者皆貶爲子。

[14]【顏注】師古曰：卒，終也。

[15]【今注】案，沈欽韓《漢書疏證》説：“《河水注》引揚泉《物理論》曰：‘秦築長城，死者相屬，民歌曰：生男慎勿舉，生女哺用脯，不見長城下，屍骸相支拄。’”

　　賴聖漢初興，爲百姓請命，平定天下。至孝文皇帝，閔中國未安，偃武行文，則斷獄數百，民賦四十，丁男三年而一事。[1]時有獻千里馬者，詔曰：“鸞旗在前，屬車在後，[2]吉行日五十里，[3]師行三十里，[4]朕乘千里之馬，獨先安之？”[5]於是還馬，與道里費，而下詔曰：“朕不受獻也，其令四方毋求來獻。”[6]當此之時，逸游之樂絕，奇麗之賂塞，鄭衛之倡微矣。夫後宮盛色則賢者隱處，佞人用事則諍臣杜口，而文帝不行，故謚爲孝文，廟稱太宗。[7]至孝武皇帝元狩六年，太倉之粟紅腐而不可食，[8]都內之錢貫朽而不可校。[9]迺探平城之事，[10]録冒頓以來數爲邊害，厲兵馬，[11]因富民以攘服之。[10]西連諸國至于安息，[11]東過碣石以玄菟、樂浪爲郡，[12]北卻匈奴萬里，更起營塞，制南海以爲八郡，[13]則天下斷獄萬數，[14]民賦數百，造鹽鐵酒榷之利以佐用度，猶不能足。當此之時，寇賊並起，軍旅數發，父戰死於前，子鬬傷於後，女子乘亭鄣，孤兒號於道，老母寡婦飲泣巷哭，[15]遥設虛祭，想鬼乎萬里之外。淮南王盜寫虎符，陰聘名士，關東公孫勇等詐爲使者，[16]是皆廓地泰大，[17]征伐不休之故也。

[1]【顏注】如淳曰：常賦歲百二十，歲一事。時天下民多，故出賦四十，三歲而一事。【今注】案，漢文帝時，民賦即算賦由每人每年120錢減至每人每年40錢；更役即成年男子的徭役，由每年一月減爲每三年服役一月。

[2]【顏注】師古曰：鸞旗，編以羽毛，列繫橦旁，載於車上，大駕出，則陳於道而先行。屬車，相連屬而陳於後也。屬音之欲反。

[3]【今注】吉行：爲喜事而行。《荀子·大略》：“故吉行五十，犇喪百里，賵贈及事，禮之大也。”

[4]【今注】案，三十，殿本同，蔡琪本、大德本作“二十”。

[5]【顏注】師古曰：安之，言何所適往。

[6]【今注】案，《漢書考正》宋祁曰，浙本無“求”字。

[7]【今注】案，漢文帝謚號孝文帝。“文”字是美謚。據《逸周書·謚法解》：“經緯天地曰文，道德博聞曰文，學勤好問曰文，慈惠愛民曰文，愍民惠禮曰文，賜民爵位曰文。”漢文帝廟號太宗。有漢一代廟號逐漸完備。《孔子家語》載“祖有功，宗有德”。文帝以太宗爲廟號供奉於太廟，地位隆崇。

[8]【顏注】師古曰：粟久腐壞，則色紅赤也。【今注】案，此處言元狩疑當爲建元之誤。漢武帝元狩六年（前117），此時漢已多次征伐匈奴，府庫空虛，豈有“太倉之粟紅腐而不可食”之事。故《漢書考正》劉奉世疑曰：“或者誤以‘建元’爲‘元狩’歟？”

[9]【顏注】師古曰：校謂數計也。

[10]【顏注】師古曰：追計其事，故言探。【今注】平城之事：即平城之圍、白登之圍。漢高祖劉邦帶兵與匈奴決戰，不幸被圍。

[11]【今注】案，屬兵馬，蔡琪本、大德本、殿本作“籍兵屬馬”。

[10]【顏注】師古曰：攘，却也。

[11]【今注】安息：中國史籍對帕提亞國（Emperâturi Ashkâ-niân；前247—224）的稱呼。安息是古“絲綢之路”之樞紐，強盛時，疆域包括全部伊朗高原、亞美尼亞和兩河流域的一部分。

[12]【顏注】師古曰：樂音洛。浪音郎。【今注】碣石：地名。一說在今山東無棣縣的碣石山；二說在今河北昌黎縣的碣石山；三說在今遼寧綏中縣萬家鎮止錨灣。後兩地均發現秦朝時的行宮遺址。　玄菟：公元前108年，漢武帝滅衛氏朝鮮後，就地設郡，與樂浪郡、臨屯郡、真番郡合稱“漢四郡”。設立時間500餘年。轄地大約是今蓋馬高原及其周邊平原、朝鮮咸鏡南道、咸鏡北道以及中國遼寧東部、吉林東部一帶，郡治大體在咸鏡南道境內。

樂浪：公元前108年，漢武帝滅衛氏朝鮮後在今朝鮮半島設置的漢四郡之一，治所在衛氏朝鮮都城王險城（今朝鮮平壤大同江南岸），管轄朝鮮半島北部。公元313年，爲高句麗攻占。

[13]【今注】八郡：當作“九郡”。元鼎六年（前111）冬，漢武帝平定了呂嘉之亂，廢除南越王國，在其地設置了南海、郁林、蒼梧、合浦、儋耳、珠崖、交趾、九真、日南九郡。

[14]【今注】案，沈欽韓《漢書疏證》說："《風俗通》云：'太宗時民重犯法，治理不能過中宗之世，地節元年，天下斷獄四萬七千餘人，如捐之言，復不類，前世斷獄，皆以萬數。'按捐之言文帝斷數百，武帝斷萬數，皆謂死刑也。宣帝斷獄四萬七千餘人，蓋通計髡鉗以上。若如應劭之言，豈宣帝時反酷於武帝數倍？必不然矣。"

[15]【顏注】師古曰：淚流被面以入於口，故言飲泣也。

[16]【今注】公孫勇：時爲城父令，漢武帝征和三年（前90）與客胡傅等謀反，詐稱光禄大夫，言使督盜賊。淮陽太守田廣明發兵擊討。公孫勇衣綉、乘馹馬車至圉，圉守尉魏不害等誅之。事見本書卷六《武紀》、卷一六《功臣表》、卷九〇《酷吏傳》。案，陳直《漢書新證》說："盜寫，私摹仿也。與《史記·秦始皇本紀》二十六年，'每破諸侯，寫倣其宫室'句同義。又按：公孫勇詐爲使者，在武帝征和三年，見《功臣表》及《田廣明傳》，與淮南王安時代不接，恐爲捐之之誤記。公孫勇《漢國三老袁良碑》作公先勇。惟本傳稱公孫勇爲關東人，僅在此一見。"

[17]【今注】廓：開拓、擴張。

今天下獨有關東，[1]關東大者獨有齊楚，民衆久困，連年流離，離其城郭，相枕席於道路。[2]人情莫親父母，莫樂夫婦，至嫁妻賣子，法不能禁，義不能止，此社稷之憂也。今陛下不忍悁悁之忿，欲驅士衆擠之大海之中，[3]快心幽冥之地，非所以救助飢饉，[4]保全元元也。《詩》云"蠢爾蠻荆，大邦爲讎"，[5]言聖人起則後服，中國衰則先畔，動爲國家難，自古而患之久矣，何況迺復其南方萬里之蠻乎！駱越之人父子同川而浴，[6]相習以鼻飲，[7]與禽獸無異，本不足郡縣置也。頵頵獨居一海之中，[8]霧露氣濕，多毒草蟲蛇水土之害，人未見虜，戰士自死。又非獨珠厓有珠犀瑇瑁也，[9]棄之不足惜，不擊不損威。其民譬猶魚鼈，何足貪也！

[1]【今注】關東：秦漢時指崤山、函谷關以東地區。

[2]【顏注】如淳曰：席音藉。師古曰：席即藉也，不勞借音。

[3]【顏注】師古曰：擠，墜也，音子詣反，又子奚反。

[4]【今注】案，救助，大德本同，蔡琪本、殿本作“校助”。

[5]【顏注】師古曰：《詩·小雅·采芑》之詩也。蠢，動貌也。蠻荊，荊州之蠻也（蠻，大德本、殿本同，蔡琪本作“蛮”）。言敢與大國為讎敵也。【今注】案，語見《詩·小雅·采芑》。

[6]【今注】駱越：古族名。百越眾支系下的一支，由部落聯盟而成的方國，居於今雲南、貴州、廣西之間。

[7]【今注】鼻飲：以鼻飲水。沈欽韓《漢書疏證》說，《御覽》卷七八六引裴淵《廣州記》云：“烏滸人以鼻飲水，口中進啗如故。”《桂海虞衡志》：“南人習鼻飲，有陶器，旁植一小管若瓶觜。”《赤雅》：“鼻夷，獠族，鼻如垂鉤，隅目好殺，間出市鹽，與之酒，鼻飲輒盡。”皆其類也。古文獻所記述南方少數民族之風俗，原多以“鼻飲”純屬無稽之談，今有學者從生理學角度解釋其科學根據，並在現代民族的生活中找到了例證。越南民族學研究所阮文輝著《在越南西北屬南亞語系的諸民族》一書，書中介紹越南康族一些上了年紀的男子，至今還保留著鼻飲的習慣。

[8]【顏注】師古曰：頵與專同。專專猶區區也，一曰圜貌也。【今注】頵頵：愚昧無知。

[9]【顏注】師古曰：瑇瑁，文甲也。瑇音代。瑁音妹。

臣竊以往者羌軍言之，暴師曾未一年，兵出不踰千里，費四十餘萬萬，大司農錢盡，廼以少府禁錢續之。[1]夫一隅爲不善，費尚如此，況於勞師遠攻，亡士毋功乎！求之往古則不合，施之當今又不便。臣愚以爲非冠帶之國，[2]《禹貢》所及，[3]《春秋》所治，皆可且無以爲。[4]願遂棄珠厓，專用恤關東爲憂。

[1]【顏注】師古曰：少府錢主供天子，故曰禁錢。

[2]【今注】冠帶：本指服制，此引申爲禮儀、教化。

[3]【今注】禹貢：《尚書》中的一篇，記載囊括了各地山川、地形、土壤、物産等情況。一般認爲《禹貢》遲於《山海經》，早於《漢書·地理志》。

[4]【顏注】師古曰：爲猶用也。

對奏，上以問丞相御史。御史大夫陳萬年以爲當擊。[1]丞相于定國以爲：[2]“前日興兵擊之連年，護軍都尉、校尉及丞凡十一人，[3]還者二人，卒士及轉輸死者萬人以上，費用三萬萬餘，尚未能盡降。今關東困乏，民難搖動，捐之議是。”上廼從之。遂下詔曰：“珠厓虜殺吏民，背畔爲逆，今廷議者或言可擊，或言可守，或欲棄之，其指各殊。朕日夜惟思議者之言，羞威不行，則欲誅之；狐疑辟難，則守屯田；[4]通于時變，則憂萬民。夫萬民之饑餓，與遠蠻之不討，危孰大焉？且宗廟之祭，凶年不備，況乎辟不嫌之辱哉！今關東大困，倉庫空虛，無以相贍，又以動兵，非特勞民，凶年隨之。其罷珠厓郡。民有慕義欲內屬，便處之；[5]不欲，勿彊。”珠厓由是罷。[6]

　　[1]【今注】陳萬年：傳見本書卷六六。

　　[2]【今注】于定國：傳見本書卷七一。

　　[3]【今注】護軍都尉：官名。秦置漢因。護即監領之意。秦漢時臨時設置護軍都尉或中尉，以調節各將領間的關係。　校尉：戰國末已有此官。秦時爲中級軍官。漢武帝爲了加强對長安城的防護而設八校尉，秩皆比二千石，屬官有丞及司馬。

　　[4]【顏注】師古曰：辟讀曰避。次下亦同。

　　[5]【顏注】師古曰：欲有來入內郡者，所至之處，即安置也。

　　[6]【今注】案，珠厓郡罷於漢元帝初元三年（前46）。凡立郡六十五載。

　　捐之數召見，言多納用。時中書令石顯用事，[1]捐之數短顯，[2]以故不得官，後稀復見。而長安令楊興新以材能得幸，[3]與捐之相善。捐之欲得召見，謂興曰：“京兆尹缺，[4]使我得見，言君蘭，[5]京兆尹可立得。”興曰：“縣官嘗言興瘢薛大夫，[6]我易助也。君房下筆，言語妙天下，[7]使君房爲尚書令，[8]勝五鹿充宗遠甚。”[9]捐之曰：“令我得代充宗，君蘭爲京兆，京兆郡國首，尚書百官本，天下真大治，士則不隔矣。捐之前言平恩侯可爲將軍，[10]期思侯並可爲諸曹，[11]皆如言；又薦謁者滿宣，[12]立爲冀州刺史；言中謁者不宜受事，宦者不宜入宗廟，立止。相薦之信，不當如是乎！"[13]興曰："我復見，言君房也。"捐之復短石顯。興曰："顯鼎貴，[14]上信用之。今欲進，弟從我計，[15]且與合意，即得入矣。"

[1]【今注】中書令：官名。全稱中書謁者令。中書爲協助皇帝在内宫處理政務的官員。漢武帝以宦官擔任中書，置令與僕射爲其長，掌傳宣詔命及向皇帝上奏的密奏"封事"，責任重要。 石顯：傳見本書卷九三。

[2]【顏注】師古曰：談說其長短。

[3]【今注】長安令：官名。西漢置。屬京兆尹，爲京縣長安的主官。掌長安縣政事。 楊興：曾任諫大夫，事又見本書卷八一《匡衡傳》、卷九八《元后傳》。

[4]【今注】京兆尹：官名。京畿主官之一。漢武帝時分置左右内史，後改右内史爲京兆尹，分原右内史東半部爲其轄區，因地屬畿輔，故不稱郡。職掌相當於郡太守，但參與朝議，隸屬司隸校尉部，治所在長安。

[5]【顏注】張晏曰：楊興字。

[6]【顏注】張晏曰：瘉，勝也。薛廣德爲御史大夫。師古曰：瘉與愈同。【今注】縣官：此作天子之别稱。《史記》卷五七《絳侯周勃世家》："庸知其盜買縣官器，怒而上變告子，事連汙條侯。"司馬貞《索隱》："縣官謂天子也。所以謂國家爲縣官者，《夏官》王畿内縣即國都也。王者官天下，故曰縣官也。"

[7]【顏注】師古曰：於天下最爲精妙耳。

[8]【今注】尚書令：官名。秦置漢沿。本爲少府的屬官，負責管理少府文書和傳達命令。漢武帝時設内朝官，用少府尚書處理天下章奏，遂涉及國家政治中樞。職輕權重。

[9]【今注】五鹿充宗：五鹿是姓，充宗爲名。時爲尚書令。本書卷六七《朱雲傳》載，充宗通曉梁立《易》。嘗憑藉權勢與諸

儒辯《易》，諸儒不敢與争，惟朱雲多次將他駁倒，故時語曰："五鹿岳岳，朱雲折其角。"本書卷九三《佞幸傳》："（石）顯與中書僕射牢梁、少府五鹿充宗結爲黨友，諸附倚者皆得寵位。民歌之曰：'牢邪石邪，五鹿客邪！印何纍纍，綬若若邪！'言其兼官據勢也。"

[10]【顔注】張晏曰：許嘉也。【今注】案，平恩侯許嘉見本書卷九七下《外戚傳下》。

[11]【顔注】師古曰：期思侯，當是貢赫之後嗣也，而表不載。【今注】案，錢大昕《三史拾遺》三説："侯並，當是人姓名。期思，其所居之地也。期思侯貢赫薨於文帝時，以無後，國除，安得更有嗣侯者？顏説非。"錢大昭《漢書辨疑》説："期思、侯並，疑是二人姓名。《廣韻》期姓下引《風俗通》有期思國，不言複姓。若以爲期思地名，則下文滿宣又不言所居之縣，何以侯並獨載居地乎？"陳直《漢書新證》説："期思侯當如顏注所云爲貢赫之後，漢侯紹封不載於侯表者甚多，西安漢城遺址出土銅器中，佚侯之名所見尤多，何獨於本文期思侯疑之。"

[12]【今注】謁者：官名。始置於春秋，秦漢因之。掌賓贊受事，即爲天子傳達。江陵鳳凰山西漢簡牘"簡五：謁者二人"。簡文所言謁者，非職官的專名，乃泛指一般傳達、通報的奴僕。據鳳凰山其他墓葬遣策的記載，謁者的身份爲"大奴"。參見鳳凰山一六七號漢墓發掘整理小組《江陵鳳凰山一六七號漢墓發掘簡報》（《文物》1976年第10期）。

[13]【顔注】師古曰：冀相薦之效，當如前所言諸事見納用（諸事，大德本同，蔡琪本、殿本作"諸士"）。

[14]【顔注】如淳曰：鼎音釘，言方且欲貴矣。師古曰：方且，是也。讀如今字。

[15]【顔注】師古曰：弟，但也。【今注】案，弟，大德本、殿本同，蔡琪本作"第"。

捐之即與興共爲薦顯奏，曰："竊見石顯本山東名族，有禮義之家也。持正六年，[1] 未嘗有過，明習於事，敏而疾見，出公門，入私門。[2] 宜賜爵關內侯，[3] 引其兄弟以爲諸曹。"又共爲薦興奏，曰："竊見長安令興，幸得以知名數召見。興事父母有曾氏之孝，[4] 事師有顏閔之材，[5] 榮名聞於四方。明詔舉茂材，[6] 列侯以爲首。爲長安令，吏民敬鄉，[7] 道路皆稱能。觀其下筆屬文，則董仲舒；[8] 進談動辭，則東方生；[9] 置之爭臣，則汲直；[10] 用之介冑，則冠軍侯；[11] 施之治民，則趙廣漢；[12] 抱公絕私，則尹翁歸。[13] 興兼此六人而有之，守道堅固，執義不回，[14] 臨大節而不可奪，國之良臣也，可試守京兆尹。"

[1]【今注】正：同"政"。案，石顯，濟南人（今山東濟南市章丘區西）。漢代山東指崤山以東地區。

[2]【顏注】師古曰：言自公庭出，即歸其家，不妄交遊。

[3]【今注】關內侯：爵名。秦漢二十等爵位中第十九等，僅低於徹侯（列侯）。有號無封國。

[4]【顏注】師古曰：曾參也。

[5]【顏注】師古曰：顏回，閔子騫。

[6]【今注】茂材：漢代察舉科目。始於漢武帝。原稱秀才。後因避光武帝劉秀之諱改爲茂材，或作"茂才"。西漢茂材屬於特舉，主要是選拔奇才異能之士。東漢光武帝改爲歲舉。

[7]【顏注】師古曰：鄉讀曰嚮。

[8]【今注】董仲舒：傳見本書卷五六。

[9]【今注】東方生：東方朔。

[10]【顏注】張晏曰：汲黯方直，故世謂之汲直。【今注】

汲直：汲黯、直不疑。張晏説誤。

    [11]【今注】冠軍侯：霍去病。

    [12]【今注】趙廣漢：傳見本書卷七六。

    [13]【今注】尹翁歸：傳見本書卷七六。

    [14]【顏注】師古曰：回，邪也。

    石顯聞知，白之上。迺下興、捐之獄，令皇后父陽平侯禁與顯共雜治，[1]奏："興、捐之懷詐僞，以上語相風，更相薦譽，[2]欲得大位，漏泄省中語，[3]罔上不道。[4]《書》曰：'讒説殄行，震驚朕師。'[5]《王制》："順非而澤，不聽而誅。'[6]請論如法。"

    [1]【今注】陽平侯禁：即王鳳之父。

    [2]【顏注】師古曰：風讀曰諷。更音工衡反。

    [3]【今注】省中：宮禁之内。

    [4]【今注】罔上：欺騙君上。

    [5]【顏注】師古曰：《虞書·舜典》之辭也。言讒巧之説，殄絶君子之行，震驚我眾。【今注】案，語出《尚書·舜典》。

    [6]【顏注】師古曰：《禮記·王制》云："行僞而堅，言僞而辯，學非而博，順非而澤，以疑眾，殺。"謂人有堅僞辯言，不以誠質，學於非道，雖博無用，飾非文過，辭語順澤，不聽教命，有如此者，皆誅殺也。

    捐之竟坐棄市。興減死罪一等，髡鉗爲城旦。[1]成帝時，至部刺史。

    [1]【今注】髡鉗：古刑名。謂剃去頭髮，用鐵圈束頸。　城

旦：古刑名。秦服四年兵役，漢確定其刑期爲五年。屬於徒刑。城旦是針對男犯人的刑罰，其意思是"治城"，即築城。

贊曰：《詩》稱"戎狄是膺，荆舒是懲"，[1]久矣其爲諸夏患也。漢興，征伐胡越，於是爲盛。究觀淮南、捐之、主父、嚴安之義，深切著明，[2]故備論其語。世稱公孫弘排主父，[3]張湯陷嚴助，[4]石顯譖捐之，察其行迹，主父求欲鼎亨而得族，[5]嚴、賈出入禁門招權利，死皆其所也，亦何排陷之恨哉！

　　[1]【顏注】師古曰：《魯頌·閟宮》之詩也。膺，當也。懲，創刈也。言魯僖公與齊桓舉義兵，北當戎狄，南創荆蠻與群舒以靖難。【今注】膺（yīng）：攻伐，打擊。　荆：楚國之別名。舒：國名。春秋時，江淮一帶有舒、舒庸、舒蓼、舒鳩、舒龍、舒鮑、舒龔等小國，號稱"群舒"。　懲：討伐。案，語見《詩·魯頌·閟宮》。

　　[2]【顏注】師古曰：究，極也。【今注】主父：主父偃。傳見本書卷六四上。

　　[3]【今注】公孫弘：傳見本書卷五八。

　　[4]【今注】嚴助：傳見本書卷六四上。

　　[5]【今注】鼎亨：古代的一種酷刑。用鼎鑊烹煮罪人。亨，"烹"的本字。本書《主父偃傳》載主父偃言："丈夫生不五鼎食，死則五鼎亨耳。"

漢書　卷六五

東方朔傳第三十五[1]

[1]【今注】案，東方朔，《史記》列入《滑稽列傳》，乃褚少孫所補。劉知幾《史通·雜説上》評價："委瑣煩碎，不類諸篇。"後人也認爲相較史遷，則顯"蔓弱"。又或有東方朔平定《史記》一説。東漢桓譚云："太史公造書，書成，示東方朔，朔爲平定，因署其下。太史公者，皆朔所加之者也。"（《史記》卷一二《孝武本紀》司馬貞《索隱》引《新論》）又《隋書·經籍志》有《東方朔傳》八卷，今佚，内容散見《藝文類聚》《太平御覽》等類書中。類書又多引《東方朔別傳》，其與《東方朔傳》之關係，現不得而知。

東方朔，[1]字曼倩，[2]平原厭次人也。[3]武帝初即位，徵天下舉方正賢良文學材力之士，[4]待以不次之位，[5]四方士多上書言得失，自衒鬻者以千數，[6]其不足采者輒報聞罷。[7]朔初來，上書曰："臣朔少失父母，長養兄嫂。年十三學，三冬文史足用。[8]十五學擊劍。十六學詩書，[9]誦二十二萬言。十九學孫吳兵法，戰陣之具，鉦鼓之教，[10]亦誦二十二萬言。凡臣朔固已誦四十四萬言。又常服子路之言。[11]臣朔年二十二，長九尺三寸，目若懸珠，齒若編貝，[12]勇若孟賁，[13]捷若慶忌，[14]廉若鮑叔，[15]信若尾生。[16]若此，可以爲天子大臣矣。臣朔昧死再拜以聞。"

[1]【今注】案，東方朔姓有多説，皆荒誕不經。《風俗通義》説："伏羲之後。帝出於震，位於東方，子孫因氏焉。"《論衡·道虛篇》説："世或言東方朔亦道人也……變姓易名，游宦漢朝。"《太平御覽》卷三六〇引《洞冥記》曰："東方朔母田氏寡居，夢太白星臨其上，因有娠。田氏歎曰：'無夫而娠，人將棄我。'乃移向代都東方里爲居，五月旦生朔，因以所居里爲氏，朔爲名。"《太平廣記》卷六引《洞冥記》及《東方朔別傳》説："東方朔小名曼倩，父張氏，名夷，字少平。母田氏……朔生三日而田氏死，死時漢景帝三年也。鄰母拾朔養之，時東方始明因以姓焉。"《獨異志》卷上："張少平妻田氏，少平卒後，累年寡居，忽夢一人自天而下，壓其腹，因而懷孕。乃曰：'無夫而孕，人聞棄我也。'徙於代，依東方。五月朔旦，生一子。以其居代東方，名之東方朔。或言歲星精，多能，無不該博。"舊題班固撰《漢武故事》説：東方朔"是木帝精，爲歲星，下游人中，以觀天下"。

[2]【顏注】師古曰：倩，音千見反。

[3]【顏注】師古曰：《高祖功臣表》有厭次侯爰類，是則厭次之名也其來久矣，而説者乃云後漢始爲縣，於此致疑，斯未通也。厭音一涉反，又音一琰反。【今注】平原：郡名。西漢置。治所在今山東平原縣西南。原屬濟北國。　厭次：縣名。治所在今山東惠民縣桑落墅鎮北。案，東方朔有齊人或楚人二説。《史記》卷一二六《滑稽列傳》："武帝時，齊人有東方生名朔。"《初學記》卷七《地部下》引劉向《列仙傳》："東方朔者，楚人，漢武帝時爲郎。後有見於會稽，賣藥五湖。"又案，錢大昕《廿二史考異·漢書三》曰：案《地理志》，平原郡有富平侯國，應劭云"明帝更名厭次"，後人因疑西京無厭次之名。考厭次侯爰類傳子，至孝文五

年，以謀反誅，國除。而張安世封富平侯，在昭帝時，其封邑本在陳留郡。及子延壽嗣侯，上書讓減户邑，徙封平原，乃宣帝之世。然則昭帝以前，平原無富平侯國也。蓋厭次國除之後，本爲厭次縣，宣帝移富平侯國於此，始去厭次之名。明帝時，仍復其舊。《水經注》謂"厭次舊名，非始明帝，蓋復故耳"，其説精而當矣。漢時，列侯國除有即爲縣者，如武帝以穰之盧陽鄉、宛之臨駣聚封霍去病爲冠軍侯，去病子嬗薨，國除爲冠軍縣是也。武帝以高成之平津鄉封公孫丞相爲平津侯，元帝以僮之樂安鄉封匡衡爲樂安侯，而《地理志》無平津、樂安縣，是國除之後仍爲鄉矣。南陽郡有博山侯國，故順陽縣，哀帝以封丞相孔光，改名，明帝改曰順陽，亦是從其舊名，與厭次正相類。

[4]【今注】方正賢良文學：漢選拔官吏的科目之一。屬特舉或制科，多在災異危難之際舉行，選"能直言極諫者"，匡正時弊。

材力：才能，人才。

[5]【顏注】師古曰：不拘常次，言超擢也（也，大德本同，白鷺洲本、殿本作"之"）。

[6]【顏注】師古曰：衒，行賣也。鬻亦賣也。衒音州縣之縣，又音工縣反。【今注】衒鬻：叫賣，出賣。

[7]【顏注】師古曰：報云天子已聞其所上之書，而罷之令歸。

[8]【顏注】如淳曰：貧子冬日乃得學書，言文史之事足可用也。【今注】案，十三，大德本同，白鷺洲本、殿本作"十二"。白鷺洲本、大德本、殿本"學"後有"書"字。王先謙《漢書補注》説：三冬，謂三年，猶言三春、三秋耳。學書三年，除十五數之，則十二是也。文者，各書之體。史者，史籀所作，世之通俗文字，諷誦在口者也。足用者，言足用以應試。《藝文志》"太史試學童，能諷書九千字以上，乃得爲史。又以六體試之"。《説文·序》"諷書"作"諷籀書"。據此，各體之文與所諷之史並試，皆

學童習以待用者也。

[9]【顔注】師古曰：擊劍，遙擊而中之，非斬刺之（之，白鷺洲本、大德本、殿本作"也"）。【今注】詩書：此當泛指詩書，非《詩經》《尚書》。

[10]【顔注】師古曰：鉦鼓，所以爲進退士衆之節也。鉦音正（正，大德本同，白鷺洲本、殿本作"征"）。【今注】鉦鼓：鉦和鼓。古代行軍或歌舞時用以指揮進退、動静的兩種樂器。本書卷一二《平紀》："遣執金吾候陳茂，假以鉦鼓，募汝南、南陽勇敢吏士三百人。"鉦是古代打擊樂器，青銅製，形似倒置銅鐘，有長柄。

[11]【顔注】服虔曰：無宿諾。【今注】子路：姓仲名由，孔子弟子。以政事見稱，爲人伉直，好勇力。服虔認爲"子路之言"爲《論語·顔淵》載"子路無宿諾"，即子路無不及時兑現的諾言。當誤。應爲《論語·先進》所載子路所言，即"千乘之國，攝乎大國之間，加之以師旅，因之以饑饉；由也爲之，比及三年，可使有勇，且知方也"。《漢書考正》劉攽曰：子路之言可使有勇者。劉敞曰：既曰"子路之言"，則"無宿諾"者，非子路之言也。

[12]【顔注】師古曰：編，列次也，音鞭。【今注】編貝：編排之貝殼。喻潔白整齊的牙齒。《韓詩外傳》卷九："目如擗杏，齒如編貝。"

[13]【顔注】師古曰：孟賁，衛人，古之勇士也。尸子説云："人謂孟賁生乎？曰勇。貴乎？曰勇。富乎？曰勇。三者人之所難，而皆不足以易勇，故能揖三軍（揖，白鷺洲本同。大德本作"攝"，殿本作"懾"），服猛獸也。"【今注】孟賁：戰國著名的武士。有衛人、秦人、齊人三説。《墨子·親士》："孟賁之殺，其勇也。"《史記》卷七九《范睢蔡澤列傳》載："成荆、孟賁、王慶忌、夏育之勇焉而死。"裴駰《集解》引許慎曰："勇賁，衛人。"

《帝王世紀》誤將他與秦力士孟説混爲一人。

[14]【顏注】師古曰：王子慶忌也。射之，矢滿把不能中；駟馬追之不能及也（追之，大德本同，白鷺洲本、殿本無"之"字）。【今注】慶忌：有二説，一説爲春秋吴王僚之子。身手敏捷，箭射不中，馬追不及。二説爲傳説中的異獸。《管子·水地》："涸澤數百歲，谷之不徙、水之不絶者，生慶忌。慶忌者，其狀若人，其長四寸，衣黄衣，冠黄冠，戴黄蓋，乘小馬，好疾馳。以其名呼之，可使千里外一日反報。此涸澤之精也。"

[15]【顏注】師古曰：齊大夫也，與管仲分財，自取其少。而説者乃妄解云鮑焦，非也。焦自介士耳。【今注】鮑叔：即鮑叔牙，春秋時齊大夫。輔助齊桓公，並推薦管仲爲相。

[16]【顏注】師古曰：尾生，古之信士，與女子期於梁下（梁，大德本同，白鷺洲本、殿本作"橋"），待之不至，遇水而死。一曰即微生高也。【今注】尾生：春秋時信士。《莊子·盜蹠》："尾生與女子期於梁下，女子不來，水至不去，抱梁柱而死。"

朔文辭不遜，高自稱譽，上偉之，[1]令待詔公車，[2]奉禄薄，未得省見。[3]久之，朔紿騶朱儒，[4]曰："上以若曹無益於縣官，[5]耕田力作固不及人，臨衆處官不能治民，從軍擊虜不任兵事，無益於國用，徒索衣食，[6]今欲盡殺若曹。"朱儒大恐，啼泣。[7]朔教曰："上即過，叩頭請罪。"居有頃，聞上過，朱儒皆號泣頓首。上問："何爲？"對曰："東方朔言上欲盡誅臣等。"上知朔多端，召問朔："何恐朱儒爲？"對曰："臣朔生亦言，死亦言。朱儒長三尺餘，奉一囊粟，錢二百四十。臣朔長九尺餘，亦奉一囊粟，錢二百四十。[8]朱儒飽欲死，臣朔飢欲死。臣言可用，幸異其

禮；不可用，罷之，無令但索長安米。”上大笑，因使
待詔金馬門，[9]稍得親近。

[1]【顏注】師古曰：以爲大奇也。

[2]【顏注】師古曰：公車令屬衛尉，上書者所詣也。【今注】
待詔公車：指待在官署等候皇帝召喚。公車，漢代官署名。爲衛尉
的下屬機構，設公車令，掌管宮殿司馬門的警衛。天下上事及徵召
等事宜，經由此處受理。後以指此類官署。《史記》卷一二六《滑
稽列傳》：“朔初入長安，至公車上書，凡用三千奏牘。”《後漢書》
卷三七《丁鴻傳》：“賜御衣及綬，稟食公車，與博士同禮。”李賢
注：“公車，署名。公車所在，因以名。諸待詔者，皆居以待命，
故令給食焉。”

[3]【顏注】師古曰：不被省納，不得見於天子也（白鷺洲
本、大德本同，殿本無“於”字）。奉音扶用反。其下並同。【今
注】案，王先謙《漢書補注》引宋祁曰：一本改“本”作“奉”。

[4]【顏注】文穎曰：朱儒之爲騶者也。師古曰：朱儒，短
人也。騶本厩之御騶也，後人以爲騎（大德本同，白鷺洲本、殿
本“後”後無“人”字），謂之騶騎。【今注】詒：古同“詒”。
此指欺騙。　朱儒：侏儒，矮子。案，周壽昌《漢書注校補》説，
“騶”，《説文》“厩御也”。《左傳》成公十八年：“程鄭爲乘馬御，
六騶屬焉，使訓群騶知禮。”《惠紀》“謁者、執楯、執戟、武士、
騶比外郎”，顏注：“騶，本厩之馭者。”《百官表》有騶僕射。此
朱儒蓋屬於騶僕射，所謂群騶者也。“朱儒”，《禮記》作“侏儒”，
蓋漢時取短人備供御戲弄，若幸倡之類。《太平御覽》卷四八八引
《語林》云“董昭爲魏武帝重臣，後失勢文、明世，入爲衛尉。昭
乃厚加意於侏儒，正朝大會，侏儒作衛尉啼面”云云，是魏承漢
制，猶備有此等人，仍名爲侏儒也。

[5]【顏注】師古曰：若，汝也。曹，輩也。【今注】若曹：

猶你們。　縣官：西漢時常用以稱政府或皇帝。《史記》卷五七
《絳侯周勃世家》司馬貞《索隱》：“縣官謂天子也。所以謂國家爲
縣官者，《夏官》王畿内縣即國都也。王者官天下，故曰縣官也。”

　　[6]【顔注】如淳曰：索，盡也。師古曰：音先各反。下云
索長安米亦同也。

　　[7]【今注】案，王先謙《漢書補注》引宋祁曰：“啼”當删；
王本作“號”。

　　[8]【今注】案，陳直《漢書新證》説，錢二百四十：爲待詔
一日之俸，每月俸錢爲七千二百。

　　[9]【今注】金馬門：未央宫門。位於中軸綫上，前殿正北。
門旁有銅馬。後常指學士待詔處。

　　上嘗使諸數家射覆，[1]置守宫盂下，射之，皆不能
中。[2]朔自贊曰：“臣嘗受《易》，請射之。”[3]迺別蓍
布卦而對曰：[4]“臣以爲龍又無角，謂之爲虵又有足，
跂跂脈脈善緣壁，是非守宫即蜥蜴。”[5]上曰：“善。”
賜帛十匹。復使射他物，連中，輒賜帛。[6]

　　[1]【顔注】師古曰：數家，術數之家也。於覆器之下而置
諸物，令闇射之，故云射覆。數音所具反。覆音芳目反。【今注】
射覆：古代民間近於占卜術的猜物游戲。在甌、盂等器具下覆蓋一
物件，讓他人猜測裏面是何物。至唐朝，射覆是考核天文郎的主要
内容之一。《唐六典》記載，官方正規的射覆考試使用的數理模型
是六壬式，而不用《易經》八卦。

　　[2]【顔注】師古曰：守宫，蟲名也。術家云以器養之，食
以丹沙，滿七斤，擣治萬杵，以點女人體（人，白鷺洲本、殿本
作“子”），終身不滅，若有房室之事，則滅矣。言可以防閑淫
逸，故謂之守宫也。今俗呼爲辟宫，辟亦禦扞之義耳。盂，食器

也，若盉而大，今之所謂盉盂也。盉音撥。【今注】守宮：壁虎。《博物志》記載：用朱砂餵養壁虎，壁虎全身會變赤。吃滿七斤朱砂後，把壁虎搗爛並千搗萬杵，然後用其點染處女的肢體，顏色不會消褪。衹有在發生房事後，其顏色纔會變淡消褪，是以稱其爲"守宮砂"。又《太平御覽》卷三一引《淮南萬畢術》云："七月七日，採守宮，陰乾之，合以井華水，和塗女身，有文章，即以丹塗之，不去者不淫，去者有姦。"

[3]【顏注】師古曰：贊，進也。【今注】案，沈欽韓《漢書疏證》說，東方朔有《靈棊經》，見《藝文志》。管輅射覆，亦以《易卦》，其卦辭蓋如《焦氏易林》有立成法也。

[4]【顏注】師古曰：別，分也，音彼列反。【今注】蓍：蓍草。古代常以其莖用作占卜。

[5]【顏注】師古曰：跂跂，行貌也。脈脈，視貌也。《爾雅》云"蠑螈，蜥蜴；蜥蜴，蝘蜓，守宮（蜥蜴蝘蜓守宮，大德本同，白鷺洲本、殿本作"蝘蜓守宮"）"，是則一類耳。楊雄《方言》云其在澤中者謂之蜥蜴。故朔曰是非守宮則蜥蜴也。蜥音先歷反。蜴音余赤反。蠑音榮。螈音原。蝘音烏典反。蜓音殄。【今注】案，王先謙《漢書補注》引宋祁曰：角，音盧谷反，獸不童也。虵，大德本、殿本同，白鷺洲本作"蛇"。

[6]【顏注】師古曰：中音竹仲反。其下並同（並，大德本、殿本同，白鷺洲本作"竝"）。

時有幸倡郭舍人，滑稽不窮，[1]常侍左右，曰："朔狂，幸中耳，非至數也。[2]臣願令朔復射，朔中之，臣榜百，不能中，臣賜帛。"[3]迺覆樹上寄生，令朔射之。朔曰："是窶藪也。"[4]舍人曰："果知朔不能中也。"朔曰："生肉爲膾，乾肉爲脯；著樹爲寄生，盆下爲窶數。"上令倡監榜舍人，舍人不勝痛，呼罾。[5]朔笑之曰："咄！口無毛，聲謷謷，尻益高。"[6]
舍人恚曰："朔擅詆欺天子從官，當棄市。"[7]上問朔：
"何故詆之？"對曰："臣非敢詆之，迺與爲隱耳。"[8]
上曰："隱云何？"朔曰："夫口無毛者，狗竇也；聲謷
謷者，鳥哺鷇也；[9]尻益高者，鶴俛啄也。"[10]舍人不
服，因曰："臣願復問朔隱語，不知，亦當榜。"即妄
爲諧語曰：[11]"令壺齟，老柏塗，伊優亞，狋吽牙。
何謂也？"[12]朔曰："令者，命也。壺者，所以盛
也。[13]齟者，齒不正也。老者，人所敬也。柏者，鬼
之廷也。[14]塗者，漸洳徑也。[15]伊優亞者，辭未定也。
狋吽牙者，兩犬爭也。"舍人所問，朔應聲輒對，變詐
鋒出，[16]莫能窮者，左右大驚。上以朔爲常侍郎，[17]
遂得愛幸。

[1]【顏注】師古曰：幸倡，倡優之見幸遇者也。滑音骨。
滑稽，解在《公孫弘傳》。【今注】郭舍人：倡優，深受武帝寵信。
其母爲武帝奶娘。事見《史記》卷一二六《滑稽列傳》。葛洪《西
京雜記》卷五："武帝時，郭舍人善投壺，以竹爲矢，不用棘也。
古之投壺，取中而不求還，故實小豆於中，惡其矢躍而出也。郭舍
人則激矢令還，一矢百餘反，謂之爲驍。言如博之擊梟於掌中，爲
驍傑也。每爲武帝投壺，輒賜金帛。"

[2]【顏注】師古曰：至，實也。

[3]【顏注】師古曰：榜，擊也，音步行反。【今注】案，不
能中，白鷺洲本、殿本"不"前有"朔"字。

[4]【顏注】蘇林曰：窶音貧窶之窶，籔音數錢之數。窶籔，
鉤灌，四股鉤也。師古曰：窶籔，戴器也，以盆盛物戴於頭者，
則以窶籔薦之，今賣白團餅人所用者是也。寄生者，芝菌之類，

淋潦之日，著樹而生，形有周圜象窠藪者，今關中俗亦呼爲寄生。非爲蔦之寄生（大德本、殿本同，白鷺洲本"寄生"後有"也"字），寓木宛童有枝葉者也。故朔云"著樹爲寄生，盆下爲窠藪"。明其常在盆下。今讀書者不曉其意，謂射覆之物覆在盆下，輒改前"覆守宮盂下"爲盆字，失之遠矣。《楊惲傳》"鼠不容穴，銜窠藪也（白鷺洲本、殿本"楊惲傳"後有"云"字）"。盆下之物有飲食氣，故鼠銜之，四股鐵鉤，非所銜也（銜，大德本、殿本同，白鷺洲本作"衛"）。【今注】窠藪：亦作"窠數"，大德本亦作"窠藪"，白鷺洲本、殿本作"窠數"。以頭頂盆時盆底所墊之物。案，王先謙《漢書補注》引宋祁曰："數，音藪；景本作'藪'。"先謙案，顏謂窠數非寓木者，以寓木寄生，必有枝葉，不中覆射，故決是芝菌也。何晏《景福殿賦》"蘭栭積重，窠數矩設"，言其重疊交互之狀，以"蘭栭"對"窠數"，亦是以爲芝菌之類，與顏説合。芝菌之形蹙縮蠻卷，故《釋名》以音近字釋之云"窠數猶局縮"，而訓爲小意。芝菌雖微物，其巨者不能入鼠穴，故楊惲取爲喻也。《説文》之負戴器、《廣韻》之四足几，皆非此所謂窠數也。注"林"，官本作"枝"，是。本書卷六六《楊惲傳》下，官本有"云"字。又《漢書考正》劉敞曰：若不緣寄生在盆下，何得曰窠數？前覆守宮自以盂，此以盆，何怪乎？不然，盂亦盆類，朔故詭言之，欲以誤郭舍人也。又曰，朔意蓋以寄生、窠數，皆是附着他物而得名，故謂今在盆下之寄生爲窠數。大物在盆下，小物在盂下，固可知也，但不當改前"盂"字爲"盆"爾。又不必一日之中、用一盂覆射此諸物也。顏説未通。又以寄生爲芝菌，形圜似窠數，而云非寓木，尤疏謬矣。

[5]【顏注】服虔曰：警音暴。鄧展曰：呼音髇箭之髇。警音瓜瓟之瓟。師古曰：鄧音是也。痛切而叫呼也，與《田蚡傳》"呼服"（服，白鷺洲本、殿本作"報"）音義皆同。一曰，鄧音近之。警，自冤痛之聲也。舍人榜痛，乃呼云警（呼，大德本、

殿本同，白鷺洲本作"滕"）。今人痛甚，則稱阿謈，音步高反。是故朔逐韻而謿之云"口無毛，聲謷謷"也。【今注】倡監：官名。西漢黃門令屬官。陳直《漢書新證》案，倡監謂黃門倡監也。當屬於黃門令。西漢九卿屬官有令丞，令丞之下往往有監，《百官表》不載各監之官名。　案，《太平廣記》卷一七四《俊辯二》引《東方朔傳》：東方朔常與郭舍人於帝前射覆。郭曰："臣願問朔一事，朔得，臣願榜百；朔窮，臣當賜帛。曰：客來東方，歌謳且行。不從門入，逾我垣牆。遊戲中庭，上入殿堂。擊之拍拍，死者攘攘。格鬭而死，主人被創。是何物也？"朔曰："長喙細身，晝匿夜行，嗜肉惡煙，常所拍捫，臣朔愚戇，名之曰蝱，舍人辭窮，當復脫褌。"

[6]【顏注】鄧展曰：呭音貂裘之貂也。師古曰：呭，叱呭之聲也，音丁骨反。鄧説非也。謷音敖。【今注】口無毛：楊樹達《漢書窺管》説，謂後竅。　尻：應爲"尻"字之誤。

[7]【顏注】師古曰：詆，毀辱也，音丁禮反。

[8]【顏注】師古曰：隱謂隱語也。

[9]【顏注】項昭曰（項昭，大德本同，白鷺洲本、殿本作"韋昭"）：凡鳥哺子而活者爲鷇（鳥，白鷺洲本、殿本作"烏"），生而自啄曰雛。師古曰：鷇音口豆反。【今注】狗竇：狗洞。《漢書考正》劉攽説當作"狗穴竇"。

[10]【顏注】師古曰：俛即俯字也。俯，低也。啄，鳥觜也。俛又音俛（音俛，應作"音免"，白鷺洲本、大德本、殿本作"音免"）。啄音竹救反。

[11]【顏注】師古曰：諧者，和韻之言也。

[12]【顏注】張晏曰：齟音櫨棃之櫨。應劭曰：狋音銀。師古曰：齟音側加反，又壯加反（大德本同，白鷺洲本、殿本"壯"前有"音"字）。搓音丈加反。優音一侯反。亞音烏加反。狋音五伊反。吽音五侯反。

[13]【顏注】師古曰：盛，受物（白鷺洲本、殿本“物”後有“也”字），音時政反。

[14]【顏注】師古曰：言鬼神尚幽闇，故以松柏之樹爲廷府。

[15]【顏注】師古曰：漸洳，浸溼也。漸音子廉反。洳音人庶反。

[16]【今注】鏠：古同“鋒”。王先謙《漢書補注》說，殿本《考證》說“鏠”當作“鋒”。

[17]【今注】常侍郎：官名。侍從皇帝。秦置漢因。董說《七國考》引《物原》說：“諸官稱郎，自秦武王置常侍郎始。”常侍郎後簡稱爲郎。　案，《藝文類聚》卷八七引《東方朔傳》曰：武帝時，上林獻棗，上以杖擊未央前殿檻，呼朔曰：“叱來叱來，先生知此篋中何物？”朔曰：“上林獻棗四十九枚。”上曰：“何以知之？”朔曰：“呼朔者，上也；以杖擊檻，兩木林也。曰朔來朔來者，棗也；叱叱者四十九。”上大笑，賜帛十疋。

久之，伏日，[1]詔賜從官肉。大官丞日晏不來，[2]朔獨拔劍割肉，謂其同官曰：“伏日當蚤歸，[3]請受賜。”即懷肉去。大官奏之。朔入，上曰：“昨賜肉，不待詔，以劍割肉而去之，何也？”[4]朔免冠謝。上曰：“先生起自責也。”朔再拜曰：“朔來！朔來！受賜不待詔，何無禮也！拔劍割肉，壹何壯也！割之不多，又何廉也！歸遺細君，又何仁也！”[5]上笑曰：“使生自責，[6]迺反自譽！”復賜酒一石，肉百斤，歸遺細君。

[1]【顏注】師古曰：三伏之日也，解在《郊祀志》。【今注】案，沈欽韓《漢書疏證》：《宋史·職官志》：秘書省“官遇庚伏，

則前期遣中使諭旨，聽以早歸。……所以待遇儒臣，非他司比"。

　　[2]【顏注】師古曰：晏，晚也。【今注】大官丞：官名。即
"太官丞"。秦漢少府屬官，太官令副貳。

　　[3]【顏注】師古曰：蚤古早字。

　　[4]【今注】之：衍字。王先謙《漢書補注》說，劉攽曰：
"而去之，何也"，"之"衍字。

　　[5]【顏注】師古曰：細君，朔妻之名。一說，細，小也，
朔自比於諸侯（大德本同，白鷺洲本、殿本"自"前有"輒"
字），謂其妻曰小君。【今注】案，《太平廣記》卷二九一引《漢武
故事》："東方朔娶宛若爲小妻，生子三人，與朔俱死。"王先謙
《漢書補注》說，褚《補史記》："時詔賜之飯於前。飯已，盡懷其
餘肉持去，衣盡汙。數賜縑帛，擔揭而去。徒用所賜錢帛，取少婦
於長安中好女。率取婦一歲所者即棄去，更取婦。所賜錢財盡索之
於女子。左右諸郎半呼之狂人。"

　　[6]【今注】案，白鷺洲本、大德本、殿本"生"前有
"先"字。

　　初，建元三年，[1]微行始出，[2]北至池陽，[3]西至
黃山，[4]南獵長楊，[5]東游宜春。[6]微行常用飲酎已。[7]
八九月中，與侍中常侍武騎及待詔隴西北地良家子能
騎射者期諸殿門，故有"期門"之號自此始。[8]微行
以夜漏下十刻迺出，常稱平陽侯。[9]旦明，入山下馳射
鹿豕狐兔，[10]手格熊羆，馳騖禾稼稻秔之地。[11]民皆
號呼罵詈，[12]相聚會，自言鄠、杜令。[13]令往，欲謁
平陽侯，諸騎欲擊鞭之。令大怒，使吏呵止，獵者數
騎見留，迺示以乘輿物，[14]久之迺得去。時夜出夕還，
後齎五日糧，會朝長信宮，[15]上大驩樂之。是後，南

山下乃知微行數出也，[16]然尚迫於太后，未敢遠出。丞相御史知指，[17]乃使右輔都尉徼循長楊以東，[18]右內史發小民共待會所。[19]後迺私置更衣，[20]從宣曲以南十二所，中休更衣，[21]投宿諸宮，[22]長楊、五柞、倍陽、宣曲尤幸。[23]於是上以爲道遠勞苦，又爲百姓所患，迺使太中大夫吾丘壽王與待詔能用算者二人，[24]舉籍阿城以南，[25]盩厔以東，[26]宜春以西，提封頃畝，及其賈直，[27]欲除以爲上林苑，[28]屬之南山。[29]又詔中尉、左右內史表屬縣草田，欲以償鄠杜之民。[30]吾丘壽王奏事，上大説稱善。[31]時朔在傍，進諫曰：

[1]【今注】建元三年：公元前 138 年。

[2]【今注】案，王念孫《讀書雜志・漢書第十一》説，"微行"前脱一"上"字。

[3]【今注】池陽：池陽宮。故址在今陝西咸陽市東北六十二公里處三原縣嵯峨鄉天齊塬上。漢時池陽宮是長安通甘泉宮之要道。

[4]【顏注】晉灼曰：宮名，在槐里。【今注】黃山：黃山宮。故址在今陝西興平市馬嵬街道正北約一公里處。

[5]【今注】長楊：長楊宮。故址在今陝西周至縣東南。《三輔黃圖・秦宮》："長楊宮在今盩厔縣東南三十里，本秦舊宮，至漢修飾之以備行幸。宮中有垂楊數畝，因爲宮名；門曰射熊觀。秦漢游獵之所。"王先謙《漢書補注》説，《通鑑》胡注："《水經注》云：'槐里縣東有漏水，出南山赤谷，東北逕長楊宮。宮有長楊，因名。其地在盩厔界。'"

[6]【顏注】師古曰：宜春宮也，在長安城東南。説者乃以

爲在鄠，非也。在鄠者，自是宜春觀耳，在長安城西，豈得言東游也？【今注】宜春：宜春宮。《三輔黃圖·甘泉宮》："宜春宮，本秦之離宮，在長安城東南杜縣東，近下杜。"

[7]【顏注】師古曰：酎，酒新孰以祭宗廟也。酎音紂。解在《景紀》。【今注】飲酎：古禮。喝精釀之醇酒，以正尊卑。《禮記·月令》："（孟夏之月）天子飲酎，用禮樂。"鄭玄注："酎之言醇也，謂重釀之酒也。春酒至此始成，與群臣以禮樂飲之於朝，正尊卑也。"《東觀漢記·東平憲王蒼傳》："諸王歸國。上特留蒼，賜以秘書列圖、道術秘方。至八月飲酎畢，有司復奏遣蒼，乃許之。"

[8]【今注】期門：西漢護衛禁軍名稱。武帝時選隴西、天水等六郡良家子組成。武帝微行，衛士執兵護衛，因"期諸殿門"，故稱期門。隸屬光祿勳。平帝改稱虎賁郎。王先謙《漢書補注》說，《百官表》："期門掌執兵送從。"稱名始此。

[9]【顏注】如淳曰：平陽侯曹壽尚帝姊，時見尊寵，故稱之。

[10]【今注】案，馳，白鷺洲本、蔡琪本、大德本、慶元本同，殿本作"騎"。

[11]【顏注】師古曰：稌，有芒之穀摠稱也（摠，白鷺洲本、大德本作"總"，殿本作"總"，下同不注）。秔，其不黏者也，音庚。【今注】馳鶩：疾馳，奔走。《逸周書·文傳解》："畋漁以時，童不夭胎，馬不馳鶩，土不失宜。"

[12]【顏注】師古曰：呼音火故反。【今注】罵詈：罵，斥罵。王先謙《漢書補注》說，《太平御覽》卷八八："《漢武故事》曰：'與霍去病等十餘人，皆輕服爲微行，且以觀戲市里，察民風俗。嘗至蓮勺通道中行，行人皆奔避路。上怪之，使左右問之，云有持戟前呵者數百人。時微行，率不過二十人，馬七八疋，更步，更騎，衣如凡庶，不可別也。又嘗至柏谷亭夜宿，亭長不內，乃宿於逆旅。逆旅翁謂上曰："汝長大多力，當勤稼穡，何忽帶劍衆夜

行，此不欲爲盜則淫耳。"上嘿然不應，因乞漿飲。翁荅曰："無，止有溺，無漿也。"有頃，還内，上使覘之，見翁方與少年十餘人，皆持弓矢刀劍，令主人嫗出探過客。嫗婦謂其翁曰："吾觀此丈夫，非常人也，且亦有備，不可圖也。"天寒，嫗酌酒多與，夫及諸少年皆醉。嫗自縛其夫，諸少年皆走。婦出，謝客，殺雞作食。平旦，上去，是日還宫，乃召逆旅夫妻見之，賜嫗千金，擢夫爲羽林郎。自是懲戒希復微行。'"案，此事《資治通鑑》采之，亦見潘岳《西征賦》。

[13]【今注】鄠（hù）：縣名。治所在今陝西西安市鄠邑區北。户縣本作"鄠縣"。 杜：縣名。治所在今陝西西安市雁塔區。

[14]【今注】乘輿物：陳直《漢書新證》說，漢宫服用器具。大部分器具上刻有乘輿或宫名字樣。

[15]【顏注】師古曰：五日一朝長信宫，故齋五日糧也。長信，太后之宫也。【今注】齎：旅行所携帶衣食等物。

[16]【今注】南山：終南山。

[17]【顏注】師古曰：指謂天子之意也。

[18]【顏注】師古曰：徼，遮繞也。循，行視也。戒備非常也。徼音工釣反。【今注】右輔都尉：漢三輔都尉之一。武帝置，秩二千石。其中京輔都尉治華陰，左輔都尉治高陵，右輔都尉治鄠。錢大昕《三史拾遺》卷三：是時但分内史爲左右，初無三輔之名也。而先有右輔都尉，有右輔必有左輔矣。京兆、馮翊、扶風爲三輔，始於太初元年（前104），而《百官表》云"元鼎四年，更置三輔都尉"，則三輔之名，在太初以前矣。王太后以元朔三年（前126）崩，又在元鼎之前。此傳先言"迫於太后，未敢遠出"，下言"使右輔都尉徼循"，則左右輔都尉亦不始於元鼎。表所言恐尚有誤。

[19]【顏注】師古曰：共讀曰供。【今注】右内史：官名。秦置内史，掌治京畿。漢景帝分左右内史。武帝太初元年改右内史

置京兆尹。

〔20〕【顏注】師古曰：爲休息易衣之處，亦置宫人。

〔21〕【顏注】師古曰：宣曲，宫名，在昆明池西。【今注】中休：午休。

〔22〕【顏注】師古曰：晝休更衣，夜則別宿於諸宫。

〔23〕【顏注】師古曰：倍陽，即葊陽也，其音同耳，宫名，在鄠縣也。【今注】長揚：當爲“長楊”之誤，白鷺洲本、殿本、中華本皆作“長楊”。　五柞：五柞宫。位於今陝西周至縣集賢鎮，因宫内有五柞樹（一説爲梧桐樹），其樹蔭蓋數畝之大，故稱五柞宫。　倍陽：倍陽宫。亦作“葊陽宫”。《三輔黄圖·秦宫》載：“葊陽宫，秦文王所起，在今鄠縣西南二十三里。”

〔24〕【今注】太中大夫：本書《百官公卿表》載郎中令所屬有太中大夫等，秩比千石，掌議論。　吾丘壽王：傳見本書卷六四上。

〔25〕【顏注】師古曰：舉計其數而爲簿籍也。阿城，本秦阿房宫也，以其牆壁崇廣，故俗呼爲阿城。

〔26〕【今注】嫠（zhōu）厔（zhì）：縣名。武帝置，治所在今陝西周至縣終南鎮。以“山曲曰嫠，水曲曰厔”而得名。

〔27〕【顏注】師古曰：提封，亦謂提舉四封之内，惣計其數也。賈讀曰價。【今注】提封：通共，猶多指疆域。　賈直：作“賈值”。價值。本書《食貨志下》：“後五歲，天鳳元年，復申下金銀龜貝之貨，頗增減其賈直。”

〔28〕【今注】上林苑：漢代園林，漢武帝劉徹於建元三年（前138）在秦代的一個舊苑址上擴建而成的宫苑，規模宏偉，宫室衆多，有多種功能和游樂内容，今已無存。

〔29〕【顏注】師古曰：屬，連也，音之欲反。

〔30〕【顏注】師古曰：時未爲京兆、馮翊、扶風，故云中尉及左右内史也。草田謂荒田未耕墾也。【今注】中尉：本書《百官

公卿表上》：“中尉，秦官，掌徼循京師。”漢武帝太初元年，改稱執金吾。不再指揮禁軍，專門負責治安、糾察。

　　[31]【顏注】師古曰：說讀曰悅。

　　臣聞謙遜静愨，天表之應，應之以福；[1]驕溢靡麗，天表之應，應之以異。今陛下累郎臺，恐其不高也；[2]弋獵之處，恐其不廣也。如天不爲變，則三輔之地盡可以爲苑，何必蓋屋、鄠、杜乎！[3]奢侈越制，天爲之變，上林雖小，臣尚以爲大也。

　　[1]【顏注】師古曰：愨，謹也，音口角反。【今注】案，遜，白鷺洲本、大德本同，殿本作“遊”。《漢書考正》引宋祁曰：“遊”當作“遜”。
　　[2]【顏注】師古曰：郎，堂下周屋。
　　[3]【顏注】師古曰：中尉及左右内史則爲三輔矣，非必謂京兆、馮翊、扶風也。學者疑此言爲後人所增，斯未達也。

　　夫南山，天下之阻也，南有江淮，北有河渭，其地從汧隴以東，商雒以西，[1]厥壤肥饒。漢興，去三河之地，[2]止霸産以西，[3]都涇渭之南，[4]此所謂天下陸海之地，[5]秦之所以虜西戎兼山東者也。其山出玉石，金、銀、銅、鐵，豫章、檀、柘，異類之物，不可勝原，[6]此百工所取給，萬民所印足也。[7]又有秔稻梨栗桑麻竹箭之饒，土宜薑芋，水多黽魚，[8]貧者得以人給家足，無飢寒之憂。故酆鎬之間號爲土膏，[9]其賈畝一金。[10]今徙以爲苑，[11]絕陂池水澤之利，而取民膏腴之地，上乏國家之用，下奪農桑之業，棄成功，就敗事，損耗五穀，[12]是其不可一也。且盛荊棘之林，而長養麋鹿，廣狐菟之苑，大虎狼之虛，[13]又壞人冢墓，發人室廬，令幼弱懷土而思，耆老泣涕而悲，是其不可二也。斥而營之，垣而囷之，[14]騎馳東西，車鶩南北，[15]又有深溝大渠，夫一日之樂不足以危無隄之輿，[16]是其不可三也。故務苑囷之大，不恤農時，非所以彊國富人也。

[1]【顏注】服虔曰：商與上雒二縣也。師古曰：汧，汧水也。隴，隴坻也。

[2]【今注】三河：舊時河南、河東、河內的合稱。《史記》卷一二九《貨殖列傳》："昔唐人都河東，殷人都河內，周人都河南。夫三河在天下之中，若鼎足，王者所更居也。"

[3]【今注】霸產：二水名。即灞水、滻水，皆在長安東。

[4]【今注】涇渭：二水名。即涇水、渭水，關中兩大河流。

[5]【顏注】師古曰：高平曰陸，關中地高故稱耳（白鷺洲本、殿本"稱"下有"陸"字）。海者，萬物所出，言關中山川物產饒富，是以謂之陸海也。

[6]【顏注】師古曰：原，本也。言說不能盡其根本。【今注】豫章：古樹名。或說即今之樟樹。《墨子·公輸》："梗楠豫章。"

[7]【顏注】師古曰：卬音牛向反。【今注】卬：古同"仰"。仰仗。

[8]【顏注】師古曰：芋，草名，其葉似藕荷而長，不圓，

其根正白可食。蠅即蛙字也，似蝦蟆而小，長脚，蓋人亦取食之。

[9]【今注】酆鎬：西周二國都。酆，在今陝西西安市鄠邑區東。鎬，在今陝西西安市西南。

[10]【顏注】師古曰：賈讀曰價。

[11]【今注】規：“規”本字。大德本同，白鷺洲本、殿本作“規”。

[12]【顏注】師古曰：耗，減也，音呼到反。

[13]【顏注】師古曰：虛讀曰墟。【今注】案，菟，大德本同，白鷺洲本、殿本作“兔”。

[14]【顏注】師古曰：斥，却也。

[15]【顏注】師古曰：亂馳曰騖。

[16]【顏注】蘇林曰：隄，限也。輿，乘輿也。無限，若言不譽也。不敢斥天子，故言輿也。張晏曰：一日之樂，謂田獵也。無隄之輿，謂天子富貴無隄限也。師古曰：張説是也。音丁奚反（大德本同，白鷺洲本、蔡琪本、殿本“音”前有“隄”字）。【今注】案，《漢書考正》引劉攽説：不足以危，“不”字當作“亦”。

　　夫殷作九市之宮而諸侯畔，[1]靈王起章華之臺而楚民散，[2]秦興阿房之殿而天下亂。[3]糞土愚臣，忘生觸死，[4]逆盛意，犯隆指，罪當萬死，不勝大願，願陳泰階六符，[5]以觀天變，不可不省。

[1]【顏注】應劭曰：紂於宮中設九市。【今注】九市之宮：《文選》班固《西都賦》載“九市開場，貨列隧分”。李善注引《漢宮闕疏》：“長安九市：其六市在道西，三市在道東。”《太平御覽》卷一七三引《六韜》曰：“殷君喜治宮室七十三所，大宮百里，宮中九市。”

　　[2]【顏注】師古曰：楚靈王作章華之臺納亡人以實之，卒
有乾谿之禍也。章華臺在華容城也。【今注】章華之臺：春秋楚國
著名建築。地點凡有四説：一爲華容之章華，在今湖北潛江市西南
古華容縣城内；二爲城父之章華，在今安徽亳州市東南城父鎮境
内；三爲汝陽之章華，在今河南商水縣西南古汝陽城内；四爲“豫
章臺”，在今湖北荆州市沙市區。

　　[3]【今注】阿房之殿：阿房宫。秦著名宫殿。始建於秦始皇
三十五年（前212），未完全建成。遺址北起今陝西西安市三橋鎮
西北之新軍寨、後圍寨、南至王寺村、和平村北緣，縱長五千米；
東以皂河爲界，西迄長安縣小蘇村、紀陽村，橫寬三千米。宫名阿
房有四説：一説是因爲宫址靠近咸陽而得名；二説爲根據阿房宫
“四阿旁廣”的形狀命名；三説是因爲宫殿建築在大陵之上而得名；
四説爲秦始皇爲紀念其所愛趙女阿房而建。基於阿房宫命名由來，
其讀音亦有多説：一作“ē páng gōng”，“阿”古指山下彎曲的地
方，所以讀作 ē。　“房”通“旁”，故讀 páng；二作“ē fáng
gōng”，因現代漢語中“房”衹有 fáng 一種讀音；三作“ā fáng
gōng”，陝西話發音中“阿”字意爲“那個”，“房”則是地名。
今案，當讀“ā fáng gōng”。若所有漢字讀音，均追尋古音、方
言、訓詁等讀法，現代漢語則無法規範。

　　[4]【顏注】師古曰：忽忘其生而觸死罪也（忽，白鷺洲本、
大德本、殿本作“忽”）。

　　[5]【顏注】孟康曰：泰階，三台也。每台二星，凡六星。
符，六星之符驗也。應劭曰：《黄帝泰階六符經》曰：“太階者，
天之三階也。上階爲天子，中階爲諸侯公卿大夫，下階爲士庶人。
上階上星爲男主，下星爲女主。中階上星爲諸侯三公，下星爲卿
大夫。下階上星爲元士，下星爲庶人。三階平則陰陽和，風雨時，
社稷神祇咸獲其宜（祇，殿本作“祇”），天下大安，是爲太平。
三階不平，則五神乏祀，日有食之，水潤不浸，稼穡不成，冬雷

夏霜，百姓不寧，故治道傾。天子行暴令，好興甲兵，修宮榭，廣苑囿，則上階爲之奄奄疏闊也。"以孝武皆有此事，故朔爲陳之。【今注】泰階：古星座名。即三台。上台、中台、下台共六星，兩兩並列，傾斜向上，如階梯延申。《晉書·天文志上》："三台六星，兩兩而居，起文昌，列抵太微……一曰泰階。"案，何焯《義門讀書記》一八曰，應引《黃帝泰階六符經》與今之占三台者異。

是日因奏泰階之事，上迺拜朔爲太中大夫給事中，[1]賜黃金百斤。然遂起上林苑，如壽王所奏云。[2]

[1]【今注】太中大夫：官名。郎中令屬官。秩比千石，掌議論。 給事中：加官名。秦始置，無定員。所加之官或爲大夫、博士或議郎，三公九卿等亦有加者。加此號得給事宮禁之中，常侍皇帝左右，備顧問應對，每日上朝謁見。

[2]【今注】壽王：吾丘壽王。案，《太平御覽》卷四五七《人事部九十八·諫諍七》引《東方朔別傳》曰："孝武皇帝時，人有殺上林鹿者，武帝大怒，下有司殺之。群臣皆相阿：'殺人主鹿大不敬，當死。'東方朔時在旁曰：'是人罪當死者三：使陛下以鹿之故殺人，一當死；使天下聞之，皆以陛下重鹿賤人，二當死也；匈奴即有急，推鹿觸之，三當死也。'武帝默然，遂釋殺鹿者之罪。"《太平廣記》卷一七三《俊辯一》：漢武游上林，見一好樹，問東方朔，朔曰："名善哉。"帝陰使人落其樹。後數歲，復問朔，朔曰："名爲瞿所。"帝曰："朔欺久矣，名與前不同何也?"朔曰："夫大爲馬，小爲駒；長爲鷄，小爲鶵；大爲牛，小爲犢；人生爲兒，長爲老；且昔爲善哉，今爲瞿所；長少死生，萬物敗成，豈有定哉!"帝乃大笑。

久之，隆慮公主子昭平君，[1]尚帝女夷安公主，隆慮主病困，[2]以金千斤錢千萬爲昭平君豫贖死罪，上許之。隆慮主卒，昭平君日驕，醉殺主傅，獄繫内官。[3]以公主子，廷尉上請請論。[4]左右人人爲言：“前又入贖，陛下許之。”上曰：“吾弟老有是一子，死以屬我。”[5]於是爲之垂涕歎息，良久曰：“法令者，先帝所造也，用弟故而誣先帝之法，吾何面目入高廟乎！又下負萬民。”迺可其奏，哀不能自止，左右盡悲。朔前上壽，曰：“臣聞聖王爲政，賞不避仇讎，誅不擇骨肉。《書》曰：‘不偏不黨，王道蕩蕩，’[6]此二者，五帝所重，三王所難也。陛下行之，是以四海之内元元之民各得其所，天下幸甚！臣朔奉觴，昧死再拜上萬歲壽。”上迺起，入省中，夕時召讓朔，[7]曰：“《傳》曰：‘時然後言，人不厭其言，’[8]今先生上壽，時乎？”[9]朔免冠頓首曰：“臣聞樂太甚則陽溢，哀太甚則陰損，陰陽變則心氣動，心氣動則精神散而邪氣及。[10]銷憂者莫若酒，臣朔所以上壽者，明陛下正而不阿，因以止哀也。愚不知忌諱，當死。”先是，朔嘗醉入殿中，小遺殿上，[11]劾不敬。有詔免爲庶人，待詔宦者署，因此時復爲中郎，[12]賜帛百匹。

[1]【顏注】師古曰：慮音廬。【今注】隆慮公主：景帝女，武帝姐。

[2]【今注】案，困，大德本同，白鷺洲本、殿本作“因”。周壽昌《漢書注校補》：“‘病困’之‘困’，各本作‘因’，以‘病’字斷句；此本作‘困’，則從‘困’字句。似‘困’字勝，以‘因’字可省，‘困’則下‘豫贖’及‘隆慮卒’句有根。《吕

后傳》云‘病困，以趙王禄爲上將軍’，正與此同。”

[3]【顏注】服虔曰：主傅，主之官也。如淳曰：禮有傅姆。説者又曰傅者老大夫也，漢使中行説傅翁主也。師古曰：傅姆是也。服説失之。内官，署名，解在《律曆志》。

[4]【顏注】師古曰：論決其罪也。

[5]【顏注】師古曰：老乃有子，言其晚孕育也。屬音之欲反。【今注】弟：妹。本書卷五三《景十三王傳》以隆慮公主爲武帝姊。

[6]【顏注】師古曰：《周書·洪範》之辭也。蕩蕩，平坦之貌。【今注】案，語見《尚書·周書·洪範》。

[7]【顏注】師古曰：讓，責也。【今注】夕：《漢書考正》宋祁曰：“夕”當作“少”。

[8]【顏注】師古曰：《論語》稱孔子問公叔文子於公明賈曰：“信乎，夫子不言、不笑、不取乎？”對曰：“夫子時然後言，人不厭其言；樂然後笑，人不厭其笑；義然後取，人不厭其取。”【今注】時然後言：該説話的時候纔説話。語見《論語·憲問》。

[9]【顏注】師古曰：言所上壽豈謂時乎？

[10]【今注】案，是句白鷺洲本、慶元本、殿本、中華本皆作“心氣動則精神散，精神散而邪氣及”。

[11]【顏注】師古曰：小遺者，小便也。

[12]【今注】案，時，蔡琪本、白鷺洲本、慶元本、大德本、殿本作“對”。

　　初，帝姑館陶公主號竇太主，[1]堂邑侯陳午尚之。午死，主寡居，年五十餘矣，近幸董偃。始偃與母以賣珠爲事，偃年十三，隨母出入主家。左右言其姣好，[2]主召見，曰：“吾爲母養之。”因留第中，教書計相馬御射，[3]頗讀傳記。至年十八而冠，出則執轡，入則侍内。爲人温柔愛人，以主故，諸公接之，名稱城中，號曰董君。主因推令散財交士，[4]令中府曰：[5]“董君所發，一日金滿百斤，錢滿百萬，帛滿千匹，乃白之。”[6]安陵爰叔者，[7]爰盎兄子也，與偃善，謂偃曰：“足下私侍漢主，挾不測之罪，將欲安處乎？”[8]偃懼曰：“憂之久矣，不知所以？”[9]爰叔曰：“顧城廟遠無宿宫，又有荻竹籍田，[10]足下何不白主獻長門園？[11]此上所欲也。如是，上知計出於足下也，則安枕而卧，長無慘怛之憂。久之不然，上且請之，於足下何如？”偃頓首曰：“敬奉教。”入言之主，主立奏書獻之。上大説，[12]更名竇太主園爲長門宫。主大喜，使偃以黄金百斤爲爰叔壽。

[1]【顔注】如淳曰：竇太后之女也，故曰竇太主也。

[2]【顔注】師古曰：姣，美麗也，音狡。

[3]【顔注】師古曰：計謂用算也。

[4]【今注】推令：即推恩令。漢武帝下令允許諸侯王將封地分給子弟，以弱其國，强化中央集權。 案，《藝文類聚》卷二一載《史記》又曰：“董偃與館陶主家兒博戲殿下，主伏檻觀之，偃負財饒人，勝則有讓，主益奇之。”

[5]【顔注】師古曰：中府，掌金帛之臧者也（臧者也，大德本同，白鷺洲本、蔡琪本、殿本“臧”作“藏”，無“者也”二字）。【今注】中府：内庫。《穀梁傳》僖公二年：“如受吾幣，而借吾道，則是我取之中府，而藏之外府。” 《史記》卷一〇四《田叔列傳》：“魯王聞之大慙，發中府錢，使相償之。”張守節《正義》：“王之財物所藏也。”

[6]【顔注】師古曰：言不滿此數者，皆恣與之。【今注】

案，何焯《義門讀書記》卷一八説：竇太后崩，遺詔盡以東宫金錢財物賜長公主嫖，豈知乃以佐其淫縱如此耶！

[7]【今注】安陵：此指漢惠帝劉盈陵地，位於今陝西咸陽城東十八公里處渭城區韓家灣鄉白廟村。《史記》卷一〇一《袁盎鼂錯列傳》："袁盎者，楚人也，字絲。父故爲群盗，徙處安陵。"

[8]【顔注】師古曰：不測者，言其深也。安處，何以自安處也。一曰，身挾大罪，迺欲自安而居處者乎？

[9]【顔注】師古曰：以，用也。不知用何計。

[10]【顔注】如淳曰：其間雖有地，皆有荻竹籍田（荻，白鷺洲本、大德本、殿本作"萩"），無可作宿觀也。師古曰：如説非也。荻即楸字也。言有楸樹及竹林可遊玩，而籍田所在，上又須躬親行事，當有宿宫，故宜獻此園。【今注】案，《漢書考正》劉攽曰："城"改成"成"。荻竹，白鷺洲本、大德本、殿本作"萩竹"。

[11]【顔注】如淳曰：竇太主園在長門。長門在長安城東南。園可以爲宿館處所，故獻之也（白鷺洲本、大德本、殿本句末無"也"字）。

[12]【顔注】師古曰：説讀曰悦。

叔因是爲董君畫求見上之策，令主稱疾不朝。上往臨疾，問所欲，主辭謝曰："妾幸蒙陛下厚恩，先帝遺德，奉朝請之禮，備臣妾之儀，[1]列爲公主，賞賜邑入，[2]隆天重地，死無以塞責。[3]一日卒有不勝洒埽之職，[4]先狗馬填溝壑，竊有所恨，不勝大願，願陛下時忘萬事，養精游神，從中披庭回輿，枉路臨妾山林，[5]得獻觴上壽，娱樂左右。如是而死，何恨之有！"上曰："主何憂？幸得愈。恐群臣從官多，大爲主費。"

上還。有頃，主疾愈，起謁，上以錢千萬從主飲。後數日，上臨山林，主自執宰，敝膝[6]道入，登階就坐。坐未定，上曰："願謁主人翁。"主迺下殿，去簪珥，[7]徒跣頓首謝曰："妾無狀，[8]負陛下，身當伏誅。陛下不致之法，頓首死罪。"有詔謝。主簪履起，之東箱自引董君。[9]董君綠幘傅韝，[10]隨主前，伏殿下。主迺贊：[11]"館陶公主胞人臣偃昧死再拜謁。"[12]因叩頭謝，上爲之起。有詔賜衣冠上。[13]偃起，走就衣冠。主自奉食進觴。當是時，董君見尊不名，稱爲"主人翁"，飲大驩樂。主迺請賜將軍列侯從官金錢雜繒各有數。於是董君貴寵，天下莫不聞。郡國狗馬、蹵鞠、劍客輻湊[14]董氏。[15]常從游戲北宮，馳逐平樂，[16]觀雞、鞠之會，角狗馬之足，[17]上大歡樂之。於是上爲竇太主置酒宣室，[18]使謁者引內董君。

[1]【顏注】師古曰：請音才姓反。【今注】案，儀，大德本同，白鷺洲本、慶元本、殿本作"使"。《漢書考正》宋祁曰："使"，景本作"儀"。

[2]【顏注】師古曰：既列得賞賜（列，白鷺洲本、大德本、殿本作"別"），又所食之邑入其租賦也。

[3]【顏注】師古曰：塞，補也。

[4]【顏注】師古曰：卒讀曰猝（猝，大德本、殿本同，白鷺洲本作"梓"）。洒音信，又音山豉反。

[5]【顏注】應劭曰：公主園中有山，謙不敢稱第，故託山林也。服虔曰：主所豫作廟陵，故曰山林。師古曰：山林，應說是也。不當請帝臨其冢墓也。

[6]【顏注】師古曰：爲賤者之服。

[7]【顏注】師古曰：珥，珠玉飾耳者也（飾，大德本、殿本同，白鷺洲本作“珥”），音餌。

[8]【顏注】師古曰：狀，形兒也（兒，大德本同，白鷺洲本、殿本作“貌”）。無狀，猶言無顏面以見人也。一曰，自言所行醜惡無善狀。

[9]【顏注】師古曰：之，往也。

[10]【顏注】應劭曰：宰人服也。韋昭曰：韝形如射韝，以縛左右手，於事便也。師古曰：綠幘，賤人之服也。傅，著也。韝即今之臂韝也。傅讀曰附。韝音工侯反。【今注】綠幘傅韝：頭扎綠巾，臂戴袖套。戴巾束袖，是奴僕的裝扮。古時繫在頭上的裝飾物稱爲“頭衣”，主要有冠、冕、弁、幘四種。貴族有冠，平民以巾裹髮。今人多以爲“綠幘”爲俗語“綠帽子”之典源，應誤。“綠帽子”之説或源於《元典章》之規定：娼妓之家長和親屬男子裹著青頭巾。

[11]【顏注】師古曰：贊，進也。進傳謁辭。

[12]【顏注】師古曰：胞與庖同。

[13]【顏注】師古曰：上，上坐。【今注】案，《漢書考正》劉敞曰：“賜衣冠上”，上者，上殿。

[14]【顏注】師古曰：楚音千六反。鞠音鉅六反。解在《藝文志》。

[15]【今注】案，《漢書考正》劉敞曰：“董氏”當屬上句。

[16]【今注】平樂：宮觀名。亦作“平樂館”“平樂苑”。高祖始建，武帝增修，在上林苑中。　案，王先謙《漢書補注》説，官本《考證》云：“《黃圖》：‘上林苑中有平樂觀。’”先謙案，平樂固是觀名，此“觀”字當屬下爲句；不，則於文不協。

[17]【顏注】師古曰：角猶校也。

[18]【今注】宣室：宮殿名。漢未央宮中之宣室殿。《史記》

卷八四《賈生傳》《索隱》引《三輔故事》云："宣室在未央殿北。"

　　是時，朔陛戟殿下，[1]辟戟而前曰：[2]"董偃有斬罪三，安得入乎？"上曰："何謂也？"朔曰："偃以人臣私侍公主，其罪一也；敗男女之化，而亂婚姻之禮，傷王制，其罪二也；陛下富於春秋，方積思於六經，留神於王事，馳騖於唐虞，折節於三代，偃不遵經勸學，反以靡麗爲右，奢侈爲務，[3]盡狗馬之樂，極耳目之欲，行邪枉之道，徑淫辟之路，[4]是乃國家之大賊，人主之大蜮。[5]偃爲淫首，其罪三也。昔伯姬燔而諸侯憚，[6]奈何乎陛下？"上默然不應，良久曰："吾業以設飲，後而自改。"朔曰："不可。夫宣室者，先帝之正處也，非法度之政不得入焉。故淫亂之漸，其變爲篡，是以豎貂爲淫而易牙作患，[7]慶父死而魯國全，[8]管蔡誅而周室安。"上曰："善。"有詔止，更置酒北宮，引董君從東司馬門。東司馬門更名東交門。[9]賜朔黃金三十斤。董君之寵由是日衰，至年三十而終。後數歲，竇太主卒，與董君會葬於霸陵。[10]是後，公主貴人多踰禮制，[11]自董偃始。

　　[1]【顏注】師古曰：持戟列陛側（列，白鷺洲本、大德本同，殿本作"立"）。

　　[2]【顏注】師古曰：辟音頻亦反。

　　[3]【顏注】師古曰：右，尊也（大德本同，白鷺洲本、殿本等"尊"下有"之"字）。

[4]【顏注】師古曰：徑，由也。辟讀曰僻。

[5]【顏注】師古曰：蜮，魅也，音或。說者以爲短狐，非也。短狐，射工耳，於此不當其義。今俗猶云魅蜮也。【今注】案，《漢書考正》劉攽曰：劉向說《春秋》“蜮，南方淫氣所生，以應哀姜”，然則朔正用指偃爾，何必遷就魅蜮也！又案，白鷺洲本、殿本句末有“也”字。《漢書考正》宋祁曰：姚本句末無“也”字。

[6]【顏注】應劭曰：憚，敬也。敬其節直也。師古曰：伯姬，宋恭姬也。遇火災，待姆不出而死也。【今注】伯姬：春秋魯宣公之女，後嫁宋共公爲夫人。宋景公時，宮室大火，宮人欲救伯姬。伯姬說：“婦人之義，保傅不俱，夜不下堂，待保傅來也。”待保母來後，不見傅母，亦不肯出宮。伯姬守禮而死，諸侯相聚於衛國澶淵，共同志哀。參見《春秋》三傳。

[7]【顏注】師古曰：豎貂、易牙皆齊桓公臣也。管仲有病，桓公往問之曰：“將何以教寡人？”管仲曰：“願君之遠易牙、豎貂。”公曰：“易牙亨其子以快寡人，尚可疑邪？”對曰：“人之情非不愛其子，其子之忍，又將何有於君？”公曰：“豎貂自宮以近寡人，猶可疑邪？”對曰：“人之情非不愛其身也，其身之忍，又將何有於君？”公曰：“諾。”管仲死，盡逐之，而公食不甘，宮不治。居三年，公曰：“仲父不亦過乎？”於是皆復召，即反之。明年，公有病，易牙、豎貂相與作亂，塞宮門，築高牆，不通人。有一婦人踰垣入，至公所。公曰：“我欲食。”婦人曰：“吾無所得。”又曰：“我欲飲。”婦人曰：“吾無所得。”公曰：“何故？”對曰：“易牙、豎貂相與作亂，塞宮門，築高牆，不通人，故無所得。”公慨然歎涕出，曰：“嗟乎！聖人所見豈不遠哉？若死者有知，我將何面目見仲父乎！”蒙衣袂而絕乎壽宮，蟲流出於戶，蓋以楊門之扉，三月不葬。【今注】豎貂：春秋時齊桓公寵臣，不惜自宮而進入齊桓公的內廷，成爲齊桓公的寵臣。 易牙：又稱狄

牙、雍巫。春秋時齊桓公寵臣，長於調味，善逢迎，傳說曾烹其子
爲羹以獻桓公。成語有"豎貂自宮、易牙殺子"。參見《左傳》僖
公十七年、《史記》卷三二《齊太公世家》。

　　[8]【顏注】師古曰：慶父，魯桓公子，莊公弟也。莊公薨，
慶父殺莊公之子閔公而欲作亂，不克，奔莒。其後僖公立，以賂
求之于莒，莒人歸之，及密乃縊而死。僖公乃定其位。【今注】慶
父：春秋時期魯國上卿，魯桓公姬允之子，魯莊公異母弟，魯國三
桓之一的孟孫氏之祖。魯莊公死後，慶父先後殺公子般和魯閔公，
後逃亡莒國。莒國遣送慶父回國，慶父途中自縊而死。成語有"慶
父不死，魯難未已"。參見《左傳》閔公元年。

　　[9]【顏注】蘇林曰：以偃從此門入，交會於内，故以名焉。
【今注】案，何焯《義門讀書記》卷一八說，東司馬門後已更名，
故曰疏之，不如蘇說也。王念孫《讀書雜志·漢書第十一》說，
"從東司馬門"下當有"入"字，而今本脱之。據蘇注"以偃從此
門入，交會於内，故以名焉"，則有"入"字明矣。王先謙《漢書
補注》說，《通鑑》亦有"入"字，胡注："東司馬門，東闕内之
司馬門也。"先謙案，此納朔正言，更名以避謗，非取交會之義爲
美稱也。自此東交之名，仍而不改。本書卷九七《外戚傳下》"會
東交掖門"，即東司馬掖門也。

　　[10]【今注】霸陵：漢文帝陵，亦作"灞陵"。灞，即灞河。
因靠近灞河得名。位於今陝西西安市東郊白鹿原東北角。

　　[11]【今注】案，史稱"髒唐臭漢"與公主貴人多踰禮制不
無關係。何焯《義門讀書記》卷一八說，如蓋主近幸丁外人，陽石
公主與太僕公孫敬聲私通，皆是。

　　時天下侈靡趨末，[1]百姓多離農畝。上從容問朔：
"吾欲化民，豈有道乎？"[2]朔對曰："堯舜禹湯文武成
康上古之事，經歷數千載，尚難言也，臣不敢陳。願

近述孝文皇帝之時，當世耆老皆聞見之。貴爲天子，富有四海，身衣弋綈，[3]足履革舄，[4]以韋帶劍，[5]莞蒲爲席，[6]兵木無刃，[7]衣縕無文，[8]集上書囊以爲殿帷；[9]以道德爲麗，以仁義爲準。[10]於是天下望風成俗，昭然化之。今陛下以城中爲小，圖起建章，左鳳闕，右神明，[11]號稱千門萬户；木土衣綺繡，狗馬被繢罽；[12]宮人簪瑇瑁，垂珠璣；[13]設戲車，教馳逐，飾文采，叢珍怪；[14]撞萬石之鐘，擊雷霆之鼓，[15]作俳優，舞鄭女。上爲淫侈如此，而欲使民獨不奢侈失農，事之難者也。[16]陛下誠能用臣朔之計，推甲乙之帳燔之於四通之衢，[17]却走馬示不復用，[18]則堯舜之隆宜可與比治矣。《易》曰：‘正其本，萬事理；失之豪氂，差以千里。’[19]願陛下留意察之。”

[1]【顏注】師古曰：趨讀曰趣。末謂工商之業。

[2]【顏注】師古曰：從音千容反。

[3]【顏注】師古曰：弋，黑色也。綈，厚繒，音徒奚反。【今注】弋：通“黙”。

[4]【顏注】師古曰：革，生皮也。不用柔韋，言儉率也。

[5]【顏注】師古曰：但空用韋，不加飾。

[6]【顏注】師古曰：莞，夫離也，今謂之葱蒲。以莞及蒲爲席，亦尚質也。莞音桓，又音官。

[7]【顏注】服虔曰：兵器如木而無刃，言不大治兵器也。

[8]【顏注】師古曰：縕，亂絮也。言內有亂絮（有，大德本、殿本同，白鷺洲本作“府”），上無文綵也。縕音於粉反。

[9]【顏注】師古曰：集謂合聚也。【今注】書囊：漢制，上書以青皮囊素裏封書。案，沈欽韓《漢書疏證》載《風俗通》云：

"文帝雖節儉，未央前殿至奢，雕文五采，畫華榱壁璫，軒檻皆飾以黃金，其勢不可以書囊爲帷。奢儉好醜，不相副伴。"案，未央前殿創自蕭何，令後世子孫無以加，與文帝無涉。集書囊爲帷，自可他處作障，不必即施前殿，應劭之論固矣。《東觀漢記》："舊制，上書以青布囊素裹封書，不中式不得上。"

［10］【顏注】師古曰：麗，美也。準，平法也。

［11］【顏注】如淳曰：闕名也。師古曰：鳳闕，闕名。神明，臺名也。【今注】建章：建章宮。 鳳闕：建章宮之闕，上有金鳳。 神明：建章宮祭神之臺。

［12］【顏注】師古曰：繢，五綵也。罽，織毛也，即氍毹之屬（大德本同，白鷺洲本、殿本"即"後有"今"字，末有"是也"）。【今注】繢（huì）罽（jì）：彩色的毛織物。繢，同"繪"。

［13］【顏注】師古曰：瑇瑁，文甲也。璣，珠之不圜者。瑇音代。瑁音昧。璣音居依反，又音鉅依反。

［14］【顏注】師古曰：蘻，古藂字（白鷺洲本作"藂，古叢字"，大德本、殿本作"藂，古藂字"）。【今注】案，蘻，白鷺洲本、大德本作"藂"。

［15］【顏注】師古曰：言其聲震大也。

［16］【顏注】師古曰：失農謂失農業也。

［17］【顏注】應劭曰：帳多故以甲乙第之耳。孟康曰：《西域傳》贊云"興造甲乙之帳，絡以隨珠和璧，天子襲翠被，憑玉几（憑，大德本、殿本同，白鷺洲本作"馮"），而處其中"也。師古曰：謂推而去之。燔，焚燒也。

［18］【顏注】師古曰：却，退也。走馬，善走之（白鷺洲本、大德本、殿本"之"後有"馬也"）。

［19］【顏注】師古曰：今《易》無此文，已解於上也。【今注】案，《禮記·經解》："《易》曰：'君子慎始，差若豪氂，繆以千里。'"

　　朔雖詼笑，[1]然時觀察顏色，直言切諫，上常用之。自公卿在位，朔皆敖弄，無所爲屈。[2]

　　[1]【顏注】師古曰：詼，謿戲也。詼笑，謂謿謔，發言可笑也。詼音恢。其下詼啁、詼諧並同。
　　[2]【顏注】師古曰：敖讀曰傲。爲音于僞反。【今注】敖弄：調笑戲弄。

　　上以朔口諧辭給，[1]好作問之。[2]嘗問朔曰：“先生視朕何如主也？”朔對曰：“自唐虞之隆，成康之際，未足以諭當世。臣伏觀陛下功德，陳五帝之上，在三王之右。[3]非若此而已，誠得天下賢士，公卿在位咸得其人矣。譬若以周邵爲丞相，[4]孔丘爲御史大夫，[5]大公爲將軍，[6]畢公高拾遺於後，[7]弁嚴子爲衛尉，[8]皋陶爲大理，[9]后稷爲司農，[10]伊尹爲少府，[11]子贛使外國，[12]顏閔爲博士，[13]子夏爲太常，[14]益爲右扶風，[15]季路爲執金吾，[16]羿爲鴻臚，[17]龍逢爲宗正，[18]伯夷爲京兆，[19]管仲爲馮翊，[20]魯般爲將作，[21]仲山爲光祿，[22]申伯爲太僕，[23]延陵季子爲水衡，[24]百里奚爲典屬國，[25]柳下惠爲大長秋，[26]史魚爲司直，[27]蘧伯玉爲太傅，[28]孔父爲詹事，[29]孫叔敖爲諸侯相，子産爲郡守，[30]王慶忌爲期門，[31]夏育爲鼎官，[32]羿爲旄頭，[33]宋萬爲式道候。”[34]上迺大笑。

　　[1]【顏注】師古曰：給，捷也。
　　[2]【顏注】師古曰：故動作之而問以言辭也。【今注】好作

問之：周壽昌《漢書注校補》引《禮記·樂記》注："作，造也。"
好造説以問之。

〔3〕【顏注】師古曰：右亦高上也。

〔4〕【顏注】師古曰：周公旦、邵公奭二人也。【今注】周
邵：即周、召。周成王時共同輔政者周公旦、召公奭之並稱。兩人
分陝而治，各有美政。

〔5〕【顏注】應劭曰：御史大夫職典制度文章。

〔6〕【顏注】師古曰：太公，吕望也。知戰陳征伐之事，故
云爲將軍。【今注】案，大公，大德本同，白鷺洲本、殿本作"太
公"。

〔7〕【顏注】師古曰：畢公高，文王之子也，爲周太師，故
云拾遺也。【今注】拾遺：此爲官制用語。指臣下補救皇帝遺失之
諫。至唐方爲正式官名。本書卷三六《楚元王傳》："（更生）擢爲
散騎宗正給事中，與侍中金敞拾遺於左右。"

〔8〕【顏注】師古曰：以其有勇（殿本無"其"字）。【今
注】弁嚴子：即卞莊子，避明帝諱改，亦作"管莊子""辨莊子"。
春秋魯國卞邑大夫。以勇力知名。《史記》卷七〇《張儀列傳》載
有卞莊子刺虎事。　衛尉：官名。秦置漢因，爲九卿之一。掌守衛
宮禁。漢景帝時一度改名中大夫令。

〔9〕【顏注】師古曰：以其作士，士亦理官。【今注】皋陶：
舜時爲掌刑法之官。　大理：古官名。古主管司法的最高官吏，爲
九卿之一。《禮記·月令》記載，夏有"大理"，主掌審判。秦置
廷尉，漢景帝中元六年（前144）改名大理，武帝建元四年（前
137）復舊稱。

〔10〕【顏注】師古曰：主播種。【今注】后稷：周始祖。堯舜
時爲農官。　司農：古官名。大司農簡稱。九卿之一，掌錢穀
之事。

〔11〕【顏注】應劭曰：伊尹善亨割，太官屬少府（太，白鷺

洲本同，殿本作“大”），故令作之。【今注】案，周壽昌《漢書注校補》説，少府掌山海池澤之税，主天子内職也。伊尹一介不與，一介不取，故以此屬之。應注謬。　伊尹：名摯，商初的賢相。相傳助湯伐桀，滅夏，遂王天下。湯崩，其孫太甲無道，伊尹放諸桐宫，俟其悔過，再迎之復位。善烹調，後人拜爲厨聖。　少府：官名。九卿之一，職掌帝室財政。

[12]【顔注】師古曰：以其有辯説。【今注】子贛：即子貢。姓端木，名賜，孔子弟子，能辯説。後人或疑爲二人，誤。參見劉榮德《從定州簡〈論語〉看“子貢”與“子贛”》（《文史雜志》2011 年第 1 期）。

[13]【顔注】師古曰：顔回、閔子騫爲皆有德行也。【今注】博士：官名。掌管書籍文典。

[14]【顔注】師古曰：以有文學故爲太常也。而應劭以子夏兩字惣合爲夒，解云夒知樂，故可以爲太常，此説非也。【今注】太常：官名。九卿之首。漢初名奉常，景帝中元六年改名太常，掌宗廟禮儀。

[15]【顔注】應劭曰：益作舜虞，掌山澤之官也。諸苑多在右扶風，故令作之。【今注】益：即伯益。舜時掌山澤之官。案，漢時諸苑多在右扶風，故令爲之。周壽昌《漢書注校補》：“右扶風以下諸官，多太初元年所改，公孫弘爲丞相在元朔五年，薨在元狩二年，下去太初二十餘年。此文下云‘上復問朔，方今公孫丞相’云云，則所司官名多不合。疑朔此等雜文，後有改易，流傳轉寫，致多訛舛也。”

[16]【顔注】師古曰：亦以有勇力。【今注】季路：即子路，孔子弟子，以勇力稱。　執金吾：官名。負責京城内的巡察、禁暴、督奸等，掌北軍。原名中尉，武帝太初元年更名爲執金吾。

[17]【顔注】應劭曰：高作司徒，敬敷五教。是時諸侯王治民，鴻臚主諸侯王也。師古曰：俽讀與高同，字本作俽（俽，大

德本、殿本同，白鷺洲本作"契"），蓋後從省耳。【今注】挈：舜時爲司徒，掌管教化。　鴻臚：官名。即大鴻臚。秦及漢初本名典客，爲九卿之一。漢景帝中元六年，改名大行令。漢武帝太初元年，改名大鴻臚。掌禮贊與外交事務。

[18]【顏注】師古曰：關龍逢（逢，大德本、殿本同，白鷺洲本作"逢"），桀之臣也，忠諫而死也。以其直，無所阿私。【今注】案，龍逢，大德本、殿本同，白鷺洲本作"龍逢"。　宗正：官名。秦置漢沿，九卿之一。掌皇室親屬。

[19]【顏注】應劭曰：帝曰："伯夷，汝作秩宗。"秩宗，主郊廟。京兆與太常同典齋祀，故令爲之。【今注】伯夷：商末孤竹國人，入周後，隱居首陽山，不食周粟而死。　京兆：官名。即京兆尹。掌治京師，爲漢代三輔（治理京畿的三位官員，即京兆尹、左馮翊、右扶風）之一。

[20]【顏注】應劭曰：管仲定民之居，寄軍令於内政，終令匡霸，故令爲馮翊也。【今注】管仲：春秋齊國國相，被尊稱爲"仲父"。任職期間，對内大興改革，富國強兵；對外尊王攘夷，九合諸侯，一匡天下，輔佐齊桓公成爲春秋五霸之首。　馮翊：官名。漢代三輔之一。

[21]【顏注】師古曰：以其巧也。般與班同。【今注】將作：官名。即將作大匠。掌管宫室修建。

[22]【顏注】晉灼曰（大德本作"師古曰"）：光禄，主三大夫諫正之官，取其柔亦不茹，剛亦不吐。【今注】仲山：仲山甫，一作"仲山父"。周宣王時賢相。白鷺洲本、大德本、殿本作"仲山甫"。　光禄：官名。即光禄勳。九卿之一。負責守衛宫殿門户的宿衛，後逐漸演變爲總領宫内事務。

[23]【顏注】應劭曰：申伯，周宣王之舅也。太僕主大駕親御，職又密近，故用親親也。【今注】太僕：官名。爲九卿之一，掌朝廷的輿馬和馬政。

[24]【顏注】應劭曰：水衡主池苑。季子，吳人，故使爲之。師古曰：季子即吳公子札。【今注】延陵季子：即季札，春秋吳王壽夢第四子，稱"公子札"。傳爲避王位"棄其室而耕"，人稱"延陵季子"。　水衡：官名。或爲水衡都尉簡稱。漢武帝置，掌皇家上林苑，兼管稅收、鑄錢。本書《百官公卿表上》"水衡都尉"顏師古注引應劭曰："古山林之官曰衡，掌諸池苑，故稱水衡。"

[25]【顏注】應劭曰：奚，秦人。秦近西戎，曉其風俗，故令爲之。【今注】百里奚：春秋秦國"五羖大夫"，與蹇叔、由余等共佐秦穆公創立霸業。　典屬國：官名。掌管與少數民族交往的事務。

[26]【顏注】師古曰：惠，魯大夫展禽也。食菜柳下，諡曰惠。以其貞潔，故爲大長秋。【今注】大長秋：官名。漢置，爲皇后近侍，多由宦官充任。長秋宮是漢朝皇后居住之所在。

[27]【顏注】師古曰：史魚，衛大夫史鰌也。《論語》稱孔子曰："直哉史魚，邦有道如矢，邦無道如矢。"【今注】司直：官名。指丞相司直，漢武帝時置。幫助丞相檢舉不法。

[28]【顏注】如淳曰：太傅傳人主使無過。伯玉欲寡其過，故令爲之。師古曰：蘧伯玉，衛大夫也，名瑗。蘧音渠。【今注】太傅：輔弼天子治理天下。《尚書·周官》："立太師、太傅、太保，茲惟三公，論道經邦，燮理陰陽。"周置秦廢，漢復置。

[29]【顏注】應劭曰：孔父正色而立於朝，則莫敢過而致難乎其君，故爲詹事。師古曰：孔父，宋大夫也。父讀曰甫。【今注】詹事：官名。掌皇后、太子家中之事。"詹"字碑志亦作"瞻"。

[30]【顏注】師古曰：善治邦邑也。【今注】子產：春秋鄭國大夫公孫僑的字。鄭簡公時執政，有政績。後卒，鄭人痛悲。

[31]【顏注】應劭曰：以其勁捷，可爲期門郎也。師古曰：

王慶忌即王子慶忌也。

[32]【顔注】或曰：夏育，衛人，力舉千鈞。鼎官，今殿前舉鼎者也。

[33]【顔注】應劭曰：羿善射，故令爲旄頭。今以羽林爲之，髮正上向而長衣繡衣，在乘輿車前。師古曰：羿音詣。【今注】旄頭：皇帝儀仗中一種擔任先驅的騎兵。

[34]【顔注】師古曰：萬，宋閔公臣，亦有勇力也。式，表也。表道之候，若今之武候引駕（白鷺洲本、大德本同，殿本"駕"後有"人"字）。【今注】式道候：官名。爲執金吾屬官。皇帝車駕出行，掌清道，還，持麾至宫門，宫門乃開。

是時朝廷多賢材，上復問朔："方今公孫丞相、兒大夫、[1]董仲舒、夏侯始昌、司馬相如、吾丘壽王、主父偃、朱買臣、嚴助、汲黯、膠倉、終軍、嚴安、徐樂、司馬遷之倫，[2]皆辯知閎達，溢于文辭，[3]先生自視，何與比哉？"[4]朔對曰："臣觀其臿齒牙，[5]樹頰胲，[6]吐脣吻，[7]擢項頤，[8]結股脚，[9]連脽尻，[10]遺蛇其迹，行步偊旅，[11]臣朔雖不肖，尚兼此數子者。"朔之進對澹辭，皆此類也。[12]

[1]【顔注】師古曰：公孫弘及兒寬也。兒音五奚反。【今注】公孫丞相：公孫弘。傳見本書卷五八。　兒大夫：兒寬。傳見本書卷五八。　案，周壽昌《漢書注校補》：寬之爲御史大夫在漢元封元年（前110），距公孫弘時已十有二年，其中如司馬相如等人，多已故者。此乃以"方今"兩字冠下，相提並舉，益證此文雜出，不能以事實繩之。

[2]【今注】董仲舒：傳見本書卷五六。　夏侯始昌：傳見本

書卷七五。　司馬相如：傳見本書卷五七。　主父偃：傳見本書卷六四上。　朱買臣：傳見本書卷六四上。　嚴助：傳見本書卷六四上。　汲黯：傳見本書卷五〇。　膠倉：又作“聊倉”，武帝時曾侍詔金馬門，本書《藝文志》著録有文三篇，列入縱横家。事迹略見本書卷六四上《嚴助傳》。　終軍：傳見本書卷六四下。　嚴安：傳見本書卷六四下。　徐樂：傳見本書卷六四上。　司馬遷：傳見本書卷六二。

　　[3]【顏注】師古曰：溢者，言其有餘也。

　　[4]【顏注】師古曰：何與，猶言何如也。

　　[5]【今注】臿（chā）齒牙：牙齒不齊。今俗語“龁牙子”。臿，夾雜，穿插。

　　[6]【顏注】師古曰：頰肉曰胲，音改。【今注】樹頰胲：臉如樹皮。頰胲，面頰。

　　[7]【今注】吐脣吻：嘴脣外翻。脣吻，嘴脣。

　　[8]【顏注】師古曰：頤，頷下也，音怡。【今注】擢項頤：長下巴，即俗稱“地包天”。擢，聳出。

　　[9]【今注】結股腳：腿腳不會打彎。膝上爲股，股腳結固，行走不便。

　　[10]【顏注】師古曰：脽，臀也，音誰。【今注】連脽尻：羅鍋腰。脽，臀部。臀高聳，故轉指丘阜。《史記》卷一二《孝武本紀》：“於是天子遂東，始立后土祠陰脽上，如寬舒等議。”司馬貞《索隱》：“脽，丘。”連脽，應指臀與腰平。尻，古同“居”，身處。《説文解字》處也。從尸得几而止。《孝經》曰：“仲尼尻。尻，謂閒居如此。”案，尻，大德本、殿本同，白鷺洲本作“尻”。後人因“尻”誤爲“尻”，多認爲“脽尻”爲一詞，誤。

　　[11]【顏注】師古曰：遺蛇猶逶迤也。傴旅，曲躬貌也。蛇音移。傴音禹。【今注】遺蛇：即“逶迤”。斜行，行路不直。傴旅：形單影隻、小心謹慎狀。顏注有誤。傴，古同“踽”。

[12]【顏注】師古曰：澹，古贍字也。贍，給也。【今注】
澹辭：口才敏捷善辯。

武帝既招英俊，程其器能，用之如不及。[1]時方外
事胡越，內興制度，國家多事，自公孫弘以下至司馬
遷皆奉使方外，或爲郡國守相至公卿，而朔嘗至太中
大夫，後常爲郎，與枚皋、郭舍人俱在左右，[2]詼啁而
已。[3]久之，朔上書陳農戰彊國之計，因自訟獨不得大
官，欲求試用。其言專商鞅、韓非之語也，[4]指意放
蕩，頗復詼諧，辭數萬言，終不見用。朔因著論，設
客難己，用位畢以自慰諭。[5]其辭曰：[6]

[1]【顏注】師古曰：程謂量計之也。如不及者，恐失之也。

[2]【今注】枚皋：枚乘庶子。傳見本書卷五一。

[3]【顏注】師古曰：啁與謿同，音竹交反。【今注】案，
《史記》卷一二六《滑稽列傳》載："朔任其子爲郎，又爲侍謁者，
常持節出使。朔行殿中，郎謂之曰：'人皆以先生爲狂。'朔曰：
'如朔等，所謂避世於朝廷間者也。古之人，乃避世於深山中。'時
坐席中，酒酣，據地歌曰：'陸沈於俗，避世金馬門。宮殿中可以
避世全身，何必深山之中，蒿廬之下。'"

[4]【今注】專：獨用。

[5]【今注】案，畢，白鷺洲本、大德本、殿本作"卑"。

[6]【今注】案，下文即《答客難》。

客難東方朔曰："蘇秦、張儀一當萬乘之主，
而都卿相之位，[1]澤及後世。今子大夫修先王之
術，慕聖人之義，諷誦《詩》《書》百家之言，

不可勝數，[2] 著於竹帛，脣腐齒落，服膺而不釋，[3] 好學樂道之效，明白甚矣；自以智能海內無雙，[4] 則可謂博聞辯智矣。然悉力盡忠以事聖帝，曠日持久，官不過侍郎，位不過執戟，意者尚有遺行邪？[5] 同胞之徒無所容居，其故何也？"[6]

[1]【顏注】如淳曰：都，居也。

[2]【今注】數：《漢書考正》宋祁說當作"記"。

[3]【顏注】師古曰：服膺，俯其胷臆也（白鷺洲本、大德本、殿本"俯"後有"服"字）。釋，廢置也。

[4]【今注】案，是句《史記》卷一二六《滑稽列傳》作"自以爲海內無雙"。《鹽鐵論·毀學篇》："東方朔自稱辯略，消堅釋石，當世無雙。"

[5]【顏注】師古曰：可遺之行，言不盡善也。【今注】案，王念孫《讀書雜志·漢書第十一》曰：此言遺行，不言可遺之行，顏說非也。遺者，失也。謂尚有過失之行。

[6]【顏注】蘇林曰：胞音胞胎之胞也，言親兄弟。

東方先生喟然長息，仰而應之曰："是固非子之所能備也。彼一時也，此一時也，豈可同哉？夫蘇秦、張儀之時，周室大壞，諸侯不朝，力政爭權，相禽以兵，并爲十二國，未有雌雄，[1] 得士者彊，失士者亡，故談說行焉。[2] 身處尊位，珍寶充內，外有廩倉，澤及後世，子孫長享。今則不然。聖帝流德，天下震慴，諸侯賓服，[3] 連四海之外以爲帶，[4] 安於覆盂，[5] 動猶運之掌，[6] 賢不肖何以異哉？遵天之道，順地之理，物無不得其所；

故綏之則安，動之則苦；尊之則爲將，卑之則爲虜；抗之則在青雲之上，抑之則在深泉之下；[7]用之則爲虎，不用則爲鼠；雖欲盡節效情，安知前後？夫天地之大，士民之衆，竭精談說，[8]並進輻湊者不可勝數，悉力募之，困於衣食，或失門戶。[9]使蘇秦、張儀與僕並生於今之世，曾不得掌故，[10]安敢望常侍郎乎！[11]故曰時異事異。

[1]【顔注】師古曰：十二國，謂魯、衛、齊、楚、宋、鄭、魏、燕、趙、中山、秦、韓也。【今注】案，周壽昌《漢書注校補》說，《文選》李注引張晏說同，即顔所本。然鄭爲韓所滅，在周烈王元年（前375），去儀、秦時已遠，似不當有鄭也。

[2]【今注】案，《漢書考正》宋祁曰："故談說行焉"，改作"故說得行焉"。

[3]【顔注】師古曰：懾，恐也，音之涉反。

[4]【顔注】師古曰：言如帶之相連也。

[5]【顔注】師古曰：言不可傾搖。【今注】案，《史記》卷一二六《滑稽列傳》、《文選》此句下有"天下平均，合爲一家"八字。

[6]【顔注】師古曰：言至易（白鷺洲、大德本同，殿本"易"後有"也"字）。【今注】案，《史記·滑稽列傳》、《文選》句爲"動發舉事，猶如運之掌中"。

[7]【今注】泉：《漢書考正》宋祁說疑作"淵"。

[8]【今注】談說：《史記·滑稽列傳》作"馳說"。

[9]【顔注】師古曰：言不得所由入也。一曰，謂被誅戮，喪其家室也。【今注】案，募，白鷺洲本、殿本作"慕"，誤。《漢書考正》宋祁亦曰"慕"當作"募"。

[10]【今注】掌故：官名。又作“掌固”。漢置，掌管禮樂制度等故事。屬太常。

[11]【今注】案，《漢書考正》宋祁説“常”字當删。周壽昌《漢書注校補》説，《文選》無“常”字。

　　“雖然，安可以不務修身乎哉！《詩》云：‘鼓鍾于宫，聲聞于外。’[1] ‘鶴鳴于九皋，聲聞于天。’[2] 苟能修身，何患不榮！太公體行仁義，七十有二迺設用於文武，得信厥説，[3] 封於齊，七百歲而不絶。此士所以日夜孳孳，敏行而不敢怠也。[4] 辟若鷖鴒，飛且鳴矣。[5]《傳》曰：‘天不爲人之惡寒而輟其冬，[6] 地不爲人之惡險而輟其廣，君子不爲小人之匈匈而易其行。’[7] ‘天有常度，地有常形，君子有常行；君子道其常，小人計其功。’[8]《詩》云：‘禮義之不愆，何恤人之言？’[9] 故曰：‘水至清則無魚，人至察則無徒，[10] 冕而前旒，所以蔽明；黈纊充耳，所以塞聰。’[11] 明有所不見，聰有所不聞，舉大德，赦小過，無求備於一人之義也。[12] 枉而直之，使自得之；優而柔之，使自求之；揆而度之，使自索之。[13] 蓋聖人教化如此，欲自得之；自得之，則敏且廣矣。[14]

[1]【顔注】師古曰：《小雅·白華》之詩也。言苟有於中，必形於外也。【今注】案，語見《詩·小雅·白華》。

[2]【顔注】師古曰：《小雅·鶴鳴》之詩也。言處卑而聲徹

其高遠。【今注】案，語見《詩·小雅·鶴鳴》。

〔3〕【顏注】師古曰：設，施也。信讀曰伸。【今注】案，《史記》卷一二六《滑稽列傳》作"逢文王，得行其說"。

〔4〕【顏注】師古曰：孳與孜同。敏，勉也。【今注】敏行：《史記·滑稽列傳》作"修學行道"。《文選》作"修學敏行"。

〔5〕【顏注】師古曰：䳤鴒，雝渠，小青雀也，飛則鳴，行則搖，言其勤苦也。辟讀曰譬。䳤音脊。鴒音零。

〔6〕【顏注】師古曰：輟，止也。

〔7〕【顏注】師古曰：訩訩，讙議之聲。【今注】案，語見《荀子·天論》。

〔8〕【顏注】師古曰：道，由也。【今注】案，語見《荀子·榮辱》，文字稍異。

〔9〕【顏注】師古曰：逸詩也。愆，過也。恤，憂也。

〔10〕【顏注】師古曰：徒，衆也。【今注】案，語見《大戴禮·子張問入官》。

〔11〕【顏注】如淳曰：黈音土苟反（土，大德本、殿本作"工"）。謂以玉爲填，用黈纊縣之也。師古曰：如說非也。黈，黃色也。纊，綿也。以黃綿爲丸，用組懸之於冕，垂兩耳旁，示不外聽，非玉填之縣也。【今注】前旒：帝王冠冕前沿垂懸的玉串。 蔽："蔽"字之誤。蔡琪本、大德本、殿本皆作"蔽"。 黈（tǒu）纊（kuàng）：是指黃綿所製的小球。懸於冠冕，垂兩耳，示不欲妄聽是非。

〔12〕【顏注】師古曰：《論語》仲弓問政於孔子，孔子曰："赦小過，舉賢才。"周公謂魯公曰："故舊無大故，則不棄也，毋求備於一人。"故朔引此言也。士有百行，功過相除，不可求備也。

〔13〕【顏注】師古曰：枉，曲也。索亦求也。度音徒各反。【今注】案，語見《大戴禮·子張問入官》。

[14]【顏注】師古曰：敏，疾也。【今注】案，何焯《義門讀書記》卷一八曰：此望武帝知之不盡，而言明有所遺者，君道固然，或有遺行，獲在所恕，不亟勸我以大官者，亦所以待其自得，非棄之也。

　　　“今世之處士，魁然無徒，廓然獨居，[1]上觀許由，下察接輿，計同范蠡，忠合子胥，[2]天下和平，與義相扶，寡耦少徒，固其宜也，[3]子何疑於我哉？若夫燕之用樂毅，[4]秦之任李斯，[5]酈食其之下齊，[6]說行如流，曲從如環，所欲必得，功若丘山，海內定，國家安，是遇其時也，子又何怪之邪！語曰‘以筦闚天，以蠡測海，[7]以莛撞鐘’，[8]豈能通其條貫，考其文理，發其音聲哉！[9]繇是觀之，譬猶鼱鼩之襲狗，[10]孤豚之咋虎，[11]至則靡耳，何功之有？[12]今以下愚而非處士，雖欲勿困，固不得已，此適足以明其不知權變而終惑於大道也。”[13]

[1]【顏注】師古曰：魁讀曰塊。【今注】案，《史記》卷一二六《滑稽列傳》作“崛然獨立，塊然獨處”。

[2]【顏注】師古曰：許由，堯讓以天下而恥聞之。楚狂接輿陽狂匿跡。范蠡佐句踐（句，大德本、殿本同，白鷺洲本作“勾”），功成而退。子胥忠諫，至死不易。【今注】許由：上古高士，傳帝堯以天下讓之，不受，隱於箕山；堯又欲官之，許由謂其言污耳，乃洗耳於潁水之濱。　接輿：春秋楚隱士，佯狂不仕。後代指隱士。《論語·微子》：“楚狂接輿，歌而過孔子。”　范蠡：春秋楚人。事越王句踐二十餘年，苦身戮力，卒以滅吳。後浮海適

齊，變姓名爲鴟夷子皮。至陶，操計然之術以治産，因成巨富，自
號陶朱公。　子胥：春秋楚大夫伍員的字。助吳王闔閭破楚。吳王
夫差時，因力諫停止攻齊，拒絕越國求和，夫差賜劍命其自殺。

［3］【顏注】師古曰：偶（白鷺洲本、殿本作"耦"），合
也。徒，衆也。

［4］【今注】樂毅：戰國時燕國名將，燕昭王時拜爲上將軍，
率領燕、趙等五國兵伐齊，下齊七十餘城。傳見《史記》卷八〇。

［5］【今注】李斯：師荀子，後入秦爲相。主張廢封建，定郡
縣，行禁書令，統一文字，變籀文爲小篆。傳見《史記》卷八七。

［6］【今注】酈食其：號廣野君。秦末辯士。爲劉邦説齊，下
七十餘城。傳見本書卷四三。

［7］【顏注】服虔曰：筦音管。張晏曰：蠡，瓠瓢也。師古
曰：筦，古管字。蠡音來奚反。瓢音頻遥反（頻遥，大德本同，
白鷺洲本作"平揺"，殿本作"平遥"）。【今注】案，沈欽韓
《漢書疏證》説，《説苑·辯物篇》趙中庶子謂扁鵲曰："以管窺天，
以錐刺地。"《方言》："蠡，陳、楚、宋、衞之閒或謂之瓢。"《韓
詩外傳》八子貢曰："臣之事仲尼，譬猶渴操壺杓，就江海而飲之，
腹滿而去，又安知江海之深乎？"

［8］【顏注】文穎曰：謂稾莛也（莛，大德本、殿本同，白
鷺洲本作"筳"）。師古曰：音徒丁反。【今注】案，莛，草本植
物之莖。大德本、殿本同，白鷺洲本作"筳"。

［9］【顏注】師古曰：考，究也。

［10］【顏注】服虔曰：音蹤劦。如淳曰：鯖鮥，小鼠也，音
精劦。

［11］【顏注】師古曰：孤豚，孤特之豚也。咋，嚙也，音仕
客反。【今注】豚：小豬。　咋（zé）：啃咬。　案，沈欽韓《漢
書疏證》説，《吳子·圖國》："進戰退守，而不求能用者，譬猶伏
鷄之搏狸，乳犬之犯虎，雖有鬬心，隨之死矣。"

[12]【顏注】師古曰：靡，碎滅也。耳，語辭。

[13]【今注】案，或，殿本同，白鷺洲本作“惑”。

又設非有先生之論，其辭曰：[1]

[1]【今注】案，下文爲《非有先生論》。

非有先生仕於吳，進不稱往古以厲主意，[1]退不能揚君美以顯其功，默然無言者三年矣。吳王怪而問之，曰：“寡人獲先人之功，寄於衆賢之上，夙興夜寐，未嘗敢怠也。今先生率然高舉，遠集吳地，[2]將以輔治寡人，誠竊嘉之，體不安席，食不甘味，目不視靡曼之色，耳不聽鐘鼓之音，虛心定志欲聞流議者三年于茲矣。[3]今先生進無以輔治，退不揚主譽，竊不爲先生取之也。蓋懷能而不見，是不忠也；見而不行，主不明也。[4]意者寡人殆不明乎？”非有先生伏而唯唯。[5]吳王曰：“可以談矣，寡人將竦意而覽焉。”[6]先生曰：“於戲！[7]可乎哉？可乎哉？[8]談何容易！[9]夫談有悖於目、拂於耳、謬於心而便於身者，[10]或有說於目順、於耳快、於心而毀於行者，[11]非有明王聖主，孰能聽之？”吳王曰：“何爲其然也？‘中人已上可以語上也。’[12]先生試言，寡人將聽焉。”

[1]【今注】案，王念孫《讀書雜志·漢書第十一》：“進不”下亦有“能”字，而今本脫之。《文選》及《藝文類聚·人部八》

皆作"進不能"，又"屬"字皆作"廣"。

[2]【顏注】師古曰：率然猶颯然。

[3]【顏注】師古曰：流，末流也，猶言餘論也。

[4]【顏注】師古曰：見，顯也。

[5]【顏注】師古曰：唯唯，恭應也，音弋癸反。

[6]【顏注】師古曰：竦，企待也。

[7]【顏注】師古曰：於讀曰烏。戲讀曰呼。【今注】於戲：感歎詞。亦作"於熙"。

[8]【顏注】師古曰：言不可。

[9]【顏注】師古曰：不見寬容，則事不易，故曰何容易也。易，音弋豉反。【今注】案，沈欽韓《漢書疏證》說：《鹽鐵論·箴石篇》："賈生有言曰'懇言則辭淺而不入，深言則逆耳而失指'，故曰'談何容易'。"

[10]【顏注】師古曰：悖，逆也。拂，違戾也。悖音布内反。拂音佛（佛，白鷺洲本、殿本作"弗"）。

[11]【顏注】師古曰：說讀曰悅。

[12]【顏注】師古曰：引《論語》載孔子之言。中品之人則可以與言上道也（大德本、殿本同，蔡琪本"可"後無"以"字）。【今注】案，語見《論語·雍也》。

先生對曰："昔者關龍逢深諫於桀，[1]而王子比干直言於紂，此二臣者，皆極慮盡忠，閔王澤不下流，而萬民騷動，[2]故直言其失，切諫其邪者，將以爲君之榮，除主之禍也。今則不然，反以爲誹謗君之行，無人臣之禮，[3]果紛然傷於身，蒙不辜之名，[4]戮及先人，爲天下笑，故曰談何容易！是以輔弼之臣瓦解，而邪諂之人並進，遂及蜚廉、惡來革等。[5]二人皆詐僞，巧言利口以進其身，陰奉珚璆刻鏤之好以納其心。[6]務快耳目之欲，以苟容爲度。遂往不戒，身没被戮，宗廟崩弛，國家爲虚，[7]放戮賢聖，親近讒夫。《詩》不云乎？‘讒人罔極，交亂四國’，[8]此之謂也。故卑身賤體，説色微辭，[9]愉愉呴呴，終無益於主上之治，[10]則志士仁人不忍爲也。將儼然作矜嚴之色，深言直諫，上以拂主之邪，下以損百姓之害，[11]則忤於邪主之心，歷於衰世之法。[12]故養壽命之士莫肯進也，遂居深山之間，積土爲室，編蓬爲户，彈琴其中，以咏先生之風，[13]亦可以樂而忘死矣。是以伯夷叔齊避周，餓于首陽之下，後世稱其仁。如是，邪主之行固足畏也，故曰談何容易！"

[1]【今注】案，關龍逢，大德本、殿本同，白鷺洲本作"關龍逢"。本卷不同不注。

[2]【顔注】師古曰：閔，病也。【今注】案，閔王，慶元本、白鷺洲本、大德本、殿本皆作"閔主"。

[3]【顔注】師古曰：不省其忠而被以此罪也。【今注】案，大德本、殿本同，白鷺洲本"誹謗"後無"君"字。

[4]【顔注】師古曰：蒙，被也。

[5]【顔注】蘇林曰：二人皆紂時邪佞人也。孟康曰：蜚廉善走。師古曰：蜚，古飛字。

[6]【顔注】師古曰：珚與彤同，畫也。璆謂刻爲文也，音篆。

[7]【顔注】師古曰：阤，隤也。音直氏反。虚讀曰墟。【今

注】案，崩弛，白鷺洲本、大德本、殿本作"崩阤"，大德本作"崩弛"。

［8］【顏注】師古曰：《小雅·青蠅》之詩也。解在《戾太子傳》。

［9］【顏注】師古曰：説讀曰悦。

［10］【顏注】師古曰：愉愉，顏色和也。呴呴，言語順也。呴音許于反。

［11］【顏注】師古曰：拂與弼同。損，減也。【今注】損：當作"捐"，形近而誤。王念孫《讀書雜志·漢書第十一》説，顏注非也。"損"當爲"捐"。言將以捐除百姓之害，非但減之而已也。《文選》及《治要》亦誤作"損"，唯《漢紀》作"除"，則"損"爲"捐"字之誤可知。

［12］【顏注】師古曰：忤，逆也。歷猶經也，離也。

［13］【今注】案，先生，或爲"先王"之誤。蔡琪本、大德本、殿本均作"先王"。

於是吴王懼然易容，[1]捐薦去几，危坐而聽。[2]先生曰："接輿避世，箕子被髮陽狂，[3]此二人者，皆避濁世以全其身者也。使遇明王聖主，得清燕之閒，寬和之色，[4]發憤畢誠，[5]圖畫安危，揆度得失，[6]上以安主體，下以便萬民，則五帝三王之道可幾而見也。[7]故伊尹蒙恥辱負鼎俎和五味以干湯，[8]太公釣於渭之陽以見文王。心合意同，謀無不成，計無不從，誠得其君也。深念遠慮，引義以正其身，推恩以廣其下，本仁祖義，[9]褒有德，禄賢能，誅惡亂，總遠方，一統類，美風俗，此帝王所由昌也。上不變天性，下不奪人倫，則天地和洽，遠方懷之，故號聖王。臣子之職既加矣，於是裂地定封，爵爲公侯，傳國子孫，名顯後世，民到于今稱之，以遇湯與文王也。太公、伊尹以如此，龍逢、比干獨如彼，豈不哀哉！故曰談何容易！"

[1]【顏注】師古曰：懼然，失守之貌也。懼音居具反。

[2]【顏注】師古曰：捐薦席而去，馮几自貶損也。

[3]【顏注】師古曰：解並在《鄒陽傳》。【今注】箕子：商末人，紂王的叔父。官太師，封於箕。因其道之不得行，其志之不得遂，走之朝鮮。箕子與微子、比干，並稱"殷末三仁"。《論語·微子》："微子去之，箕子爲之奴，比干諫而死，孔子曰殷有三仁焉。"

[4]【顏注】師古曰：閒讀曰閑。閑，暇也。【今注】案，得清燕之閒，大德本同，白鷺洲本、殿本"得"後有"賜"。

[5]【顏注】師古曰：畢，盡也。

[6]【顏注】師古曰：圖，謀；畫（白鷺洲本、慶元本、殿本作"盡"），計也。【今注】案，畫，大德本同，白鷺洲本、殿本作"盡"。

[7]【顏注】師古曰：幾，庶幾。

[8]【顏注】師古曰：蒙，冒也，犯也。【今注】案，伊尹負鼎，以滋味説湯是典故名，典出《史記》卷三《殷本紀》。後遂以"負鼎"等喻以烹調説湯王道之事，借指輔佐帝王，擔當治國之任。

[9]【顏注】師古曰：以仁爲本，以義爲始。

　　於是吳王瞿然，[1]俛而深惟，仰而泣下交頤，[2]曰："嗟乎！余國之不亡也，緜緜連連，殆哉，世之不絕也！"[3]於是正明堂之朝，[4]齊君臣之位，舉賢材，布德惠，施仁義，賞有功；躬節儉，減後宮之費，損車馬之用；[5]放鄭聲，遠佞人，[6]省庖厨，去侈靡；卑宮館，壞苑囿，填池塹，[7]以予貧民無產業者；開内臧，振貧窮，存耆老，邮孤獨；薄賦斂，省刑辟。行此三年，海内晏然，天下大洽，陰陽和調，萬物咸得其宜；國無災害之變，民無飢寒之色，家給人足，畜積有餘，囹圄空虛；[8]鳳皇來集，[9]麒麟在郊，甘露既降，朱草萌牙；遠方異俗之人鄉風慕義，[10]各奉其職而來朝賀。故治亂之道，存亡之端，若此易見，而君人者莫肯爲也，臣愚竊以爲過。故《詩》云："王國克生，惟周之楨，濟濟多士，文王以寧。"[11]此之謂也。

[1]【顏注】張晏曰：穆音默。師古曰：穆然，静思貌。

[2]【今注】交頤：滿腮。

[3]【顏注】師古曰：殆，危也。

[4]【今注】明堂：古帝王宣明政教的場所。凡朝會、祭祀、慶賞、選士、養老、教學等大典，都在此舉行。漢明堂，武帝時始置。《三輔黄圖》五載：漢明堂，在長安西南七里。

[5]【今注】案，損，大德本同，慶元本、白鷺洲本、殿本作"捐"。

[6]【顏注】師古曰：遠，離也，音于萬反。

[7]【今注】案，塹，大德本、殿本同，白鷺洲本作"壍"。

[8]【顏注】師古曰：畜讀曰蓄。【今注】案，圄，白鷺洲本、大德本、殿本作"圉"。

[9]【今注】案，鳳皇，大德本、殿本同，白鷺洲本作"鳳凰"。

[10]【顏注】師古曰：鄉讀曰嚮。

[11]【顏注】師古曰：《大雅·文王》之詩也。言文王之國生此多士爲周室楨幹之臣，所以安寧也。【今注】案，語見《詩·大雅·文王》。

　　朔之文辭，此二篇最善。其餘有《封泰山》《責和氏璧》及《皇太子生禖》《屏風》《殿上柏柱》《平樂觀賦》《獵》，[1]八言、七言上下，[2]《從公孫弘借車》，[3]凡劉向所録朔書具是矣。[4]世所傳他事皆非也。[5]

[1]【今注】皇太子生禖：東方朔作《禖祝》，見本書卷六三《武五子傳》。

[2]【顏注】晉灼曰：八言、七言詩，各有上下篇。【今注】案，沈欽韓《漢書疏證》説：《楚辭章句》有東方朔《七諫》，疑即"八言、七言"；不然，不應遺於劉向也。又，《太平御覽》卷三五〇有東方朔《對驃騎難》。

[3]【今注】案，《從公孫弘借車》，《太平御覽》卷四八五引《東方朔別傳》曰："朔與公孫弘借車，書曰：朔當從甘泉，願借外廄之後乘。木槿夕死而朝生者，士亦不必長貧也。"陳直《漢書新證》説，《藝文類聚》卷九六，有公孫弘《答東方朔書》，文已不全，疑即答借車書者。

[4]【顏注】師古曰：劉向《別録》所載。

[5]【顏注】師古曰：謂如《東方朔別傳》及俗用五行時日之書（俗用，殿本同，白鷺洲本、大德本作"俗所用"），皆非實事也。

　　贊曰：劉向言少時數問長老賢人通於事及朔時者，[1]皆曰朔口諧倡辯，不能持論，喜爲庸人誦說，[2]故令後世多傳聞者。[3]而楊雄亦以爲朔言不純師，行不純德，其流風遺書蔑如也。[4]然朔名過實者，以其詼達多端，不名一行，應諧似優，不窮似智，正諫似直，穢德似隱。非夷齊而是柳下惠，[5]戒其子以上容：[6]“首陽爲拙，[7]柱下爲工；[8]飽食安步，以仕易農；依隱玩世，詭時不逢。”[9]其滑稽之雄乎！[10]朔之詼諧，逢占射覆，[11]其事浮淺，行於衆庶，童兒牧豎莫不眩燿。而後世好事者因取奇言怪語附著之朔，故詳錄焉。[12]

[1]【顏注】師古曰：與朔同時也。

[2]【顏注】師古曰：喜音許吏反。爲音于僞反。【今注】庸人：俗人。

[3]【今注】案，令，白鷺洲本、大德本同，殿本作“今”。

[4]【顏注】師古曰：言辭義淺薄，不足稱也（足，大德本、殿本同，白鷺洲本作“定”）。

[5]【今注】夷齊：伯夷和叔齊的並稱。二人是商末年孤竹國君的兒子。在周滅商後，不食周粟，一同餓死於首陽山。

[6]【顏注】應劭曰：容身避害也。

[7]【顏注】應劭曰：伯夷、叔齊不食周粟，餓死首陽山，爲拙。

[8]【顏注】應劭曰：老子爲周柱下史，朝隱，故終身無患，是爲工也。

[9]【顏注】如淳曰：依違朝隱，樂玩其身於一世也。反時直言正諫，則與富貴不相逢矣（矣，大德本同，白鷺洲本、殿本

作“也”）。臣瓚曰：行與時詭而不逢禍害也。師古曰：瓚説是也。詭，違也。【今注】案，周壽昌《漢書注校補》曰：“朔本集載其《誡子詩》全篇云：‘明者處世，莫尚於中；優哉游哉，於道相從。首陽爲拙，柳下爲工；飽食安步，以仕代農；依隱玩世，詭時不逢。才盡身危，好名得華。有群累生，孤貴失和。遺餘不遷，自盡無多。聖人之道，一龍一蛇；形現神藏，與物變化；隨時之宜，無有常家。’贊止節録首陽以下六語。”

　　[10]【顏注】師古曰：雄謂爲之長帥也。

　　[11]【顏注】如淳曰：逢占，逢人所問而占之也。師古曰：此説非也。逢占，逆占事，猶云逆刺也（刺，大德本、殿本同，白鷺洲本作“次”）。

　　[12]【顏注】師古曰：言此傳所以詳録朔之辭語者，爲俗人多以奇異妄附於朔故耳。欲明傳所不記，皆非其實也。而今之爲漢書學者，猶更取他書雜説，假合東方朔之事以博異聞，良可歎矣。他皆類此。著音直略反。【今注】案，何焯《義門讀書記》卷一八評述：此傳詳著其事者，不欲異端之徒得假託於朔，非刺取叢脞以博異聞也。楊樹達《漢書窺管》説：“《文選》四七《東方朔畫贊》注引《風俗通》云：東方朔是太白星精，黃帝時爲風后，堯時爲務成子，周時爲老聃，在越爲范蠡，齊爲鴟夷子，言其變化無常也。按此蓋即班氏所謂奇言怪語者也。”

漢書　卷六六

公孫劉田王楊蔡陳鄭傳第三十六

公孫賀字子叔，北地義渠人也。[1]賀祖父昆邪，[2]景帝時爲隴西守，[3]以將軍擊吳楚有功，封平曲侯，[4]著書十餘篇。[5]

[1]【今注】北地：郡名。治馬領（今甘肅慶陽市西北馬嶺鎮）。　義渠：古國名。又作“儀渠”，在今甘肅慶陽市及涇川縣一帶。商代有存，周初義渠君曾入周朝貢。國都在今甘肅寧縣。公元前 270 年爲秦所併，秦以其地置北地郡。事見《逸周書·王會》、《史記》卷五《秦本紀》。

[2]【顏注】師古曰：昆音户門反。【今注】昆邪：人名。又稱渾邪。昆邪在景帝時嘗爲典屬國，事見本書卷五四《李廣傳》。錢大昭《漢書辨疑》説：“考《功臣表》，賀是昆邪之子。‘祖’字衍。”

[3]【今注】隴西：郡名。秦漢郡治在狄道（今甘肅臨洮縣南），轄今甘肅天水市、蘭州市等地，爲古絲路必經之地。

[4]【今注】平曲：侯國名。西漢置。屬東海郡。治所在今江蘇沭陽縣東北。東海尹灣漢簡亦有“平曲丞”的記述。又有平曲在今河北霸州市説。《括地志》云：“平曲故城在瀛州文安縣北七十里。”據明嘉靖年間的《霸州志》載：“平曲城在城東二十五里，漢景帝封公孫渾邪爲平曲侯即此。”

[5]【顔注】師古曰：《蓺文志》陰陽家有《公孫渾邪》十五篇是也。

　　賀少爲騎士，[1]從軍數有功。自武帝爲太子時，賀爲舍人，[2]及武帝即位，遷至太僕。[3]賀夫人君孺，衛皇后姊也，賀由是有寵。元光中爲輕車將軍，[4]軍馬邑。[5]後四歲，出雲中。[6]後五歲，以車騎將軍從大將軍青出，[7]有功，封南窌侯。[8]後再以左將軍出定襄，[9]無功，坐酎金失侯。[10]復以浮沮將軍出五原二千餘里，無功。[11]後八歲，遂代石慶爲丞相，[12]封葛繹侯。時朝廷多事，督責大臣。[13]自公孫弘後，[14]丞相李蔡、嚴青翟、趙周三人比坐事死。[15]石慶雖以謹得終，然數被譴。初賀引拜爲丞相，不受印綬，頓首涕泣曰：“臣本邊鄙，以鞍馬騎射爲官，[16]材誠不任宰相。”上與左右見賀悲哀，感動下泣，曰：“扶起丞相。”賀不肯起，上迺起去，賀不得已拜。出，左右問其故，[17]賀曰：“主上賢明，臣不足以稱，恐負重責，從是殆矣。”[18]

[1]【今注】騎士：騎兵。漢騎士或大都來自邊郡。選拔騎士亦有“健碩捷疾善馳射”的特殊要求。居延出土了大量有關騎士的簡牘文書。參見王彦輝《論秦漢時期的正卒與材官騎士》（《歷史研究》2015年第4期）。陳直《漢書新證》説，《漢書》所記騎士有二，一爲邊郡充戍卒之騎士，如趙充國、公孫賀、趙第；一爲軍中普通之騎士，如酈食其、灌嬰二傳所記。案，周壽昌《漢書注校補》説：“昆邪以罪免，故賀未嗣侯。”

[2]【今注】舍人：即太子舍人。官名。秦漢沿襲。掌東宮宿衛，後亦兼管秘書、侍從之職。

[3]【今注】太僕：官名。春秋始置，秦漢沿襲。九卿之一，掌皇帝的輿馬和馬政。

[4]【今注】元光：漢武帝年號（前134—前129）。 輕車將軍：武官名。漢雜號將軍之一，漢武帝元光二年（前133）初置。輕車，又稱馳車、攻車。

[5]【今注】馬邑：地名。在今山西朔州市。

[6]【今注】雲中：郡名。戰國趙武靈王始置。秦代治雲中（今内蒙古托克托縣古城村）。西漢將雲中郡劃分爲雲中郡和定襄郡。

[7]【今注】車騎將軍：武官名。漢置，金印紫綬，位僅次於大將軍及驃騎將軍，或比三公，爲戰車部隊的統帥。漢時，車騎將軍主要掌管征伐背叛，出征拜官，班師罷官。 大將軍：武官名。古領兵之最高統帥。始於戰國，爲將軍的最高封號，漢代沿置。職掌統兵征戰。事實上多由貴戚擔任。位在三公上，卿以下皆拜。

[8]【顏注】臣瓚曰：《茂陵中書》賀封南奅侯（奅，大德本同，白鷺洲本、殿本作“𡏒”），表亦作奅。師古曰：𡏒、奅二字同耳，音普教反。

[9]【今注】左將軍：武將官職。漢不常置，職掌典京師兵衛，屯兵邊境。 定襄：郡名。西漢分雲中郡地置，治成樂（今内蒙古和林格爾縣盛樂鎮土城子村古城）。

[10]【今注】酎金：漢時諸侯獻給朝廷供祭祀之用的黃金。漢律對於酎金的數量、成色等有嚴格的規定。稍有不合，即定爲“坐酎金”治罪。作爲懲罰，諸侯國除，王削其縣。

[11]【顏注】師古曰：沮音子閭反。【今注】浮沮將軍：雜號將軍名。漢武帝元鼎六年（前111）始置，掌征伐。本書卷六《武紀》載元鼎六年秋“遣浮沮將軍公孫賀出九原”，注引臣瓚曰：

"浮沮，井名，在匈奴中，去九原二千里，見《漢輿地圖》。" 五原：郡名。治九原縣（今内蒙古包頭市九原區），隸屬於朔方刺史部。

［12］【今注】石慶：傳見本書卷四六。案，據《史記·建元以來侯者年表》記，事在漢武帝太初二年（前103）。

［13］【顏注】師古曰：督謂察視也。

［14］【今注】公孫弘：傳見本書卷五八。

［15］【顏注】師古曰：比，頻也。【今注】李蔡：李廣堂弟，漢武帝時受封輕車將軍、樂安侯。事見本書卷五四《李廣傳》。嚴青翟：即莊青翟，爲避漢明帝諱改。武帝時曾爲御史大夫，後爲丞相。武帝元鼎二年（前115）朱買臣等丞相三長史謀陷御史大夫張湯，武帝聞知，盡殺三長史，牽連青翟下獄。 趙周：高陵侯，漢武帝時曾爲丞相。因坐酎金入獄而自殺身亡。

［16］【今注】案，鞶，白鷺洲本、大德本、殿本作"鞏"。

［17］【今注】案，問，大德本、白鷺洲本同。殿本作"門"，誤。

［18］【顏注】師古曰：殆，危也。

賀子敬聲，代賀爲太僕，父子並居公卿位。敬聲以皇后姊子，驕奢不奉法，征和中擅用北軍錢千九百萬，[1]發覺，下獄。是時詔捕陽陵朱安世不能得，上求之急，賀自請逐捕安世以贖敬聲罪。上許之。後果得安世。安世者，京師大俠也，聞賀欲以贖子，[2]笑曰："丞相禍及宗矣。南山之竹不足受我辭，[3]斜谷之木不足爲我械。"[4]安世遂從獄中上書，告敬聲與陽石公主私通，[5]及使人巫祭祠詛上，[6]且上甘泉當馳道埋偶人，[7]祝詛有惡言。下有司案驗賀，窮治所犯，遂父子死獄中，家族。

[1]【今注】征和：漢武帝年號（前 92—前 89）。 北軍：西漢時，禁衞軍有南軍和北軍。北軍因居京師長安城内北部，故稱。參見張焯《漢代北軍與曹魏中軍》（《中國史研究》1994 年第 3 期）。

[2]【今注】案，白鷺洲本、殿本"子"後有"罪"字。

[3]【今注】南山：終南山。

[4]【顔注】師古曰：斜，谷名也，其中多木。械謂桎梏也。言我方欲告丞相事，獄辭且多，械繫方久（久，白鷺洲本、大德本同，殿本作"人"），故云然也。斜音弋奢反。【今注】斜谷：谷名。在今陝西秦嶺眉縣段。谷有二口，南曰褒，北曰斜，故亦稱褒斜谷。

[5]【顔注】師古曰：武帝女。

[6]【今注】詛：求神加禍於别人，今泛指咒罵。陸德明《經典釋文》説："以禍福之言相要曰詛。"案，《漢書考正》劉攽説，"使人巫"，多"人"字。

[7]【顔注】師古曰：甘泉宫在北山，故欲往皆言上也。刻木爲人，象人之形，謂之偶人。偶，並也，對也。【今注】甘泉：甘泉宫。漢避暑勝地。遺址位於今陝西咸陽市淳化縣鐵王鄉涼武帝村。漢武帝時，由秦林光宫改建而成，是武帝僅次於未央宫的重要活動之地。

巫蠱之禍起自朱安世，成於江充，[1]遂及公主、皇后、太子，皆敗。語在《江充》《戾園傳》。[2]

[1]【今注】江充：傳見本書卷四五。

[2]【顔注】師古曰：《武五子傳》叙戾太子謚戾，而置園邑，故云戾園也。【今注】戾園傳：指本書卷六三《武五子傳》之《戾太子劉據傳》。

劉屈氂，武帝庶兄中山靖王子也，[1]不知其始所以進。

[1]【顏注】師古曰：屈音丘勿反，又音其勿反。【今注】中山靖王：劉勝。傳見本書卷五三。周壽昌《漢書注校補》説，此宗室爲相之始。

征和二年春，制詔御史："故丞相賀倚舊故乘高埶而爲邪，[1]興美田以利子弟賓客，不顧元元，無益邊穀，[2]貨賂上流，[3]朕忍之久矣。終不自革，[4]迺以邊爲援，[5]使內郡自省作車，[6]又令耕者自轉，[7]以困農，煩擾畜者，重馬傷秏，武備衰減；[8]下吏妄賦，[9]百姓流亡；又詐爲詔書，以姦傳朱安世。[10]獄已正於理。其以涿郡太守屈氂爲左丞相，[11]分丞相長史爲兩府，[12]以待天下遠方之選。[13]夫親親任賢，周唐之道也。以澎户二千二百封左丞相爲澎侯。"[14]

[1]【顏注】師古曰：帝爲太子，賀已爲舍人，故云舊故。

[2]【顏注】如淳曰：戍邊卒糧乏，不能爲方計以益之也。

[3]【顏注】師古曰：丞相貪冒，受賂于下，故使衆庶貨賄上流執事者也。

[4]【顏注】師古曰：革，改也。

[5]【顏注】如淳曰：使內郡自作車，耕者自轉，所以饒邊，饒邊所以行恩施，爲已名援也。或曰以胡爲援也。

[6]【顏注】服虔曰：詐令內郡自省作車轉輸也。邊屯無事之時，宜自治作車，以給軍用。師古曰：令郡自省減諸餘功用而作車也。省音所領反。

[7]【顏注】文穎曰：自輸穀於邊。【今注】自轉：自己運糧輸邊。陳直《漢書新證》說，《居延漢簡釋文》四二二頁，有簡文云："右新陽符一車二。"又云："將車河南郡第一。"四二四頁："新野第一車父連□。"四二五頁云："戍卒鄴東利里張敝第卅車。"又云："冠軍第二車吳湯□□。"又云："右第八車父杜陵孫守，父靳子衡，算身一人。"四二六頁云："右第六車卒廿人。"四二七頁云："元城第八車卜廣。"又云："内黃第五車父魏都。"全部木簡中，記徵調之車多來自各郡國，與本文完全符合，各簡皆無紀年，有的或爲武帝末期之物，有的或爲昭宣時物，可以推知内郡作車由耕農輸轉邊郡之弊政，延續時間甚久。

[8]【顏注】師古曰：重謂懷孕者也。言轉運之勞，畜產疲困，故反使懷孕者爲之傷耗（反使，大德本作同，白鷺洲本、殿本作"使"，無"反"字），以减武備也。耗音呼到反（耗，大德本同，白鷺洲本、殿本作"耗"）。【今注】案，耗，白鷺洲本、殿本作"耗"。

[9]【今注】妄賦：濫收賦税。

[10]【顏注】師古曰：傳，逮捕也。

[11]【今注】涿郡：治涿縣（今河北涿州市）。

[12]【今注】丞相長史：官名。秦置漢因。協助丞相管理文書等事務，秩千石。

[13]【顏注】師古曰：待得賢人當拜爲右丞相。

[14]【顏注】服虔曰：澎音彭。晉灼曰：東海縣。【今注】案，《漢書考證》齊召南説："案《地理》，東海郡無澎縣。"

其秋，戾太子爲江充所譖，殺充，發兵入丞相府，屈氂挺身逃，亡其印綬。[1]是時上避暑在甘泉宮，丞相長史乘疾置以聞。[2]上問"丞相何爲?"對曰："丞相祕之，未敢發兵。"上怒曰："事籍籍如此，何謂祕也?[3]

丞相無周公之風矣。周公不誅管蔡乎？"[4]乃賜丞相璽書曰："捕斬反者，自有賞罰。以牛車爲櫓，[5]毋接短兵，多殺傷士衆。[6]堅閉城門，毋令反者得出。"

[1]【顏注】師古曰：挺，引也。獨引身而逃難，故失印綬也。

[2]【顏注】師古曰：置謂所置驛也。【今注】置：古代傳遞文書的驛站。《韓非子·難勢》："五十里而一置。"

[3]【顏注】師古曰：籍籍猶紛紛也。

[4]【今注】管蔡：管叔鮮、蔡叔度。周文王子，武王弟。武王滅商後病逝，周公攝政。管叔、蔡叔等反。周公東征，殺管叔而放蔡叔。

[5]【顏注】師古曰：櫓，楯也。遠與敵戰，故以車爲櫓，用自蔽也。一説櫓，望敵之樓也。【今注】櫓：《説文》："櫓，大盾也。"

[6]【顏注】師古曰：用短兵則士衆多死傷。

太子既誅充發兵，宣言帝在甘泉病困，疑有變，姦臣欲作亂。上於是從甘泉來，幸城西建章宮，[1]詔發三輔近縣兵，部中二千石以下，丞相兼將。太子亦遣使者矯制，[2]赦長安中都官囚徒，[3]發武庫兵，命少傅石德及賓客張光等分將，[4]使長安囚如侯持節發長水及宣曲胡騎，[5]皆以裝會。[6]侍郎莽通使長安，[7]因追捕如侯，告胡人曰："節有詐，勿聽也。"遂斬如侯，引騎入長安，又發輯濯士，以予大鴻臚商丘成。[8]初，漢節純赤，以太子持赤節，故更爲黃旄加上以相別。太子召監北軍使者任安發北軍兵，安受節已閉軍門，不

肯應太子。[9]太子引兵去，歐四市人[10]凡數萬衆，至
長樂西闕下，[11]逢丞相軍，合戰五日，死者數萬人，
血流入溝中。[12]丞相附兵浸多，[13]太子軍敗，南犇覆
盎城門，得出。[14]會夜司直田仁部閉城門，[15]坐令太
子得出，丞相欲斬仁。御史大夫暴勝之謂丞相曰：[16]
"司直，吏二千石，當先請，奈何擅斬之。"丞相釋
仁。[17]上聞而大怒，下吏責問御史大夫曰："司直縱反
者，丞相斬之，法也，大夫何以擅止之？"勝之皇
恐，[18]自殺。及北軍使者任安，坐受太子節，懷二心，
司直田仁縱太子，皆要斬。上曰："侍郎莽通獲反將如
侯，長安男子景建從通獲少傅石德，可謂元功矣。大
鴻臚商丘成力戰獲反將張光。其封通爲重合侯，建爲
德侯，成爲秺侯。"[19]諸太子賓客，嘗出入宮門，皆坐
誅。其隨太子發兵，以反法族。吏士劫略者，皆徙燉
煌郡。[20]以太子在外，始置屯兵長安諸城門。後二十
餘日，太子得於湖。語在《太子傳》。[21]

[1]【今注】建章宮：宮名。建於漢武帝太初元年（前104），
規模宏大。《三輔黃圖》載："周二十餘里，千門萬户，在未央宮
西、長安城外。"武帝曾在此理政。宮毀於新莽末年。

[2]【顏注】師古曰：撟與矯同，其字從手。撟制（撟，白
鷺洲本、大德本同，殿本作"矯"），託稱詔命也。

[3]【顏注】師古曰：京師諸官府。【今注】中都官：漢京師
各官署的統稱。

[4]【今注】石德：萬石君石奮之孫，石慶之子。

[5]【顏注】師古曰：長水，校名，宣曲，宮也，並胡騎所

屯。今鄠縣東長水鄉即舊營校之地。【今注】胡騎：漢朝歸附的匈奴騎兵，稱"胡騎"。駐宣曲者，稱"宣曲胡騎"，與長水胡騎皆受長水校尉統領。長水，又名荆谷水。在今陝西藍田縣西北，西北流入西安市長安區入滻水。宣曲，《三輔黃圖·甘泉宮》記載："宣曲宮，在昆明池西。孝宣帝曉音律，常於此度曲，因以爲名。"史念海《關中地區西漢宮觀苑囿分布圖》認爲，宣曲宮在現在灃河西岸、馬王鎮客省莊村北一帶（《西安市歷史地圖集》，西安地圖出版社 1996 年版）。

　　［6］【今注】以：已。

　　［7］【今注】侍郎：官名。西漢郎官的一種，爲宮廷的近侍。

　　莽通：本書卷六《武紀》作"馬通"。本姓馬，東漢明德皇后惡其先人反者，易姓爲莽。

　　［8］【顏注】師古曰：輯濯士，主用輯及濯行船者也。短曰輯，長曰濯。輯音集，字本從木，其音同耳。濯字本亦作櫂（櫂，大德本、殿本同，白鷺洲本作"翟"），並音直孝反。【今注】輯濯士：西漢上林苑中的水卒，屬輯濯令。　　大鴻臚：官名。九卿之一。掌禮賓事務。秦與漢初本名典客，景帝改名大行令。武帝太初元年改名大鴻臚。

　　［9］【今注】案，《史記》卷一〇四《田叔列傳》褚少孫補曰："是時任安爲北軍使者護軍，太子立車北軍南門外，召任安，與節令發兵。安拜受節，入，閉門不出。"

　　［10］【顏注】師古曰：歐與驅同。【今注】四市人：此泛指長安諸市之人。王先謙《漢書補注》說："《通鑑》胡注：'《廟記》曰：長安市有九，各方二百六十五步，六市在道西，三市在道東，凡四里爲一市。此言四市，蓋以東、西、南、北分爲市也。一說，四市者，東市、西市、直市、柳市。'先謙案，此時倉卒烏集，何能定爲某市之人？四市人，猶言諸市人耳。四者，廣博之詞。胡說失之泥矣。"

[11]【今注】長樂：宮名。與未央宮、建章宮同爲漢代三宮。因其位於未央宮東、長安城內東南隅，又稱東宮。

[12]【顏注】師古曰：溝，街衢之旁通水者也（大德本同，白鷺洲本、殿本無“也”字）。

[13]【顏注】師古曰：浸，漸也。

[14]【顏注】師古曰：長安城南出東頭第一門曰覆盎城門，一號杜門。【今注】覆盎城門：城門名。在漢長安城南城牆最東。《三輔黃圖·都城十二門》：“長安城南出東頭第一門曰覆盎門。”門名覆盎，或喻此門爲無足輕重之門。

[15]【今注】司直：丞相屬官。漢武帝元狩五年（前118）置。官秩比二千石，輔佐丞相糾舉不法。 田仁：田叔之子，田齊後裔。大將軍衛青舍人，多次隨衛青出擊匈奴。參見《史記·田叔列傳》。

[16]【今注】暴勝之：西漢名臣。武帝時爲直指使者，穿著綉衣，持御賜上方斧，追捕捕盜，督課郡國。太始三年（前94）任御史大夫。參見本書卷七一《雋不疑傳》。

[17]【顏注】師古曰：釋，放也。

[18]【今注】案，皇，白鷺洲本、大德本、殿本作“惶”。

[19]【顏注】孟康曰：秅音妬，在濟陰成武，今有亭。

[20]【顏注】師古曰：非其本心，然被太子劫略，故徙之也。【今注】案，焞，白鷺洲本、大德本、殿本作“敦”。

[21]【顏注】師古曰：湖，縣名。【今注】湖：縣名。治所在今河南靈寶市西。 太子傳：即本書卷六三《武五子傳》之《戾太子劉據傳》。

其明年，貳師將軍李廣利將兵出擊匈奴，[1]丞相爲祖道，送至渭橋，[2]與廣利辭決。廣利曰：“願君侯早請昌邑王爲太子。[3]如立爲帝，君侯長何憂乎？”[4]屈氂許諾。昌邑王者，貳師將軍女弟李夫人子也。貳師女爲屈氂子妻，故共欲立焉。是時治巫蠱獄急，内者令郭穰告丞相夫人以丞相數有譴，[5]使巫祠社，祝詛主上，有惡言，及與貳師共禱祠，欲令昌邑王爲帝。有司奏請按驗，罪至大逆不道。有詔載屈氂厨車以徇，[6]要斬東市，妻子梟首華陽街。[7]貳師將軍妻子亦收。貳師聞之，降匈奴，宗族遂滅。

[1]【今注】貳師將軍：漢雜號將軍之一。武帝命李廣利取大宛國貳師城（今吉爾吉斯斯坦的奧什城）良馬，故任李廣利爲貳師將軍。　李廣利：傳見本書卷六一。

[2]【顔注】師古曰：祖者，送行之祭，因設宴飲焉。

[3]【顔注】如淳曰：漢儀注列侯爲丞相，稱君侯。師古曰：《楊惲傳》丘常謂惲爲君侯，是則通呼列侯之尊稱耳，非必在於丞相也。如氏之説，不爲通矣。【今注】昌邑王：此應指昌邑哀王劉髆。劉髆，漢武帝劉徹第五子，李夫人所生。天漢四年（前97年），劉髆被封爲昌邑王。

[4]【顔注】師古曰：如，若也。

[5]【今注】内者令：官名。漢置，屬少府，掌宮中布帳及諸褻物。俸六百石，左右丞各一人。參見本書《百官公卿表上》。

[6]【顔注】師古曰：厨車，載食之車也。徇，行示也。

[7]【今注】華陽街：漢長安街道之一。漢長安城内街道，古有“八街九陌”之説，《長安志》載：八街，分別是華陽街、香室街、章臺街、夕陰街、尚冠街、太常街、槀街和前街。

車千秋，本姓田氏，其先齊諸田徙長陵。[1]千秋爲高寢郎。[2]會衞太子爲江充所譖敗，久之，千秋上急變，訟太子冤，^[3]曰：“子弄父兵，罪當笞；天子之子，過誤殺人，當何罪哉！臣嘗夢見一白頭翁教臣言。”是時，上頗知太子惶恐無他意，迺大感寤，召見千秋。至前，千秋長八尺餘，體貌甚麗，武帝見而說之，^[4]謂曰：“父子之閒，人所難言也，公獨明其不然。此高廟神靈使公教我，公當遂爲吾輔佐。”立拜千秋爲大鴻臚。^[5]數月，遂代劉屈氂爲丞相，封富民侯。千秋無他材能術學，又無伐閱功勞，^[6]特以一言寤意，旬月取宰相封侯，世未嘗有也。後漢使者至匈奴，單于問曰：“聞漢新拜丞相，何用得之？”^[7]使者曰：“以上書言事故。”單于曰：“如是，^[8]漢置丞相，非用賢也，妄一男子上書即得之矣。”^[9]使者還，道單于語。武帝以爲辱命，欲下之吏。良久，迺貰之。^[10]

[1]【顏注】師古曰：劉敬所言徙關東九族者（九，白鷺洲本同，大德本、殿本作“大”；殿本句末有“也”字）。【今注】長陵：漢高祖劉邦與呂后合葬墓。位於今陝西咸陽市東。本書《地理志》記載，高祖爲防關東六國後裔作亂，在長陵北建立長陵邑，遷六國貴族和關內豪門大族入其中，供奉陵園。陵邑戶口多達五萬零五十七，人口達七萬九千四百六十九。

[2]【顏注】師古曰：高廟衞寢之郎。【今注】案，《史記》卷一〇四《田叔列傳》載，千秋還曾爲長陵令。

[3]【顏注】師古曰：所告非常，故云急變也。

[4]【顏注】師古曰：說讀曰悅。

[5]【顏注】師古曰：當其立見而即拜之，言不移時也。

[6]【顏注】師古曰：伐，積功也。閱，經歷也。【今注】伐閱：功績、資歷。《史記·高祖功臣侯者年表序》：“古者人臣功有

五品，以德立宗廟定社稷曰勳，以言曰勞，用力曰功，明其等曰伐，積日曰閱。”

［7］【顏注】師古曰：言此人何以得爲相也。

［8］【今注】案，如是，白鷺洲本同，大德本、殿本作“苟如是”，多“苟”字。

［9］【今注】妄：無端。

［10］【顏注】師古曰：貰，寬縱也，謂釋放之也。其下亦同。

　　然千秋爲人敦厚有智，居位自稱，踰於前後數公。[1]初，千秋始視事，見上連年治太子獄，誅罰尤多，群下恐懼，思欲寬廣上意，尉安衆庶。[2]廼與御史、中二千石共上壽頌德美。勸上施恩惠，緩刑罰，玩聽音樂，養志和神，爲天下自虞樂。[3]上報曰：“朕之不德，自左丞相與貳師陰謀逆亂，巫蠱之禍流及士大夫。[4]朕日一食者累月，廼何樂之聽？痛士大夫常在心，既事不咎。[5]雖然，巫蠱始發，詔丞相、御史督二千石求捕，[6]廷尉治，未聞九卿廷尉有所鞫也。[7]曩者，江充先治甘泉宮人，轉至未央椒房，[8]以及敬聲之疇、李禹之屬謀入匈奴，[9]有司無所發，今丞相親掘蘭臺蠱驗，所明知也。至今餘巫頗脫不止，[10]陰賊侵身，遠近爲蠱，朕愧之甚，[11]何壽之有？敬不舉君之觴！謹謝丞相、二千石各就館。[12]《書》曰：‘毋偏毋黨，王道蕩蕩。’[13]毋有復言。”[14]

　　［1］【顏注】師古曰：言稱其職也。

〔2〕【顏注】師古曰：尉安之字，本無心也，是以《漢書》往往存古體字焉。

〔3〕【顏注】師古曰：虞與娛同。

〔4〕【顏注】師古曰：謂與大子戰死者也。

〔5〕【顏注】師古曰：言既往之事，不可追咎。

〔6〕【顏注】師古曰：督，察視也。

〔7〕【顏注】師古曰：鞫，問也。【今注】鞫：審問。

〔8〕【顏注】師古曰：椒房，殿名，皇后所居也。以椒和泥塗壁，取其溫而芳也。【今注】未央：未央宮。

〔9〕【今注】敬聲：公孫賀之子。　李禹：李廣之孫。事見本書卷五四《李廣傳》。

〔10〕【顏注】師古曰：言往往尚爲蠱也。

〔11〕【今注】案，甚，白鷺洲本、大德本同，殿本作“其”。

〔12〕【顏注】師古曰：謝，告也。館，官舍也。

〔13〕【顏注】師古曰：《周書·洪範》之辭也。【今注】案，語見《尚書·周書·洪範》。

〔14〕【顏注】師古曰：不許其更請。

　　後歲餘，武帝疾，立皇子鉤弋夫人男爲太子，[1]拜大將軍霍光、車騎將軍金日磾、御史大夫桑弘羊及丞相千秋，[2]竝受遺詔，輔道少主。[3]武帝崩，昭帝初即位，未任聽政，[4]政事壹決大將軍光。千秋居丞相位，謹厚有重德。每公卿朝會，光謂千秋曰：“始與君侯俱受先帝遺詔，今光治內，君侯治外，宜有以教督，使光毋負天下。”[5]千秋曰：“唯將軍留意，即天下幸甚。”終不肯有所言。光以此重之。每有吉祥嘉應，數褒賞丞相。訖昭帝世，國家少事，百姓稍益充實。始元六年，[6]詔郡國舉賢良文學士，問以民所疾苦，於是鹽鐵之議起焉。[7]

[1]【顏注】曰（曰，白鷺洲本、大德本、殿本作“師古曰”）：鉤弋，宮名也，昭帝母趙婕妤居之，故號鉤弋夫人也。

[2]【今注】霍光：傳見本書卷六八。　金日磾：傳見本書卷六八。　桑弘羊：參見本書《食貨志》、卷六四《武五子傳》。案，弘，“弘”之異體。白鷺洲本、大德本、殿本作“弘”。下同不注。

[3]【顏注】師古曰：道讀曰導。

[4]【顏注】師古曰：年幼，故未堪聽政。

[5]【顏注】師古曰：督，視也。

[6]【今注】始元：漢昭帝年號（前86—前80）。

[7]【顏注】師古曰：議罷鹽鐵之官，令百姓皆得煮鹽鑄鐵，因摠論政治得失也（摠，白鷺洲本、大德本同，殿本作“總”，下同不注）。【今注】鹽鐵之議：亦稱鹽鐵會議，漢昭帝時一次討論國家現行政策的辯論大會，對武帝推行的各項政策進行評判。宣帝時，桓寬根據當時會議的記錄，整理爲《鹽鐵論》，詳記其事。

千秋爲相十二年，薨，謚曰定侯。[1]初，千秋年老，上優之，朝見，得乘小車入宮殿中，故因號曰“車丞相”。子順嗣侯，官至雲中太守，宣帝時以虎牙將軍擊匈奴，坐盜增鹵獲自殺，[2]國除。[3]

[1]【今注】定：《逸周書·謚法解》説：“大慮靜民曰定。”

[2]【今注】鹵：通“擄”。

[3]【今注】案，千秋尚有一子爲洛陽武庫令，有弟爲函谷關都尉，參見本書卷七四《魏相傳》。

桑弘羊爲御史大夫八年，自以爲國家興搉筦之利，[1]伐其功，[2]欲爲子弟得官，怨望霍光，與上官桀等謀反，[3]遂誅滅。[4]

[1]【顏注】師古曰：搉謂專其利使入官也（搉，白鷺洲本、殿本作“榷”）。筦即管字也，義與幹同，皆謂主也。權解在《昭紀》。【今注】案，搉、榷字之異體，白鷺洲本、殿本作“榷”。本卷下同不注。

[2]【顏注】師古曰：自矜其功也。

[3]【今注】案，白鷺洲本、大德本同，殿本無“等”字。

[4]【今注】案，謀反事見本書卷六四《武五子傳》。

王訢，濟南人也。[1]以郡縣吏積功，稍遷爲被陽令。[2]武帝末，軍旅數發，郡國盜賊群起，繡衣御史暴勝之使持斧逐捕盜賊，[3]以軍興從事，[4]誅二千石以下。勝之過被陽，欲斬訢，訢已解衣伏質，[5]仰言曰：“使君顓殺生之柄，威震郡國，[6]今復斬一訢，不足以增威，不如時有所寬，以明恩貸，令盡死力。”[7]勝之壯其言，貰不誅，[8]因與訢相結厚。

[1]【顏注】師古曰：訢字與欣同。【今注】濟南：郡名。治東平陵縣（今山東濟南市章丘區龍山北）。

[2]【顏注】孟康曰：故千乘縣也。被音罷。師古曰：音皮彼反。【今注】被陽：縣名。治所在今山東高青縣高城鎮。

[3]【今注】繡衣御史：漢代皇帝特使的一種。武帝後期派遣侍御史、光禄大夫等近臣分巡郡國，監督地方逐捕盜賊，有權誅殺二千石以下官吏。特賜穿著繡有龍虎圖案、色彩醒目的繡衣，持斧

出行，以加重其權威，故稱"繡衣御史"，又稱"繡衣直指""繡衣使者"。不常置。案，湖南長沙東牌樓出土東漢靈帝建寧年間（168—172）"繡衣史"簡牘，"繡衣史"即"繡衣御史"的省稱，可證此職一直延續到東漢末（參見黃今言《〈長沙東牌樓東漢簡牘〉釋讀的幾個問題》，《中國社會經濟史研究》2008年第2期）。

[4]【今注】軍興：此指戰時的法令制度。

[5]【顏注】師古曰：質，鑕也，欲斬人皆伏於鑕上也。鑕音竹林反。

[6]【顏注】師古曰：爲使者，故謂之使君。使音所吏反。頠與專同。

[7]【顏注】師古曰：貸猶假也，言饒假之。貸音土戴反。

[8]【今注】貰：寬縱，赦免。

　　勝之使還，薦訴，徵爲右輔都尉，[1]守右扶風。[2]上數出幸安定、北地，過扶風，宮館馳道修治，[3]供張辦。[4]武帝嘉之，駐車，拜訴爲真，[5]視事十餘年。昭帝時爲御史大夫，代車千秋爲丞相，封宜春侯。明年薨，諡曰敬侯。[6]

[1]【今注】右輔都尉：漢代三輔都尉之一。武帝置，秩二千石。右輔都尉治郿（今陝西眉縣）。

[2]【今注】守：代理。　右扶風：政區名。爲漢代三輔之一。漢時將京兆尹、左馮翊、右扶風稱三輔，即把京師近地劃分三個政區管理。轄境約當今陝西秦嶺以北，西安市鄠邑區、咸陽市以西之地。職掌相當於郡太守，因地屬畿輔，故不稱郡。

[3]【今注】案，修，白鷺洲本、大德本同，殿本作"脩"。下同不注。

[4]【顏注】師古曰：供音居用反。張音竹亮反。【今注】

張：同“帳”。

[5]【今注】爲真：去掉代理，改爲正職。

[6]【今注】敬：《逸周書·謚法解》説：“合善典法曰敬。”

子譚嗣，以列侯與謀廢昌邑王立宣帝，[1]益封三百戶。薨，子咸嗣。王莽妻即咸女，莽篡位，宜春氏以外戚寵。[2]自訴傳國至玄孫，莽敗，迺絶。

[1]【顏注】師古曰：與讀曰豫。【今注】昌邑王：即劉賀（前92—前59），漢武帝孫，昌邑哀王劉髆之子，西漢第九位皇帝，亦是西漢在位時間最短的皇帝。傳見本書卷六三。劉賀的墓葬，位於今江西南昌市新建區，是已發掘的文物最豐富的漢代列侯等級墓葬，2015年入選中國十大考古新發現。參見江西省文物考古研究所、首都博物館編《五色炫曜：南昌漢代海昏侯國考古成果》（江西人民出版社2016年版）。昌邑王立廢事，或可參見孫筱《從“爲人後者爲之子”談漢廢帝劉賀的立與廢》（《史學月刊》2016年第9期）。

[2]【顏注】張晏曰：莽諱取同姓，故氏侯邑也。師古曰：此説非也。若云王氏則與莽族相涉，故以侯號稱之耳。莽本以與譚得姓不同，祖系各別，故爲婚娶，既非私竊，不須避諱，諱亦不可掩也。

楊敞，華陰人也。[1]給事大將軍莫府，[2]爲軍司馬，[3]霍光愛厚之，稍遷至大司農。[4]元鳳中，[5]稻田使者燕蒼知上官桀等反謀，以告敞。敞素謹畏事，不敢言，迺移病臥。[6]以告諫大夫杜延年，[7]延年以聞。蒼、延年皆封，敞以九卿不輒言，故不得侯。[8]後遷御史大夫，代王訢爲丞相，封安平侯。

[1]【今注】華陰：縣名。屬京兆尹，縣治陰晉城（今陝西華陰市東）。

[2]【今注】莫：通"幕"。

[3]【今注】軍司馬：武官名。大將軍屬官。大將軍營分五部，每部校尉一人，秩比二千石；軍司馬一人，秩比千石。不置校尉之部，單設軍司馬一人。

[4]【今注】大司農：官名。九卿之一。秦置治粟內史。西漢沿置，景帝後元年（前143），改爲大農令。武帝太初元年（前104），再改爲大司農。掌國家財政。案，本書卷六三《武五子傳》云，大將軍長史敞無功勞，爲搜粟都尉。

[5]【今注】元鳳：漢昭帝年號（前80—前75）。

[6]【顏注】師古曰：移病，謂移書言病。一曰以病而移居也。

[7]【今注】杜延年：傳見本書卷六〇。

[8]【顏注】師古曰：聞之不即告言也。

明年，[1]昭帝崩。昌邑王徵即位，淫亂，大將軍光與車騎將軍張安世謀欲廢王更立。[2]議既定，使大司農田延年報敞。[3]敞驚懼，不知所言，汗出洽背，[4]徒唯唯而已。[5]延年起至更衣，[6]敞夫人遽從東箱[7]謂敞曰："此國大事，今大將軍議已定，使九卿來報君侯。君侯不疾應，與大將軍同心，猶與無決，先事誅矣。"[8]延年從更衣還，敞、夫人與延年參語許諾，[9]請奉大將軍教令，遂共廢昌邑王，立宣帝。宣帝即位月餘，敞薨，[10]諡曰敬侯。子忠嗣，以敞居位定策安宗廟，益封三千五百户。

[1]【今注】明年：漢昭帝元平元年（前74）。

[2]【今注】張安世：傳見本書卷五九。

[3]【今注】田延年：傳見本書卷九〇。

[4]【今注】洽：沾濕，浸潤。

[5]【顔注】師古曰：唯唯，恭應之辭也，音弋癸反。

[6]【顔注】師古曰：古者延賓必有更衣之處也。【今注】更衣：避諱語。指如厠。

[7]【顔注】師古曰：遽，速也。【今注】案，楊敞娶司馬遷女，然此夫人乃後妻。何悼《義門讀書記》卷一八説，"《惲傳》中'後母無子'之文可證"。

[8]【顔注】師古曰：與讀曰豫。

[9]【顔注】師古曰：三人共言，故云參語。

[10]【今注】案，漢宣帝六月即位，楊敞八月薨。

　　忠弟惲，字子幼，[1]以忠任爲郎，補常侍騎。[2]惲母，司馬遷女也。惲始讀外祖《太史公記》，[3]頗爲《春秋》。以材能稱。好交英俊諸儒，名顯朝廷，擢爲左曹。[4]霍氏謀反，惲先聞知，因侍中金安上以聞，[5]召見言狀。霍氏伏誅，惲等五人皆封，[6]惲爲平通侯，遷中郎將。[7]

[1]【顔注】師古曰：惲音於粉反。【今注】案，字子幼，大德本同，白鷺洲本、殿本作"惲字子幼"，多"惲"字。

[2]【顔注】師古曰：爲騎郎而常侍，故謂之常侍騎也。

[3]【今注】太史公記：即《史記》。原名或稱《太史公書》

《太史公》《太史公傳》。

　　[4]【今注】左曹：加官名號。漢武帝置，與右曹合稱諸曹。典掌樞機，親近皇帝。秩二千石。

　　[5]【今注】侍中：加官名。秦置漢因。侍從皇帝左右，出入宮廷，與聞朝政。　金安上：金日磾之子。事迹見本書卷六八《金日磾傳》。

　　[6]【今注】案，錢大昭《漢書辨疑》説，據《功臣表》，是時同日封者，張章、董忠、金安上及惲，有四人，另一人史高，在《外戚侯表》。

　　[7]【今注】中郎將：官名。秦置，西漢時爲中郎長官。職掌宮禁宿衛，隨行護駕。後又專設五官、左、右中郎將，分領三署之郎。品秩比二千石，低於諸將軍。

　　郎官故事，令郎出錢市財用，給文書，迺得出，名曰“山郎”。[1]移病盡一日，輒償一沐，[2]或至歲餘不得沐。其豪富郎，日出游戲，或行錢得善部。[3]貨賂流行，傳相放效。[4]惲爲中郎將，罷山郎，移長度大司農，以給財用。[5]其疾病休謁洗沐，皆以法令從事。郎、謁者有罪過，輒奏免，薦舉其高弟有行能者，至郡守九卿。郎官化之，莫不自屬，絶請謁貨賂之端，令行禁止，宮殿之內翕然同聲。由是擢爲諸吏光祿勳，[6]親近用事。

　　[1]【顏注】張晏曰：山，財用之所出，故取名焉。【今注】山郎：郎官的別稱。郎官除議郎外，均須執戟宿衛殿門，輪流當值。錢大昭《漢書辨疑》説，此郎非尚書郎，是宿衛郎。

　　[2]【顏注】晉灼曰：五日一洗沐也。師古曰：言出財用者，

雖非休沐，常得在外也。貧者實病，皆以沐假償之也。

　　[3]【顏注】師古曰：郎官之職，各有主部，故行錢財而擇其善，以招權也。

　　[4]【顏注】師古曰：放音斧往反。

　　[5]【顏注】應劭曰：長，久也。一歲之調度也。蘇林曰：簿書餘縑之長也（餘，白鷺洲本、殿本作"給"）。師古曰：應說是也。言總計一歲所須財用，及文書之調度，而移大司農，以官錢供給之，更不取於郎也。【今注】長度：領取官錢之憑證，此指年度支出計划。

　　[6]【今注】光祿勳：官名。九卿之一。掌宿衛。後漸演變爲總領宮內事務。

　　初，惲受父財五百萬，及身封侯，皆以分宗族。後母無子，財亦數百萬，死皆予惲，惲盡復分後母昆弟。再受訾千餘萬，皆以分施。其輕財好義如此。惲居殿中，廉絜無私，郎官稱公平。然惲伐其行治，[1]又性刻害，好發人陰伏，[2]同位有忤己者，必欲害之，以其能高人。由是多怨於朝廷，與太僕戴長樂相失，卒以是敗。[3]

　　[1]【顏注】師古曰：自矜其節行及政治之能也。
　　[2]【今注】陰伏：隱私。
　　[3]【顏注】師古曰：卒，終也。

　　長樂者，宣帝在民間時與相知，及即位，拔擢親近。長樂嘗使行事肆宗廟，[1]還謂掾史曰：[2]"我親面見受詔，副帝肆，秺侯御。"[3]人有上書告長樂非所宜言，事下廷尉。長樂疑惲教人告之，亦上書告惲罪：
"高昌侯車犇入北掖門，[4]惲語富平侯張延壽曰：[5]
'聞前曾有犇車抵殿門，[6]門關折，馬死，而昭帝崩。
今復如此，天時，非人力也。'左馮翊韓延壽有罪下
獄，[7]惲上書訟延壽。郎中丘常謂惲曰：'聞君侯訟韓
馮翊，當得活乎？'惲曰：'事何容易！脛脛者未必全
也。[8]我不能自保，[9]真人所謂鼠不容穴銜窶數者
也。'[10]又中書謁者令宣持單于使者語，[11]視諸將軍、
中朝二千石。[12]惲曰：'冒頓單于得漢美食好物，謂之
殤惡，單于不來明甚。'[13]惲上觀西閣上畫人，指桀紂
畫謂樂昌侯王武曰：[14]'天子過此，一二問其過，可
以得師矣。'[15]畫人有堯舜禹湯，不稱而舉桀紂。惲聞
匈奴降者道單于見殺，惲曰：'得不肖君，大臣爲畫善
計不用，自令身無處所。[16]若秦時但任小臣，誅殺忠
良，竟以滅亡；令親任大臣，即至今耳。[17]古與今如
一丘之貉。'[18]惲妄引亡國以誹謗當世，無人臣禮。又
語長樂曰：'正月以來，天陰不雨，此《春秋》所記，
夏侯君所言。[19]行必不至河東矣。'[20]以上主爲戲語，
尤悖逆絕理。"

[1]【顏注】服虔曰：兼行天子事，先肄習威儀也。師古曰：
肄音弋二反。【今注】肄："肆"的異體字。練習。

[2]【今注】掾史：官名。掾與史的合稱。漢衙署分曹辦事，
曹有掾有史，掾爲長，史次之。掾史由主官自辟。

[3]【顏注】師古曰：我副帝肄而秺侯迺爲御耳。御謂御車
也。秺音丁故反。【今注】副帝肄：指代替皇帝演習禮儀。 秺侯：

金賞。本書《景武昭宣元成功臣表》載：漢昭帝始元二年（前85）金日磾封秅侯。金日磾死後，其子賞繼承侯位。

　　[4]【顏注】師古曰：犇，古奔字也。【今注】高昌侯：董忠。　掖門：宮中正門兩旁的邊門。

　　[5]【今注】張延壽：張湯之孫，張安世之子。

　　[6]【顏注】師古曰：抵，觸也，音丁禮反。【今注】案，曾，白鷺洲本同，大德本、殿本無“曾”字。

　　[7]【今注】韓延壽：傳見本書卷七六。

　　[8]【顏注】師古曰：脛脛，直貌也。

　　[9]【顏注】師古曰：言我尚不能自保，訟人何以得活。

　　[10]【顏注】李奇曰：真人，正人也。如淳曰：所以不容穴，坐銜窶數自妨，故不得入穴（大德本同，白鷺洲本、殿本“穴”後有“也”字）。師古曰：窶數，戴器也。窶音其羽反。數音山羽反。解在《東方朔傳》。惲自云今之訟人，亦於己有妨。【今注】窶數：頭上頂物所用草墊圈。

　　[11]【今注】中書謁者令：官名。漢武帝置，以宦官充任。掌收納尚書奏事，草擬並傳達皇帝詔令。

　　[12]【顏注】師古曰：謂譯者所錄也。視讀曰示。

　　[13]【顏注】師古曰：時使者云單于欲來朝（來，白鷺洲本、大德本同，殿本作“求”），故惲云不來。

　　[14]【今注】王武：漢宣帝之舅。

　　[15]【顏注】師古曰：過此謂經過此也。問其過，謂桀紂之過惡。

　　[16]【顏注】師古曰：無處所謂死滅也。

　　[17]【顏注】師古曰：言國祚長遠，可以至今猶不亡也。

　　[18]【顏注】師古曰：言其同類也。貉，獸名，似狐而善睡，音胡各反。

　　[19]【顏注】張晏曰：夏侯勝諫昌邑王曰：“天久陰不雨，臣

下必有謀上者。"《春秋》無久陰不雨之異也。《漢史》記勝所言，故曰"《春秋》所記"，謂説《春秋》災異者耳。師古曰：春秋有不雨事，説者因論久陰，附著之也。張謂《漢史》爲《春秋》，失之矣。【今注】案，白鷺洲本、殿本句末有"也"字。

[20]【顏注】張晏曰：后土祠在河東，天子歲祠之。

　　事下廷尉。廷尉定國考問，左驗明白，[1]奏："惲不服罪，而召户將尊，[2]欲令戒飭富平侯延壽，[3]曰'太僕定有死罪數事，朝暮人也。[4]惲幸與富平侯婚姻，今獨三人坐語，侯言時不聞惲語，自與太僕相觸也'。[5]尊曰：'不可'。惲怒，持大刀，曰：'蒙富平侯力，得族罪！[6]毋泄惲語，令大僕聞之亂餘事。'[7]惲幸得列九卿諸吏，宿衞近臣，上所信任，與聞政事，[8]不竭忠愛，盡臣子義，而妄怨望，稱引爲訞惡言，[9]大逆不道，請逮捕治。"上不忍加誅，有詔皆免惲、長樂爲庶人。

　　[1]【顏注】師古曰：定國，于定國也。左，證左也，言當時在其左右見此事者也。　【今注】定國：于定國。傳見本書卷七一。

　　[2]【顏注】蘇林曰：直主門户者也。師古曰：户將，官名，主户衞，屬光禄也。

　　[3]【顏注】師古曰：飭與敕同。富平侯張延壽也。

　　[4]【顏注】師古曰：言不久活也。

　　[5]【顏注】師古曰：令延壽證云惲無此語，長樂誣之也。

　　[6]【顏注】師古曰：惲言富平侯依太僕言而證之，則我得罪至於族滅，深怨之辭也。

[7]【顏注】文穎曰：勿使太僕聞惲此語。師古曰：亂餘事者，恐長樂心忿，更加增其餘罪狀也。

[8]【顏注】師古曰：與讀曰豫。

[9]【顏注】師古曰：訞與妖同。

惲既失爵位，家居治產業，起室宅，以財自娛。歲餘，其友人安定太守西河孫會宗，[1]知略士也，與惲書諫戒之，爲言大臣廢退，當闔門惶懼，爲可憐之意，[2]不當治產業，通賓客，有稱譽。惲宰相子，少顯朝庭，一朝晻昧語言見廢，[3]內懷不服，報會宗書曰：

[1]【今注】安定：郡名。漢武帝元鼎三年（前114），析北地郡地置安定郡，下轄12縣。治所在今寧夏固原市。　西河：郡名。治所在今內蒙古鄂爾多斯市東勝區境。

[2]【顏注】師古曰：闔，閉也。

[3]【顏注】師古曰：晻與暗同。【今注】案，白鷺洲本、殿本"朝"後有"以"字。

惲材朽行穢，文質無所底，[1]幸賴先人餘業，得備宿衛，遭遇時變，以獲爵位，終非其任，卒與禍會。[2]足下哀其愚，蒙賜書，教督以所不及，[3]殷勤甚厚。然竊恨足下不深惟其終始，[4]而猥隨俗之毀譽也。[5]言鄙陋之愚心，若逆指而文過，[6]默而息乎，恐違孔氏"各言爾志"之義，[7]故敢略陳其愚，唯君子察焉！

[1]【顏注】師古曰：底，致也，音之履反。

[2]【顏注】師古曰：卒亦終也。

[3]【顏注】師古曰：蒙，蔽；督，視也。

[4]【顏注】師古曰：惟，思也。

[5]【顏注】師古曰：猥，曲也。

[6]【顏注】師古曰：逆足下之意指，而自文飾其過。

[7]【顏注】師古曰：《論語》云，顏回季路侍，子曰"盍各言爾志"，故惲引之。【今注】案，語見《論語·公冶長》。

　　惲家方隆盛時，乘朱輪者十人，[1]位在列卿，爵爲通侯，[2]總領從官，與聞政事，[3]曾不能以此時有所建明，以宣德化，又不能與群僚同心并力，陪輔朝廷之遺忘，已負竊位素餐之責久矣。[4]懷禄貪埶，不能自退，遭遇變故，横被口語，[5]身幽北闕，[6]妻子滿獄。當此之時，自以夷滅不足以塞責，[7]豈意得全首領，復奉先人之丘墓乎？伏惟聖主之恩，不可勝量。君子游道，樂以忘憂；小人全軀，説以忘罪。[8]竊自思念，過已大矣，行已虧矣，長爲農夫，以没世矣。是故身率妻子，戮力耕桑，[9]灌園治産，以給公上，[10]不意當復用此爲譏議也。

[1]【今注】朱輪：用朱紅漆轂的車。漢制，二千石以上官員、列卿用車。

[2]【今注】列卿：此泛指九卿。楊惲曾爲九卿之一光禄勳。其實漢列卿稱謂，專指九卿之外執金吾、將作大匠、水衡都尉，合爲十二卿。　通侯：原名徹侯，因避漢武帝劉徹名諱，改作"通侯"，又稱列侯。

[3]【顏注】師古曰：與讀曰豫。【今注】案，何焯《義門讀書記》卷一八說，中郎將、光祿勳所領，皆宿衛士，故曰"總領從官"。

[4]【顏注】師古曰：素，空也。不稱其職，空食祿也。

[5]【顏注】師古曰：橫音胡孟反。

[6]【今注】北闕：漢宮殿北面的門樓，臣子等候朝見或上書奏事之處。後引申用為宮禁之別稱，懸示教令之地。參見宋艷萍《漢闕與漢代政治史觀——漢闕研究之一》（載《形象史學研究（2013）》，人民出版社 2014 年版）。

[7]【顏注】師古曰：塞，補也。

[8]【顏注】師古曰：說讀曰悅。

[9]【今注】案，戮，白鷺洲本、大德本同，殿本作"勠"。

[10]【顏注】師古曰：充縣官之賦斂也。

夫人情所不能止者，聖人弗禁。故君父至尊親，[1]送其終也，有時而既。[2]臣之得罪，已三年矣。田家作苦，歲時伏臘，[3]亨羊炰羔，斗酒自勞。[4]家本秦也，能為秦聲。婦，趙女也，雅善鼓瑟。奴婢歌者數人，酒後耳熱，仰天拊缶[5]而呼烏烏。[6]其詩曰："田彼南山，蕪穢不治，種一頃豆，落而為萁。人生行樂耳，須富貴何時！"[7]是日也，拂衣而喜，奮袖低卬，[8]頓足起舞，誠淫荒無度，不知其不可也。[9]惲幸有餘祿，方糴賤販貴，逐什一之利，此賈豎之事，汙辱之處，惲親行之。下流之人，眾毀所歸，不寒而栗。[10]雖雅知惲者，猶隨風而靡，[11]尚何稱譽之有！董生不云乎？"明明求仁義，常恐不能化民者，卿大夫意也；明明求財利，常恐困乏者，庶人之事也。"[12]
故"道不同，不相爲謀"。[13]今子尚安得以卿大夫
之制而責僕哉！

[1]【顔注】師古曰：父至親，君至尊。

[2]【顔注】張晏曰：喪不過三年，臣見放逐，降居三月，
復初。師古曰：既，已也。

[3]【今注】伏臘：亦作"伏臈"。伏祭和臘祭之日，此泛指
節日。

[4]【顔注】師古曰：炰，毛炙肉也，即今所謂爐也。炰音
步交反。爐音一高反。勞音來到反。【今注】亨羊炰羔：煮羊肉和
烤乳羊。亨，古同"烹"。煮。大德本同，白鷺洲本、殿本作
"烹"。

[5]【顔注】應劭曰：缶，瓦器也，秦人擊之以節歌。師古
曰：缶即今之盆類也。

[6]【顔注】師古曰：李斯上書云："擊甕叩缶，彈箏搏髀，
而呼烏烏快耳者，真秦聲也。"是關中舊有此曲也

[7]【顔注】張晏曰：山高而在陽，人君之象也。蕪穢不治，
言朝廷之荒亂也。一頃百畝，以喻百官也。言豆者，貞實之物，
當在囷倉，零落在野，喻己見放棄也。其曲而不直，言朝臣皆諂
諛也。師古曰：其（其，白鷺洲本、大德本、殿本作"萁"），
豆莖也，音其（其，白鷺洲本、殿本作"基"）。須，待也。

[8]【顔注】師古曰：褒，古衣袖字。

[9]【顔注】師古曰：自謂爲可也。

[10]【顔注】師古曰：栗，竦縮也。

[11]【顔注】師古曰：言逐衆議，皆相毀也。

[12]【顔注】師古曰：引董仲舒之辭也。《仲舒傳》作皇皇
也。【今注】案，語見《賢良對策》，詞語稍異。白鷺洲本、殿本

“卿大夫”後有“之”字。

[13]【顏注】師古曰：《論語》載孔子之辭，惲又引之。爲音于僞反。【今注】案，語見《論語·衛靈公》。

夫西河魏土，文侯所興，[1]有段干木、田子方之遺風，[2]漂然皆有節槪，知去就之分。[3]頃者，足下離舊土，臨安定。安定山谷之閒，昆戎舊壤，[4]子弟貪鄙，豈習俗之移人哉？於今迺睹子之志矣。[5]方當盛漢之隆，願勉旃，毋多談。[6]

[1]【今注】文侯：魏文侯，戰國初期魏國國君。在位時西取秦國河西地爲西河郡。

[2]【顏注】應劭曰：段干木、田子方，魏賢人也。【今注】段干木：即段干木。此“段”誤作“叚”。姓李，名克，封於段，爲干木大夫，故稱段干木。戰國初年魏國名士。師子夏，友田子方，因其三人皆出於儒門，又先後爲魏文侯師，故被後人稱爲“河東三賢”。　田子方：姓田字子方，名無擇，魏文侯之師，魏之賢者。見《莊子·外篇》。

[3]【顏注】師古曰：漂然，高遠意，槪，度量也。漂音匹遙反。槪音工代反。分音扶問反。【今注】節槪：操守和氣槪。槪，“概”之異體。

[4]【顏注】文穎曰：昆夷之地也。【今注】昆戎：昆夷與犬戎之並稱。泛指古代西北少數民族。

[5]【顏注】師古曰：言豈隨安定貪鄙之俗而易其操乎？平生謂子爲達道，今乃見子之志與我不同者也。

[6]【顏注】師古曰：旃，之也。言子當自勉屬以立功名（屬，白鷺洲本、大德本同，殿本作“勵”），不須多與我言也。

又惲兄子安平侯譚爲典屬國，[1] 謂惲曰："西河太守建平杜侯，[2] 前以罪過出，今徵爲御史大夫。侯罪薄，又有功，且復用。"惲曰："有功何益？縣官不足爲盡力。"[3] 惲素與蓋寬饒、韓延壽善，[4] 譚即曰："縣官實然，蓋司隸、韓馮翊皆盡力吏也，俱坐事誅。"會有日食變，騶馬猥佐成上書告惲：[5]"驕奢不悔過，日食之咎，此人所致。"章下廷尉按驗，得所予會宗書，宣帝見而惡之。廷尉當惲大逆無道，[6] 要斬。妻子徙酒泉郡。[7] 譚坐不諫正惲，與相應，有怨望語，免爲庶人。召拜成爲郎，諸在位與惲厚善者，未央衛尉韋玄成、京兆尹張敞及孫會宗等，[8] 皆免官。

[1]【今注】典屬國：官名。秦置漢因。掌少數民族事務。秩二千石。屬官有九譯令。

[2]【顏注】師古曰：杜延年。

[3]【今注】縣官：漢常用以稱朝廷或皇帝。

[4]【今注】蓋寬饒：傳見本書卷七七。蓋寬饒兼任司隸校尉，故後稱蓋司隸。

[5]【顏注】如淳曰：騶馬，以給騶使乘之。佐，主猥馬史也（史，白鷺洲本、大德本、殿本作"吏"，當據改）。有吏有佐名成者。【今注】騶馬：養馬小吏名。即"趣馬"。《尚書·立政》："虎賁、綴衣、趣馬、小尹。"孔傳："趣馬，掌馬之官。"《詩·小雅·十月之交》："聚子內史，蹶維趣馬。"《周禮·夏官·趣馬》："趣馬，下士，皁一人，徒四人。"鄭玄注："趣馬，趣養馬者也。"孫詒讓《正義》："依許說此趣即騶之叚字。《後漢書·張讓傳》李注云：'騶，養馬人。'《國語·楚語》說齊有騶馬繻，即趣馬官也。鄭則就趣字本義釋之，謂養馬事繁，此官董督令促疾也。說與許蓋

小異。"

　　[6]【顏注】師古曰：當謂處斷其罪。

　　[7]【今注】酒泉：郡名。治福禄縣（今甘肅酒泉市），漢武帝元狩二年（前121）置酒泉郡。轄黄河以西的匈奴休屠王、渾邪王故地。爲河西四郡中最早設立的一郡。案，陳直《漢書新證》說，顏師古《匡謬正俗》引謝承《後漢書》云："楊豫祖父惲，封平通侯，惲子會宗，坐與臺閣交通，有罪國除，家屬徙酒泉郡。"又云："豫上書乞還本土，其辭云：臣祖父惲，念安社稷，忠不避難，指刺奸臣，實心爲國，遂致死徙。"此事足補《漢書》之遺闕。

　　[8]【今注】韋玄成：韋賢之子。傳見本書卷七三。　張敞：傳見本書卷七六。

　　蔡義，河內溫人也。[1]以明經給事大將軍莫府。[2]家貧，常步行，資禮不逮衆門下，好事者相合[3]爲義買犢車，[4]令乘之。數歲，遷補覆盎城門候。[5]

　　[1]【今注】河內：郡名。治懷縣（今河南武陟縣西南）。溫：縣名。治所在今河南溫縣西。

　　[2]【今注】明經：通曉經術，漢選舉官員科目。

　　[3]【顏注】師古曰：言衆斂錢物。

　　[4]【今注】犢車：牛車。漢諸侯貧者乘之，後轉爲貴者乘用。

　　[5]【顏注】師古曰：門候，主候時而開閉也。

　　久之，詔求能爲《韓詩》者，[1]徵義待詔，[2]久不進見。義上疏曰："臣山東草萊之人，行能亡所比，容貌不及衆，然而不棄人倫者，竊以聞道於先師，自託

於經術也。願賜清閑之燕，[3]得盡精思於前。"上召見
義，説《詩》，甚説之，[4]擢爲光禄大夫給事中，[5]進
授昭帝。數歲，拜爲少府，[6]遷御史大夫，代楊敞爲丞
相，封陽平侯。又以定策安宗廟益封，加賜黄金二
百斤。

　　[1]【今注】韓詩：今文學派之一。指漢初燕人韓嬰所傳授的
《詩經》。西漢時與《魯詩》《齊詩》並稱三家詩。

　　[2]【今注】案，本書卷八八《儒林傳》載，蔡義爲韓嬰的再
傳弟子。

　　[3]【顔注】師古曰：燕，安息也。閒讀曰閑。【今注】案，
閑，白鷺洲本、大德本、殿本作"閒"。

　　[4]【顔注】師古曰：下説讀曰悦。

　　[5]【今注】光禄大夫：官名。漢武帝太初元年（前104）改
中大夫爲光禄大夫，秩比二千石，爲掌議論之官。嗣後，無固定員
數大夫之官，遂以光禄大夫最爲顯要。　　給事中：秦漢時顯貴近臣
及謁者等的加官。侍從皇帝，備顧問應對，參議政事。因執事於殿
中，故名。

　　[6]【今注】少府：官名。秦漢因襲。九卿之一，秩中二千
石。職掌皇家財政，供宮廷日常生活、祭祀、賞賜開支，其庫藏比
掌管國家財用的大司農豐裕。

　　義爲丞相時年八十餘，短小無須眉，[1]貌似老嫗，
行步俛僂，[2]常兩吏扶夾迺能行。時大將軍光秉政，議
者或言光置宰相不選賢，苟用可顓制者。[3]光聞之，謂
侍中左右及官屬曰："以爲人主師當爲宰相，何謂云
云？[4]此語不可使天下聞也。"義爲相四歲，薨，謚曰

節侯。[5]無子，國除。

[1]【今注】湏：古同"須"。湏，白鷺洲本、大德本、殿本作"須"。

[2]【顏注】師古曰：俛即俯字也。僂，曲背也。僂音力主反。

[3]【顏注】師古曰：顓與專同。其後類此。

[4]【顏注】師古曰：云云，衆語，謂有不選賢之言也。【今注】爲人主師：指蔡義授經漢昭帝。

[5]【今注】節：《謐法》說："好廉自克曰節。"

陳萬年字幼公，沛郡相人也。[1]爲郡吏，察舉至縣令，遷廣陵太守，[2]以高弟入爲右扶風，[3]遷太僕。

[1]【今注】沛郡：治相縣（今安徽濉溪縣西北）。

[2]【顏注】師古曰：屢被察廉及舉薦，故得遷之也（白鷺洲本、殿本無"之"字）。【今注】廣陵：郡名。治廣陵（今江蘇揚州市西北）。

[3]【今注】高弟：即高第，官吏的考績優等。

萬年廉平，内行修，然善事人，賂遺外戚許、史，傾家自盡，尤事樂陵侯史高。[1]丞相丙吉病，[2]中二千石上謁問疾。[3]遣家丞出謝，謝已皆去，萬年獨留，昏夜迺歸。及吉病甚，上自臨，問以大臣行能。吉薦于定國、杜延年及萬年。萬年竟代定國爲御史大夫，八歲病卒。

[1]【今注】史高：漢宣帝祖母史良娣之兄史恭之長子。宣帝臨終託孤之臣之一。

[2]【今注】丙吉：傳見本書卷七四。

[3]【顏注】師古曰：上謁，若今通名也。

　　子咸字子康，年十八，以萬年任爲郎。有異材，抗直，數言事，刺譏近臣，書數十上，遷爲左曹。[1]萬年嘗病，召咸教戒於牀下，[2]萬語至夜半，咸睡，頭觸屏風。萬年大怒，欲杖之，曰：“乃公教戒汝，汝反睡，不聽吾言，何也？”咸叩頭謝曰：“具曉所言，大要教咸諂也。”[3]萬年迺不復言。

[1]【今注】左曹：加官名。漢武帝置，與右曹合稱諸曹。秩二千石。

[2]【今注】案，召，大德本同，白鷺洲本、殿本作“命”。

[3]【顏注】師古曰：大要，大歸也。諂，古諂字也。

　　萬年死後，元帝擢咸爲御史中丞，[1]總領州郡奏事，課第諸刺史，内執法殿中，公卿以下皆敬憚之。是時中書令石顯用事顓權，咸頗言顯短，顯等恨之。時槐里令朱雲殘酷殺不辜，[2]有司舉奏，未下。[3]咸素善雲，雲從刺候，教令上書自訟。[4]於是石顯微伺知之，白奏咸漏泄省中語，下獄掠治，[5]減死，髡爲城旦，[6]因廢。

[1]【今注】御史中丞：官名。秦置漢因。御史大夫的次官，或稱御史中執法，秩千石。

[2]【今注】槐里：縣名。治所在今陝西興平市。漢時屬右內史。

[3]【顏注】師古曰：天子未下其章也。

[4]【顏注】晉灼曰：雲從咸刺探伺候事之輕重，咸因教令上書。

[5]【顏注】師古曰：掠，笞擊也，音力向反。

[6]【今注】髡：刑罰名。把頭髮剃光。　城旦：徒刑名。秦時爲四年兵役，漢時爲五年。

成帝初即位，大將軍王鳳以咸前指言石顯，有忠直節，奏請咸補長史。遷冀州刺史，[1]奉使稱意，徵爲諫大夫。復出爲楚內史、北海、東郡太守。[2]坐爲京兆尹王章所薦，[3]章誅，咸免官。起家復爲南陽太守。[4]所居以殺伐立威，豪猾吏及大姓犯法，輒論輸府，[5]以律程作司空，[6]爲地曰木杵，舂不中程，或私解脫鉗釱，衣服不如法，[7]輒加罪笞。督作劇，不勝痛，[8]自絞死，[9]歲數百千人，久者蟲出腐爛，家不得收。其治放嚴延年，[10]其廉不如。所居調發屬縣所出食物以自奉養，[11]奢侈玉食。[12]然操持掾史，[13]郡中長吏皆令閉門自斂，不得踰法。公移勑書曰：[14]“即各欲求索自快，是一郡百太守也，何得然哉！”下吏畏之，豪彊執服，[15]令行禁止，然亦以此見廢。咸，三公子，少顯名於朝廷，而薛宣、朱博、翟方進、孔光等仕宦絕在咸後，[16]皆以廉儉先至公卿，而咸滯於郡守。

[1]【今注】冀州：漢武帝所置十三刺史部之一，監察趙國、

廣平、真定、中山國、河間、信都、魏郡、常山、鉅鹿、清河等郡國。

[2]【今注】楚：此指漢王國。都彭城（今江蘇徐州市）。內史：官名。掌王國的民政。　北海：郡名。治營陵（今山東昌樂縣東南）。　東郡：治濮陽（今河南濮陽市西南）。

[3]【今注】京兆尹：官名。漢京兆地區的行政長官。爲三輔（治理京畿地區的三位官員，即京兆尹、左馮翊、右扶風）之一。職權相當於郡太守，後因以稱京都地區的行政長官。　王章：傳見本書卷七六。

[4]【今注】南陽：郡名。治宛縣（今河南南陽市宛城區）。

[5]【顏注】師古曰：府謂郡之府。【今注】案，輒，白鷺洲本、大德本同，殿本作“輙”。下同不注。

[6]【顏注】師古曰：司空，主行役之官（主行役，白鷺洲本、殿本作“主作役”）。【今注】律程：法律流程。

[7]【顏注】師古曰：鉗在頸，釱在足，皆以鐵爲之。鉗音其炎反。釱音弟。

[8]【顏注】師古曰：作程劇苦（苦，大德本、殿本同，白鷺洲本作“若”），又被督察，笞罰既多，故不勝痛也。

[9]【今注】案，白鷺洲本、殿本“死”後有“者”字。

[10]【今注】放：同“仿”。　嚴延年：傳見本書卷九〇。

[11]【顏注】師古曰：調，徒釣反（白鷺洲本、殿本“徒”前有“反”字）。

[12]【顏注】師古曰：玉食，美食如玉也。

[13]【顏注】師古曰：操，執也，音千高反。

[14]【顏注】師古曰：公然移書以約勒也。【今注】案，周壽昌《漢書注校補》說：“唐惟詔命始稱敕，時有‘不經鳳閣鸞臺不得爲敕’之語，師古注此，故云‘移書約敕’。案之本文，則云‘敕書’，不云‘書敕’也。蓋漢時敕爲上命下之辭，凡官長行於

掾史，祖父行於子孫，皆可稱敕。《韓延壽傳》‘敕功曹議罰白’，《孫寶傳》‘寶敕曰今日鷹隼始擊，當順天氣’，《後書·張奮傳》‘臨終，敕家丞’，又奮稱‘純遺敕，固不肯受’。歐陽氏《集古錄·書韓敕碑後》云：‘書無以敕命名者。秦制，天子之命稱敕。漢用秦法，臣下豈敢以敕命名！而《繁陽令楊君碑陰》有故民程敕字伯嚴，是漢時不獨一韓敕。’董逌《廣川書跋》云：‘南齊時有劉敕，爲始興內史。’是名敕者，不獨漢爲然。歐陽或考之未審也。”

　　[15]【顏注】師古曰：埶讀曰熱，音之涉反。

　　[16]【今注】薛宣：傳見本書卷八三。　朱博：傳見本書卷八三。　翟方進：傳見本書卷八四。　孔光：傳見本書卷八一。案，宦，白鷺洲本、殿本同，大德本作“官”。

　　時車騎將軍王音輔政，[1]信用陳湯。[2]咸數賂遺湯，予書曰：“即蒙子公力，得入帝城，死不恨。”[3]後竟徵入爲少府。少府多寶物，屬官咸皆鉤校，發其姦臧，[4]沒入辜榷財物。[5]官屬及諸中宮黃門、鉤盾、掖庭官吏，[6]舉奏按論，畏咸，皆失氣。爲少府三歲，與翟方進有隙。方進爲丞相，奏：“咸前爲郡守，所在殘酷，毒螫加於吏民。主守盜，受所監。[7]而官媚邪臣陳湯以求薦舉。苟得無恥，不宜處位。”咸坐免。頃之，紅陽侯立舉咸方正，[8]爲光禄大夫給事中，方進復奏免之。後數年，立有罪就國，方進奏歸咸故郡，以憂死。

　　[1]【今注】車騎將軍：西漢重要武官之一，職掌四夷屯警、京師兵衛等。武帝時以功臣與親信擔任，嗣後主要以外戚擔任，是西漢後期皇權旁落外戚之標志。　王音：漢元帝皇后王政君的堂兄弟。

［2］【今注】陳湯：傳見本書卷七〇。

［3］【顏注】師古曰：子公，湯之字。

［4］【顏注】師古曰：鉤音工侯反。　【今注】鉤校：查對、查考。

［5］【顏注】師古曰：辜，罪也（大德本無“罪也”二字）。榷，專固也。【今注】辜榷：搜括，聚斂。辜，“辠”之異體。

［6］【今注】中宮黃門：官署名。漢有黃門令、小黃門、中黃門等，侍奉皇帝，皆以宦官充任。　鉤盾：官署名。漢少府屬官有鉤盾令，職掌園苑游觀之事。　掖庭：宮中旁舍，嬪妃、宮女居住的地方。置掖廷令管理。

［7］【顏注】如淳曰：律，主守而盜直十金，棄市。師古曰：受所監法，解在《景紀》也（景紀，大德本同，白鷺洲本、殿本作“景帝紀蟄式亦反”；白鷺洲本、大德本、殿本無“也”字）。

［8］【今注】紅陽侯立：王立。事迹見本書卷九八《元后傳》。

鄭弘字稚卿，泰山剛人也。[1]兄昌字次卿，亦好學，皆明經，通法律政事。次卿爲太原、涿郡太守，[2]弘爲南陽太守，皆著治迹，條教法度，爲後所述。次卿用刑罰深，不如弘平。遷淮陽相，[3]以高第入爲右扶風，京師稱之。代韋玄成爲御史大夫。[4]六歲，[5]坐與京房論議免，[6]語在《房傳》。[7]

［1］【顏注】師古曰：稺，古稚字。【今注】泰山：郡名。治奉高（今山東泰安市東）。　剛：縣名。治所在今山東寧陽縣堽城鎮。

［2］【今注】太原：郡名。治晉陽（今山西太原市西南）。涿郡：治涿縣（今河北涿州市）。

［3］【今注】淮陽：漢王國名。都陳縣（今河南淮陽縣）。

[4]【今注】韋玄成：傳見本書卷七三。

[5]【今注】案，本書《百官公卿表》，鄭弘以漢元帝永光二年（前42）爲御史大夫，五年（前39）有罪自殺。然據《百官公卿表》，元帝建昭二年（前37）八月匡衡爲御史大夫，則鄭弘爲御史大夫實自永光二年至建昭二年（前42—前37），共六年。

[6]【今注】京房：漢有兩京房，皆學《易》。一位受學於楊何，官至太中大夫、齊郡太守。其學傳梁丘賀，事見本書卷八八《儒林傳》。另一位是西漢今文《易》大師，京氏學創始人。此所言乃後者。

[7]【今注】案，本書卷九八《京房傳》與《五行志》言弘坐免爲庶人，與此傳吻合；《百官公卿表》言自殺，與此傳抵牾，當誤。

贊曰：所謂鹽鐵議者，起始元中，[1]徵文學賢良問以治亂，皆對願罷郡國鹽鐵、酒榷、均輸，[2]務本抑末，毋與天下爭利，然後化可興。[3]御史大夫弘羊以爲此迺所以安邊竟，制四夷，國家大業，不可廢也。[4]當時相詰難，頗有其議文。至宣帝時，汝南桓寬次公[5]治《公羊春秋》，舉爲郎，至廬江太守丞，博通善屬文，推衍鹽鐵之議，增廣條目，極其論難，著數萬言，[6]亦欲以究治亂，成一家之法焉。其辭曰：[7]“觀公卿賢良文學之議，‘異乎吾所聞’。[8]聞汝南朱生言，[9]當此之時，英俊並進，賢良茂陵唐生、文學魯國萬生之徒六十有餘人咸聚闕庭，舒六藝之風，陳治平之原，知者贊其慮，仁者明其施，勇者見其斷，[10]辯者騁其辭，斷斷焉，行行焉，[11]雖未詳備，斯可略觀矣。中山劉子推言王道，撟當世，反諸正，[12]彬彬然弘博君子也。^[13]九江祝生奮史魚之節，^[14]發憤懣，譏公卿，^[15]介然直而不撓，^[16]可謂不畏彊圉矣。桑大夫據當世，合時變，上權利之略，雖非正法，鉅儒宿學不能自解，^[17]博物通達之士也。然攝公卿之柄，不師古始，放於末利，^[18]處非其位，行非其道，果隕其性，以及厥宗。^[19]車丞相履伊吕之列，^[20]當軸處中，括囊不言，容身而去，^[21]彼哉！彼哉！^[22]若夫丞相、御史兩府之士，不能正議以輔宰相，成同類，長同行，阿意苟合，以說其上，^[23]'斗筲之徒，何足選也！'"^[24]

［1］【今注】始元：漢昭帝年號（前86—前81）。

［2］【顏注】師古曰：酒榷均輸解在《武紀》及《食貨志》。【今注】鹽鐵：指鹽、鐵官營。 酒榷：酒類專賣。 均輸：漢武帝大司農屬下置均輸令，統一徵收、買賣和運輸貨物，以平衡各地貨物供需。

［3］【今注】案，然後化，白鷺洲本、大德本、殿本作"然後教化"，多"教"字。

［4］【顏注】師古曰：竟讀曰境。

［5］【顏注】師古曰：次公者，寬之字。

［6］【顏注】師古曰：即今之所行《鹽鐵論》十卷是也。

［7］【顏注】師古曰：謂桓寬總評議其善惡。

［8］【顏注】師古曰：《論語》載子張之言，言不與己志同也，故寬引之（之，大德本同，白鷺洲本、殿本無）。【今注】案，語見《論語·子張》。

［9］【今注】朱生：即《鹽鐵論》朱子伯。

［10］【顏注】師古曰：斷音丁喚反。

［11］【顏注】師古曰：斷斷，辯爭之皃（皃，白鷺洲本、大

5426

德本、殿本作"貌"。下同不注）；行行，剛彊之皃也（彊，白鷺洲本同，大德本、殿本作"强"）。斷音牛斤反。行音胡浪反。

　　[12]【顏注】師古曰：正曲曰撟。諸，之也。撟讀與矯同，其字從手。

　　[13]【顏注】師古曰：彬彬，文章皃也，音彼旻反。

　　[14]【今注】史魚：春秋時衛國大夫，以正直敢諫著名。古有史魚秉直之成語。

　　[15]【顏注】師古曰：懑音滿，又莫本反（又，大德本同。白鷺洲本、殿本作"又音"，多"音"字）。

　　[16]【顏注】師古曰：撓，曲也，音女教反。

　　[17]【顏注】師古曰：解，釋也，言理不出於弘羊也。

　　[18]【顏注】師古曰：放，縱也，謂縱心於利也。一說放，依也，音方往反。《論語》稱孔子曰"放於利而行，多怨"也。

　　[19]【顏注】師古曰：性，生也，謂與上官桀謀反誅也。

　　[20]【今注】車丞相：車千秋。　伊吕：商朝伊尹輔商湯，西周吕尚佐武王，皆有大功。後因以並稱伊吕，泛指輔弼重臣。

　　[21]【顏注】師古曰：括，結也。《易》坤卦六四爻辭曰"括囊，無咎無譽"，言自閉慎如囊之括結也。

　　[22]【顏注】師古曰：《論語》云或問子西，孔子曰："彼哉！彼哉！"言彼人哉（哉，白鷺洲本、大德本同，殿本作"者"），無足稱也。【今注】案，語見《論語·憲問》。

　　[23]【顏注】師古曰：說讀曰悅。

　　[24]【顏注】師古曰：筲，竹器也，容一斗。選，數也。《論語》云子貢問曰："今之從政者何如？"孔子曰："噫，斗筲之人，何足選也！"言其材器小劣，不足數也。筲音所交反。選音先阮反。噫，歎聲也。噫音於其反。【今注】案，《論語·子路》載："今之從政者何如？"子曰："噫！斗筲之人，何足算也？"選，錢大昭説與"算"通。

漢書　卷六七

楊胡朱梅云傳第三十七[1]

[1]【今注】案，本傳五人性格皆不得中行，或可名爲"狂狷傳"。

楊王孫者，[1]孝武時人也。學黃老之術，家業千金，厚自奉養生，亡所不致。[2]及病且終，先令其子，[3]曰："吾欲臝葬，以反吾真，[4]必亡易吾意。[5]死則爲布囊盛尸，入地七尺，既下，從足引脫其囊，以身親土。"其子欲默而不從，重廢父命，[6]欲從之，心又不忍，迺往見王孫友人祁侯。[7]

[1]【今注】楊王孫：沈欽韓《漢書疏證》曰："《西京雜記》：楊貴，字王孫，京兆人。死，卒裸葬於終南山。其子孫掘土鑿石深七尺而下屍，上覆蓋之以石，欲儉而反奢。"常璩《漢中志》載其爲"成固人"。

[2]【顏注】師古曰：致，至也。

[3]【顏注】師古曰：先令，爲遺令（爲，白鷺洲本、大德本同，殿本無）。

[4]【顏注】師古曰：臝者，不爲衣衾棺椁者也。反，歸也。真者，自然之道也。臝，音郎果反（殿本【3】【4】注合爲一

注）。【今注】贏：同“裸”。案，自古死後歸葬有許多講究。《禮記·檀弓》説：“葬也者，藏也；藏也者，欲人之弗得見也。是故衣足以飾身，棺周於衣，椁周於棺，土周於椁，反壤樹之哉。”壽衣裝裹遺體，內棺裝殮逝者，外椁容納內棺，黃土掩埋外椁。楊王孫要求裸裝葬，應是受黃老之術的影響。參見許雅喬《楊王孫裸葬思想研究》（《萬竅》2010 年第 11 期）。

［5］【顏注】師古曰：易，改也。

［6］【顏注】師古曰：重，難也。

［7］【顏注】師古曰：祁侯，繒賀之孫承嗣者，名它。【今注】案，《史記·高祖功臣侯者年表》載，繒賀以執盾從劉邦起於晉陽，以連敖擊項羽。劉邦敗走，賀斷後，擊楚追騎。後戰彭城，斬項羽。高祖六年（前201），封祁穀侯。友，白鷺洲本、殿本同，大德本作“賀”。

祁侯與王孫書曰：“王孫苦疾，僕迫從上祠雍，[1]未得詣前。[2]願存精神，省思慮，進醫藥，[3]厚自持。竊聞王孫先令贏葬，令死者亡知則已，若其有知，是戮尸地下，將贏見先人，竊爲王孫不取也。且《孝經》曰‘爲之棺椁衣衾’，[4]是亦聖人之遺制，何必區區獨守所聞？[5]願王孫察焉。”

［1］【今注】祠雍：秦漢時天子在雍城附近祭祀天帝之稱。案，沈欽韓《漢書疏證》曰：“《功臣表》：祁侯它以元光三年免侯。《帝紀》元光二年行幸雍，祠五畤。則祁侯書所云‘從祠雍’，即在元光二年。”雍，縣名。治所在今陝西鳳翔縣西南。

［2］【顏注】師古曰：詣，至也。至前，言來見也。

［3］【今注】案，進，大德本同，白鷺洲本、殿本作“進近”。

[4]【今注】案，《孝經·喪親》："爲之棺椁衣衾舉之，陳其
簠簋而哀感之。"

[5]【顏注】師古曰：區區，小意也。

　　王孫報曰："蓋聞古之聖王，緣人情不忍其親，故
爲制禮，今則越之，[1]吾是以羸葬，將以矯世也。[2]夫
厚葬誠亡益於死者，而俗人競以相高，靡財單幣，腐
之地下。[3]或迺今日入而明日發，[4]此真與暴骸於中野
何異！且夫死者，終生之化，而物之歸者也。歸者得
至，化者得變，是物各反其真也。反真冥冥，亡形亡
聲，[5]迺合道情。夫飾外以華衆，厚葬以鬲真，[6]使歸
者不得至，化者不得變，是使物各失其所也。且吾聞
之，精神者，天之有也，形骸者，地之有也。[7]精神離
形，各歸其真，故謂之鬼，鬼之爲言歸也。其尸塊然
獨處，豈有知哉?[8]裹以幣帛，鬲以棺椁，支體絡束，
口含玉石，[9]欲化不得，鬱爲枯臘，千載之後，棺椁朽
腐，迺得歸土，就其真宅。繇是言之，焉用久客！[10]
昔帝堯之葬也，窾木爲匵，葛藟爲緘，[11]其穿下不亂
泉，上不泄殠。[12]故聖王生易尚，死易葬也。[13]不加
功於亡用，不損財於亡謂。[14]今費財厚葬，留歸鬲至，
死者不知，生者不得，是謂重惑。於戲！吾不爲
也。"[15]祁侯曰："善。"遂羸葬。[16]

[1]【顏注】師古曰：言踰禮而厚葬也。

[2]【顏注】師古曰：正曲曰矯。

[3]【顏注】師古曰：靡，散也。單，盡也。【今注】單：同

"殫"。極盡也。

[4]【顏注】師古曰：言見發掘也。【今注】發：此指盜墓。

[5]【今注】案，《莊子·天地》說："視乎冥冥，聽乎無聲。冥冥之中，獨見曉焉；無聲之中，獨聞和焉。故深之又深，而能物焉；神之又神，而能精焉。"

[6]【顏注】師古曰："鬲"與"隔"同。其後並類此。

[7]【顏注】師古曰：文子稱"天氣爲魂"。延陵季子云"骨肉下歸於土"，是以云然。【今注】案，語或可見《淮南子·精神》及《列子·天瑞》。

[8]【顏注】師古曰：塊，音口對反。

[9]【今注】口含玉石：即玉琀，又稱"含玉""口琀""飯含"。玉琀各代形制不一，漢代以後大量使用玉蟬做琀，西晉葛洪在《抱樸子》中說："金玉在九竅，則死人爲之不朽。"

[10]【顏注】師古曰：言不用久爲客也。　"繇"讀與"由"同。

[11]【顏注】服虔曰："窾"音"款"。款，空也，空木爲匵。師古曰：匵即櫝字也。櫝，小棺也。藟，葛蔓也。一曰，藟亦草名，葛之類也。緘，束也。藟，音力水反。緘，音工咸反。

[12]【顏注】師古曰：亂，絕也。

[13]【顏注】師古曰：尚，崇也。言生死皆儉約也。

[14]【顏注】師古曰：謂者，名稱也，亦指趣也。

[15]【顏注】師古曰："於"讀曰"烏"。"戲"讀曰"呼"。

[16]【今注】案，陳直《漢書新證》說，《說苑》卷二〇《反質篇》有楊王孫事，全文與本傳大略相同。疑劉向續補《太史公書》有此篇，班固即據以入傳。

胡建字子孟，河東人也。[1]孝武天漢中，[2]守軍正丞，[3]貧亡車馬，常步與走卒起居，所以尉薦走卒，甚得其心。^[4]時監軍御史爲姦，穿北軍壘垣以爲賈區，^[5]建欲誅之，廼約其走卒，^[6]曰：“我欲與公有所誅，吾言取之則取，斬之則斬。”於是當選士馬日，監御史與護軍諸校列坐堂皇上，^[7]建從走卒趨至堂皇下拜謁，因上堂，^[8]走卒皆上，建指監御史曰：“取彼。”走卒前曳下堂皇。建曰：“斬之。”遂斬御史。護軍諸校皆愕驚，不知所以。建亦已有成奏在其懷中，遂上奏曰：“臣聞軍法，立武以威衆，誅惡以禁邪。今監御史公穿軍垣以求賈利，^[9]私買賣以與士市，不立剛毅之心，勇猛之節，亡以帥先士大夫，尤失理不公。用文吏議，不至重法。《黃帝李法》曰：^[10]‘壁壘已定，穿窬不繇路，是謂姦人，姦人者殺，’^[11]臣謹桉軍法曰：^[12]‘正亡屬將軍，將軍有罪以聞，^[13]二千石以下行法焉。’^[14]丞於用法疑，^[15]執事不諉上，^[16]臣謹以斬，昧死以聞。”制曰：“《司馬法》曰‘國容不入軍，軍容不入國’，何文吏也？^[17]‘三王或誓於軍中，欲民先成其慮也；或誓於軍門之外，欲民先意以待事也；^[18]或將交刃而誓，致民志也。’^[19]建又何疑焉？”建繇是顯名。

[1]【今注】河東：郡名。治安邑（今山西夏縣西北）。

[2]【今注】天漢：漢武帝年號（前100—前97）。

[3]【顏注】師古曰：南北軍各有正，正又置丞，而建未得真官，兼守之。【今注】守：試用。　軍正丞：官名。軍正之副貳。軍正，軍中執法官。漢京師的南、北軍各有正，即軍正。《七國考》引《列子》：“魯施氏之子好兵，楚王以爲軍正。”《補漢兵志》：“有軍正、正丞，掌軍法。”

[4]【顏注】師古曰：尉者，自上安之也。薦者，舉籍也。
【今注】尉薦：慰藉。

[5]【顏注】師古曰：坐賣曰賈，爲賣物之區也。區者，小室之名，若今小庵屋之類耳。故衛士之屋謂之區廬，宿衛宮外士稱爲區士也。“賈”音“古”。其下亦同。

[6]【顏注】師古曰：約，束也。

[7]【顏注】師古曰：校者，軍之諸部校也。室無四壁曰皇。

[8]【今注】案，白鷺洲本、大德本、殿本“堂”後有“皇”字。

[9]【顏注】師古曰：公謂顯然爲之。

[10]【顏注】蘇林曰：獄官名也。《天文志》“左角李，右角將”。孟康曰：兵書之法也。師古曰：李者，法官之號也，總主征伐刑戮之事也，故稱其書曰“李法”。蘇説近之。【今注】黃帝李法：古兵書。“李”與“理”同義（參見李若暉《〈黃帝李法〉與秦漢軍事國家》，《中山大學學報》2017 年第 6 期）。

[11]【顏注】師古曰：窬，小竇也，音“踰”。“踰”讀與“由”同。下皆類此。

[12]【今注】案，桉，白鷺洲本、大德本、殿本作“案”。

[13]【顏注】師古曰：言軍正不屬將軍。將軍有罪過，得表奏之。【今注】案，以，白鷺洲本、大德本、殿本作“已”。下同不注。

[14]【顏注】孟康曰：二千石謂軍中校尉、都尉之屬。

[15]【顏注】孟康曰：丞屬軍正，斬御史於法有疑。

[16]【顏注】師古曰：諉，累也。言執事者，當見法即行，不可以事累於上也。諉，音女瑞反。累，音力瑞反。

[17]【顏注】師古曰：《司馬法》亦兵書之名也，解在《主父偃傳》。詔言在於軍中，何用文吏議也。【今注】司馬法：古兵書名。約成書於戰國初。《史記》卷六四《司馬穰苴列傳》載：齊

威王使大夫追論古者司馬兵法而附穰苴於其中，因號曰《司馬穰苴兵法》。武帝時，"置尚武之官，以《司馬兵法》選，位秩比博士"。參見荀悅《申鑒·時事》。又案，國容不入軍，軍容不入國，語或出《司馬法·天子之義》："古者，國容不入軍，軍容不入國。軍容入國，則民德廢；國容入軍，則民德弱。"國容，指朝廷的禮儀法度；軍容，指軍隊的禮儀法度。

　　[18]【顏注】師古曰：慮謂計念也。先意謂先爲之意也。【今注】案，語見《司馬法·天子之義》，文字稍異。

　　[19]【顏注】師古曰：欲致民勇志，使不奔北。

　　後爲渭城令，[1]治甚有聲。值昭帝幼，皇后父上官將軍安與帝姊蓋主私夫丁外人相善。[2]外人驕恣，怨故京兆尹樊福，[3]使客射殺之。客藏公主廬，吏不敢捕。渭城令建將吏卒圍捕。蓋主聞之，與外人、上官將軍多從奴客往，犇射追吏，[4]吏散走。主使僕射劾渭城令游徼傷主家奴。[5]建報亡它坐。[6]蓋主怒，使人上書告建侵辱長公主，射甲舍門。[7]知吏賊傷奴，辟報故不窮審。[8]大將軍霍光寢其奏。[9]後光病，上官氏代聽事，[10]下吏捕建，建自殺。吏民稱冤，至今渭城立其祠。

　　[1]【今注】渭城：縣名。治所在今陝西咸陽市渭城區窰店鎮。

　　[2]【今注】蓋主：漢武帝之女，漢昭帝異母姐。昭帝朝封爲長公主。因其封地在鄂邑，又稱鄂邑公主。因嫁蓋侯爲妻，或其生母姓蓋，又稱蓋主或鄂蓋主。史書對鄂邑公主的丈夫無確切記載。據《居延新簡》資料，公主有一孫叫"丁子沱"。因公主曾有一面

首叫丁外人，故有猜測丁子沱是公主與丁外人的孫子。但亦有可能公主的丈夫是樂成侯丁義，丁子沱是公主合法的孫子。（參見甘肅省文物考古研究所《居延新簡》"甘露二年丞相御史律令"，文物出版社 1990 年版）　私夫：情夫。　外人：漢代對關外之人的通稱。陳直《漢書新證》説，丁外人是河間人，是其明證。

[3]【今注】京兆尹：官名。爲三輔（治理京畿地區的三位官員，即京兆尹、左馮翊、右扶風）之一。主管國都近地。因地屬畿輔，故不稱郡。職掌相當於郡太守。　樊福：本書《百官公卿表》載，樊福始元六年（前 81）試用爲京兆尹。

[4]【顏注】師古曰：犇，古"奔"字也。奔走赴之而射也。

[5]【今注】僕射：此當指公主府管家。僕是"主管"的意思，古重武，主射者掌事，故諸官之長稱僕射。　游徼：官吏名。負責社會治安的一種下級官吏。

[6]【顏注】服虔曰：言游徼奉公，無它坐也。

[7]【顏注】師古曰：甲舍即甲弟，公主之宅。

[8]【顏注】蘇林曰：辟，迴也（迴，殿本作"迺"）。報，論也。斷獄爲報。故言有故也。不窮審，窮盡其事也（白鷺洲本、大德本、殿本"窮"前有"不"字）。師古曰：蘇説非也。言爲游徼避罪而妄報文書，故不窮治也。"辟"讀曰"避"。

[9]【今注】寢：擱置。

[10]【今注】上官氏：即上官桀。

　　朱雲字游，魯人也，徙平陵。[1]少時通輕俠，[2]借客報仇。[3]長八尺餘，容貌甚壯，以勇力聞。年四十，迺變節從博士白子友受《易》，[4]又事前將軍蕭望之受《論語》，[5]皆能傳其業。好倜儻大節，[6]當世以是高之。

[1]【今注】平陵：縣名。治所在今陝西咸陽市西北。

[2]【今注】輕俠：游手好閑、輕生重義之夷，勇於急人之難。

[3]【顏注】師古曰：借，助也，音子夜反。

[4]【今注】白子友：疑爲白光之子。本書卷八八《儒林傳》記述孟喜："喜好自稱譽，得《易》家候陰陽災變書，詐言師田生且死時枕喜膝，獨傳喜，諸儒以此耀之……博士缺，眾人薦喜，上聞喜改師法，遂不用喜。喜授同郡白光少子、沛翟牧子兄，皆爲博士。繇是有翟、孟、白之學。"

[5]【今注】蕭望之：傳見本書卷七八。案，蕭望之主治《齊詩》，兼學諸經，是漢代《論語》魯論的傳人。《論語》爲小經，在漢代政治教育體系中位置十分重要。（參見孫筱《兩漢經學與社會》，中國社會科學出版社 2002 年版）

[6]【顏注】師古曰：倜，音吐歷反。【今注】倜儻：灑脱。

元帝時，琅邪貢禹爲御史大夫，[1]而華陰守丞嘉上封事，[2]言："治道在於得賢，御史之官，宰相之副，九卿之右，[3]不可不選。平陵朱雲，兼資文武，忠正有智略，可使以六百石秩試守御史大夫，以盡其能。"上廼下其事問公卿。太子少傅匡衡對，[4]以爲："大臣者，國家之股肱，萬姓所瞻仰，明王所慎擇也。《傳》曰下輕其上爵，賤人圖柄臣，則國家搖動而民不静矣。[5]今嘉從守丞而圖大臣之位，欲以匹夫徒步之人而超九卿之右，非所以重國家而尊社稷也。自堯之用舜，文王於太公，猶試然後爵之，又況朱雲者乎？雲素好勇，數犯法亡命，受《易》頗有師道，其行義未有以異。今御史大夫禹絜白廉正，經術通明，有伯夷、史魚之風,[6]海内莫不聞知,而嘉猥稱雲,[7]欲令爲御史大夫,妄相稱舉,疑有姦心,漸不可長,宜下有司案驗以明好惡。"嘉竟坐之。

[1]【今注】琅邪:郡名。治東武(今山東諸城市)。 貢禹:傳見本書卷七二。 御史大夫:官名。秦漢沿置,掌監察百官,代朝廷起草詔命文書等。三公之一,但品秩二千石(丞相、太尉均爲一萬石)。

[2]【顏注】師古曰:守華陰縣丞者,其人名嘉。【今注】華陰:縣名。治所在今陝西華陰市區東。

[3]【顏注】師古曰:右言在上也。

[4]【今注】匡衡:傳見本書卷八一。

[5]【顏注】師古曰:上爵,大官也。圖,謀也。柄臣,執權之臣。【今注】案,"《傳》曰"出處不明。

[6]【今注】伯夷:商末孤竹國君之子。商亡,與弟叔齊不食周粟而死。傳見《史記》卷六一。 史魚:春秋衛國賢臣。以直諫稱。

[7]【顏注】師古曰:猥,曲也。

是時,少府五鹿充宗貴幸,爲《梁丘易》。[1]自宣帝時善梁丘氏説,元帝好之,欲考其異同,令充宗與諸《易》家論。充宗乘貴辯口,[2]諸儒莫能與抗,皆稱疾不敢會。有薦雲者,召入,攝齊登堂,[3]抗首而請,音動左右。[4]既論難,[5]連拄五鹿君,[6]故諸儒爲之語曰:"五鹿嶽嶽,朱雲折其角。"[7]繇是爲博士。

[1]【今注】梁丘易:漢代梁丘賀所開創的《易》學流派。

[2]【顏注】師古曰：乘，因也。言因藉尊貴之權也。【今注】案，本書卷九三《佞幸傳》言：石顯與中書僕射牢梁、少府五鹿充宗結爲黨友，諸附倚者皆得寵位。

[3]【顏注】師古曰：襌，衣下之裳，音子私反。

[4]【顏注】師古曰：抗，舉也。

[5]【今注】論難（nàn）：針對對方的論點提出質問，進行辯論。難，質問。

[6]【顏注】師古曰：拄，刺也，距也，音竹庾反。

[7]【顏注】師古曰：嶽嶽，長角之貌。【今注】嶽嶽：聳立之態。顏注誤。《禮記·內則》說："三月之末，擇日，翦髮爲鬌，男角女羈。"

　　遷杜陵令，[1]坐故縱亡命，[2]會赦，舉方正，[3]爲槐里令。[4]時中書令石顯用事，[5]與充宗爲黨，百僚畏之。唯御史中丞陳咸年少抗節，[6]不附顯等，而與雲相結。雲數上疏，[7]言丞相韋玄成容身保位，[8]亡能往來，[9]而咸數毀石顯。久之，有司考雲，疑風吏殺人。[10]群臣朝見，上問丞相以雲治行。丞相玄成言雲暴虐亡狀。[11]時陳咸在前，聞之，以語雲。雲上書自訟，咸爲定奏草，求下御史中丞。事下丞相，丞相部吏考立其殺人罪。[12]雲亡入長安，復與咸計議。丞相具發其事，奏："咸宿衛執法之臣，幸得進見，漏泄所聞，以私語雲，爲定奏草，欲令自下治，[13]後知雲亡命罪人，而與交通，雲以故不得。"[14]上於是下咸、雲獄，減死爲城旦。[15]咸、雲遂廢錮，終元帝世。

　　[1]【今注】杜陵：縣名。治所在今陝西西安市雁塔區曲江街

道辦事處三兆村西北。

　　[2]【今注】亡命：當指已經確定罪名而逃亡。《史記》卷八九《張耳陳餘列傳》，《索隱》引崔浩曰，逃匿則削除名籍，故以逃爲亡命。魏文侯時，李悝制《法經》六篇，第四篇爲《捕法》，其中規定“諸征名已定及從軍征討而亡者，一日徒一年，一日加一等，十五日絞”（《黃氏逸書考·子史鉤沈》輯本）。嶽麓秦簡《亡律》中有對已論罪而逃亡者的規定（參見周海鋒《嶽麓書院藏秦簡〈亡律〉研究》，《簡帛研究》2016 年春夏卷）。日本人保科季子認爲，“命”爲確定罪名的司法手續（《亡命小考——兼論秦漢的確定罪名手續“命”》，《簡帛》第 3 輯，上海古籍出版社 2008 年版）。

　　[3]【今注】方正：漢選官取士的科目之一。漢文帝始詔舉“賢良方正能直言极諫者”，後成爲制科之一。

　　[4]【今注】槐里：縣名。治所在今陝西興平市東南。

　　[5]【今注】中書令：官名。漢武帝置，初協助皇帝在宮廷處理政務，負責上奏的密奏“封事”。元帝時，中書令權勢直逾丞相。成帝建始元年（前 32）中書令石顯降爲中書謁者令，中書令不再是要職。　石顯：傳見本書卷九三。

　　[6]【今注】御史中丞：官名。秦漢皆置。爲御史大夫的次官，或稱御史中執法。秩千石。武帝後其漸入內朝。《漢官儀》曰：“御史中丞二人，本御史大夫之丞。其一別在殿中，兼典蘭臺秘書，外督部刺史，內領侍御史，受公卿章奏，糾察百寮。”　陳咸：陳萬年之子。傳見本書卷六六。

　　[7]【今注】案，疏，白鷺洲本、殿本作“書”。

　　[8]【今注】韋玄成：韋賢之子。傳見本書卷七三。

　　[9]【顔注】李奇曰：不能有所前卻也。師古曰：《周書·君奭》之篇稱周公曰：“惟文王尚克修和有夏，有若虢叔、閎夭、散宜生、泰顛、南宮括。”又曰“亡能往來”。故雲引此以爲言也。

　　[10]【顔注】師古曰：“風”讀曰“諷”。

　　[11]【顔注】師古曰：無善狀也（無，白鷺洲本、殿本同，大德本作“亡”）。

　　[12]【顔注】師古曰：立，成也。

　　[13]【顔注】師古曰：咸爲御史中丞，而奏請下中丞，故云自下治。

　　[14]【顔注】師古曰：吏捕之不得。

　　[15]【今注】城旦：刑罰名。漢時其刑期爲五年，夜築長城，晝防敵寇。

　　至成帝時，丞相故安昌侯張禹以帝師位特進，[1]甚尊重。雲上書求見，公卿在前。雲曰：“今朝庭大臣上不能匡主，下亡以益民，皆尸位素餐，[2]孔子所謂‘鄙夫不可與事君’，‘苟患失之，亡所不至’者也。[3]臣願賜尚方斬馬劍，斷佞臣一人以屬其餘。”[4]上問：“誰也？”對曰：“安昌侯張禹。”上大怒，曰：“小臣居下訕上，廷辱師傅，[5]罪死不赦。”御史將雲下，雲攀殿檻，檻折。[6]雲呼曰：[7]“臣得下從龍逢、比干遊於地下，足矣！[8]未知聖朝何如耳？”[9]御史遂將雲去。於是左將軍辛慶忌免冠解印綬，[10]叩頭殿下曰：“此臣素著狂直於世。[11]使其言是，不可誅；其言非，固當容之。臣敢以死争。”慶忌叩頭流血。上意解，然後得已。及後當治檻，[12]上曰：“勿易！因而輯之，以旌直臣。”[13]

　　[1]【今注】張禹：傳見本書卷八一。

　　[2]【顔注】師古曰：尸，主也。素，空也。尸位者，不舉

其事，但主其位而已。素餐者，德不稱官，空當食祿。

　　[3]【顏注】師古曰：皆《論語》所載孔子之言也。苟患失其寵祿，則言行僻邪，無所不至也。【今注】案，《論語・陽貨》："子曰：'鄙夫可與事君也與哉？其未得之也，患得之。既得之，患失之。苟患失之，無所不至矣！'"

　　[4]【顏注】師古曰：尚方，少府之屬官也，作供御器物，故有斬馬劍，劍利可以斬馬也。【今注】尚方：官署名。秦置，漢沿置，掌宮廷器物製造。屬少府。漢末分中、左、右三尚方。

　　[5]【顏注】師古曰：訕，謗也，音所諫反，又音"刪"。

　　[6]【顏注】師古曰：檻，軒前欄也。

　　[7]【顏注】師古曰：呼，叫也，音火故反。

　　[8]【顏注】師古曰：關龍逢（逢，白鷺洲本同，大德本、殿本作"逢"），桀臣，王子比干，紂之諸父，皆以諫而死，故云然。【今注】案，逢，白鷺洲本同，大德本、殿本作"逢"。

　　[9]【顏注】師古曰：言殺直臣其聲惡。

　　[10]【今注】左將軍：武官名。漢不常置，金印紫綬，位僅次於上卿，職務或典京師兵衛、或屯兵邊境。　辛慶忌：傳見本書卷六九。　案，矜，白鷺洲本、大德本、殿本作"冠"。

　　[11]【顏注】師古曰：著，表也。言此名久彰表。

　　[12]【今注】案，檻，大德本同，白鷺洲本、殿本作"殿檻"。

　　[13]【顏注】師古曰："輯"與"集"同，謂補合之也。旌，表也。

　　雲自是之後不復仕，常居鄠田，[1]時出乘牛車從諸生，所過皆敬事焉。薛宣爲丞相，[2]雲往見之。宣備賓主禮，因留雲宿，從容謂雲曰：[3]"在田野亡事，且留我東閣，可以觀四方奇士。"雲曰："小生廼欲相吏邪？"[4]宣不敢復言。

[1]【今注】鄠：縣名。治所在今陝西西安市鄠邑區。

[2]【今注】薛宣：傳見本書卷八三。

[3]【顏注】師古曰：從音七庸反。

[4]【顏注】師古曰：小生謂其新學後進。言欲以我爲吏乎？

　　其教授，擇諸生，然後爲弟子。九江嚴望及望兄子元，[1]字仲，能傳雲學，皆爲博士。望至泰山太守。[2]雲年七十餘，終於家。病不呼醫飲藥。遺言以身服斂，棺周於身，土周於槨，[3]爲丈五墳，葬平陵東郭外。

[1]【今注】九江：郡名。治壽春（今安徽壽縣）。

[2]【今注】泰山：郡名。治奉高（今山東泰安市岱嶽區）。

[3]【顏注】師古曰：棺周於身，小棺裁容身也。土周於椁（椁，白鷺洲本、大德本同，殿本作"槨"。下同不注），冢壙裁容椁也。

　　梅福字子真，九江壽春人也。少學長安，明《尚書》《穀梁春秋》，爲郡文學，[1]補南昌尉。[2]後去官歸壽春，數因縣道上言變事，[3]求假軺傳，[4]詣行在所，[5]條對急政，[6]輒報罷。

[1]【今注】郡文學：學官名。漢武帝敕令"天下郡國皆立學校官"，稱郡文學，專司轄地教育事務。

[2]【顏注】師古曰：豫章之縣。

［3］【顏注】師古曰：附縣道之使而封奏也。變謂非常之事。

［4］【顏注】師古曰：小車之傳也。“軺”音“遙”。傳，音張戀反。【今注】軺傳：使者所乘之馬車。

［5］【今注】行在所：天子巡行所到之地。

［6］【顏注】師古曰：條對者，一一條録而對之。

是時成帝委任大將軍王鳳，[1]鳳專執擅朝，而京兆尹王章素忠直，[2]譏刺鳳，爲鳳所誅。王氏浸盛，[3]災異數見，群下莫敢正言。福復上書曰：

［1］【今注】王鳳：漢元帝皇后王政君的哥哥。成帝登基，以王鳳爲大司馬、大將軍、領尚書事秉政。王氏四兄弟分居要津，掌握朝政，故有“王鳳專權，五侯當朝”之説。

［2］【今注】王章：傳見本書卷七六。

［3］【顏注】師古曰：浸，漸也。

臣聞箕子佯狂於殷，[1]而爲周陳《洪範》；[2]叔孫通遁秦歸漢，制作儀品。[3]夫叔孫先非不忠也，[4]箕子非疏其家而畔親也，[5]不可爲言也。昔高祖納善若不及，從諫若轉圜，[6]聽言不求其能，舉功不考其素。[7]陳平起於亡命而爲謀主，韓信拔於行陳而建上將。[8]故天下之士雲合歸漢，[9]爭進奇異，知者竭其策，愚者盡其慮，勇士極其節，怯夫勉其死。合天下之知，并天下之威，是以舉秦如鴻毛，取楚若拾遺，[10]此高祖所以亡敵於天下也。[11]孝文皇帝起於代谷，[12]非有周召之師、伊吕之佐也，[13]循高祖之法，加以恭儉。當此之時，天下幾平。[14]繇是言之，循高祖之法則治，不循則亂。何者？秦爲亡道，削仲尼之迹，滅周公之軌，[15]壞井田，除五等，[16]禮廢樂崩，王道不通，故欲行王道者莫能致其功也。孝武皇帝好忠諫，説至言，[17]出爵不待廉茂，慶賜不須顯功，[18]是以天下布衣，各屬志竭精，以赴闕廷，自衒鬻者不可勝數。漢家得賢，於此爲盛。使孝武皇帝聽用其計，升平可致。[19]於是積尸暴骨，快心胡越，故淮南王安緣間而起。所以計慮不成而謀議泄者，以衆賢聚於本朝，[20]故其大臣執陵不敢和從也。[21]方今布衣廼窺國家之隙，見間而起者，蜀郡是也。[22]及山陽亡徒蘇令之群，[23]蹈藉名都大郡，[24]求黨與，索隨和，[25]而亡逃匿之意。此皆輕量大臣，亡所畏忌，國家之權輕，故匹夫欲與上爭衡也。

[1]【今注】箕子佯狂：箕子，商紂之庶兄，見比干諫而被誅，則被髮佯狂以脱其難。參見《史記》卷三八《宋微子世家》。

[2]【今注】洪範：《尚書》篇名。舊傳爲箕子向周武王陳述的“天地之大法”。今人或認爲係春秋戰國或兩漢儒者所作。“洪”意爲“大”；“範”意爲“法”。

[3]【顏注】師古曰：遁，逃也。【今注】叔孫通：傳見本書卷四三。

[4]【顏注】師古曰：先猶言先生也。一曰，先謂在秦時。

[5]【顏注】師古曰：箕子，紂之諸父，故言疏家畔親也。

［6］【顏注】師古曰：不及，恐失之也。轉圜，言其順也
（大德本同，白鷺洲本、殿本“順”後有“易”字）。

［7］【顏注】師古曰：直取其功，不論其舊行及所從來也。

［8］【顏注】師古曰：立爲大將軍（白鷺洲本、大德本、殿
本“立”後有“以”字）。【今注】陳平：傳見本書卷四〇。　韓
信：傳見本書卷三四。

［9］【顏注】師古曰：言四面而至。

［10］【顏注】師古曰：鴻毛喻輕。拾遺，言其易也。

［11］【顏注】師古曰：“亡”讀曰“無”。

［12］【顏注】師古曰：從代而來即帝位。【今注】起於代谷：
漢文帝繼位前爲代王。

［13］【顏注】師古曰：“召”讀曰“邵”。【今注】周召：周
公與召公。即周成王時共同輔政的周公旦和召公奭。二人分陝而
治，皆有美政。　伊呂：伊尹和呂尚。商伊尹輔商湯，西周呂尚佐
周武王，皆有大功。

［14］【顏注】師古曰：幾，音距依反。

［15］【顏注】師古曰：軌，法也。

［16］【今注】五等：五等爵制。指公、侯、伯、子、男。

［17］【顏注】師古曰：説讀曰悦。

［18］【顏注】師古曰：謂諫爭合意即得官爵，不由薦舉及軍
功也。廉，廉吏也。茂，茂材也。

［19］【顏注】張晏曰：民有三年之儲曰升平。

［20］【顏注】師古曰：本朝，漢朝也。

［21］【顏注】服虔曰：臣執陵君也。師古曰：謂淮南大臣相
內史之屬也。【今注】執陵：王念孫《讀書雜志·漢書第十一》以
爲衍字。

［22］【顏注】孟康曰：成帝鴻嘉中廣漢男子鄭躬等反是也。

［23］【今注】山陽：郡名。治昌邑（今山東巨野縣東南）。

蘇令：人名。漢成帝永始三年（前 14），山陽鐵官徒蘇令率二百二十八人暴動。攻殺長吏，盜庫兵，事態波及十九個郡國。殺了東郡太守和汝南都尉，蘇令自稱將軍。事見本書卷一〇《成紀》。

[24]【今注】蹈藉：踐踏。

[25]【顏注】李奇曰：求索與己和及隨己者。

　　士者，國之重器；得士則重，失士則輕。《詩》云："濟濟多士，文王以寧。"[1]廟堂之議，[2]非草茅所當言也。臣誠恐身塗野草，尸并卒伍，[3]故數上書求見，輒報罷。臣聞齊桓之時有以九九見者，桓公不逆，欲以致大也。[4]今臣所言非特九九也，陛下距臣者三矣，此天下士所以不至也。昔秦武王好力，任鄙叩關自鬻；[5]繆公行伯，繇余歸德。[6]今欲致天下之士，民有上書求見者，輒使詣尚書問其所言，言可采取者，秩以升斗之祿，賜以一束之帛。若此，則天下之士發憤懣，吐忠言，[7]嘉謀日聞於上，天下條貫，國家表裏，[8]爛然可睹矣。[9]夫以四海之廣、士民之數，能言之類至衆多也。然其儁桀指世陳政，言成文章，質之先聖而不繆，施之當世合時務，[10]若此者，亦亡幾人。[11]故爵祿束帛者，天下之底石，高祖所以厲世摩鈍也。[12]孔子曰："工欲善其事，必先利其器。"[13]至秦則不然，張誹謗之罔，以爲漢歐除，倒持泰阿，授楚其柄。[14]故誠能勿失其柄，天下雖有不順，莫敢觸其鋒，此孝武皇帝所以辟地建功爲漢世宗也。[15]今不循伯者之道，[16]

廼欲以三代選舉之法取當世之士，[17]猶察伯樂之圖，求騏驥於市，而不可得，亦已明矣。故高祖棄陳平之過而獲其謀，[18]晉文召天王，齊桓用其讎，[19]亡益於時，[20]不顧逆順，此所謂伯道者也。一色成體謂之醇，[21]白黑雜合謂之駮。欲以承平之法治暴秦之緒，[22]猶以鄉飲酒之禮理軍市也。[23]

[1]【顏注】師古曰：《大雅·文王》之詩也。已解於上（於，白鷺洲本、大德本同，殿本作"于"。下同不注）。【今注】案，語見《詩·大雅·文王》。

[2]【今注】案，議，白鷺洲本、大德本同，殿本作"義"。

[3]【今注】案，伍，白鷺洲本、殿本同，大德本作"住"，誤。

[4]【顏注】師古曰：九九，算術，若今九章、五曹之輩。【今注】案，《韓詩外傳》載，齊桓公設庭燎待士人，不至。東野有以九九見者，曰："九九薄能耳，而君猶禮之，況賢於九九者乎。"

[5]【顏注】師古曰：秦武王即孝公之孫，惠文王之子也。任鄙，力士也。

[6]【顏注】師古曰：即秦穆公也。伯讀曰霸。繇讀曰由。【今注】繇余：即由余。春秋晉國人，曾流亡戎地。戎王派由余訪秦。穆公用計拜其爲上卿，由余助秦國攻西戎，並國十二，開地千里，稱霸西戎。

[7]【顏注】師古曰：懣音滿。

[8]【今注】案，裹，大德本同，白鷺洲本、殿本作"裏"。

[9]【顏注】師古曰：爛然，分明貌（貌，白鷺洲本、殿本

作"之貌也"，大德本作"之皃也"）。

　[10]【顏注】師古曰：質，正也。

　[11]【顏注】師古曰：無幾，言不多也。幾，音居豈反。

　[12]【顏注】師古曰：底，細石也，音之履反，又音"祇"。

　[13]【顏注】師古曰：《論語》載孔子之言也。工以喻國政，利器喻賢材（材，白鷺洲本同，大德本、殿本作"才"）。【今注】案，語見《論語・衛靈公》。

　[14]【顏注】師古曰：大阿（大，白鷺洲本、大德本同，殿本作"泰"），劍名，歐冶所鑄也。言秦無道，令陳涉、項羽乘間而發，譬倒持劍而以把授與人也（譬，白鷺洲本、殿本同，大德本作"以喻"）。【今注】泰阿：傳說古寶劍名。《越絕書・外傳記寶劍》："歐冶子、干將鑿茨山，洩其溪，取鐵英，作爲鐵劍三枚：一曰龍淵，二曰泰阿，三曰工布。"成語"泰阿倒持"，意爲把劍柄給別人，自己反受其害。案，泰，白鷺洲本、殿本同，大德本作"秦"。

　[15]【顏注】師古曰：辟讀曰闢。

　[16]【顏注】師古曰：伯讀曰霸。次下亦同。

　[17]【今注】案，世，白鷺洲本、大德本同，殿本作"時"。

　[18]【顏注】師古曰：盜嫂受金之事。【今注】案，楚漢交戰，陳平投奔劉邦。經魏無知的引薦，爲都尉。有將領不服，向劉邦進言，說陳平居家曾與嫂通姦，在軍中接受賄賂。劉邦責問魏無知。魏無知說："我所說的是才能，陛下所問的是品行。"漢王又招陳平責問，陳平說："我空身而來，不接受錢財無辦事費用。如我的計謀可行，希望大王采納；假若沒有值得采用的，錢財都還在，請允許我封好送回官府，我便辭職回家。"劉邦於是向陳平道歉，任命他爲護軍中尉。事見本書卷四〇《陳平傳》。

　[19]【顏注】師古曰：召天王，謂狩于河陽也。用其讎，謂以管仲爲相。並解於上。【今注】晉文召天王：指晉文公召周天子

參加踐土會盟事，從而確立其霸主地位。　　齊桓用其讎：指齊桓公不記管仲一箭之仇而用管仲成霸業。

［20］【今注】案，王念孫《讀書雜志・漢書第十一》説，"亡"當爲"有"，蓋涉後文"亡益於時，有遺於世"而誤。

［21］【今注】案，醇，大德本、殿本作"純"。

［22］【顏注】師古曰：緒謂餘業也。

［23］【今注】軍市：軍事與商業。吳恂《漢書注商》説，軍尚慓毅，市道争利，均非弟長揖讓之禮所能治之也。

今陛下既不納天下之言，又加戮焉。夫繁鵲遭害，則仁鳥增逝；[1]愚者蒙戮，則知士深退。[2]間者愚民上疏，多觸不急之法，或下廷尉，而死者衆。[3]自陽朔以來，[4]天下以言爲諱，朝廷尤甚，[5]群臣皆承順上指，莫有執正。何以明其然也？取民所上書，陛下之所善，試下之廷尉，廷尉必曰"非所宜言，大不敬"，以此卜之，一矣。故京兆尹王章資質忠直，敢面引廷争，孝元皇帝擢之，以厲具臣而矯曲朝。[6]及至陛下，戮及妻子。且惡惡止其身，王章非有反畔之辜，而殃及家。折直士之節，結諫臣之舌，群臣皆知其非，然不敢争，天下以言爲戒，最國家之大患也。願陛下循高祖之軌，杜亡秦之路，[7]數御《十月》之歌，[8]留意《亡逸》之戒，[9]除不急之法，下亡諱之詔，博覽兼聽，謀及疏賤，令深者不隱，遠者不塞，所謂"辟四門，明四目"也。[10]且不急之法，誹謗之微者也。"往者不可及，來者猶可追。"[11]方今君命犯而主威奪,[12]外戚之權日以益隆,陛下不見其形,願察其景。建始以來,[13]日食地震,以率言之,三倍春秋,水災亡與比數。[14]陰盛陽微,金鐵爲飛,此何景也![15]漢興以來,社稷二危。[16]吕、霍、上官皆母后之家也,親親之道,全之爲右,[17]當與之賢師良傅,教以忠孝之道。今迺尊寵其位,授以魁柄,[18]使之驕逆,至於夷滅,[19]此失親親之大者也。自霍光之賢,不能爲子孫慮,故權臣易世則危。《書》曰:"毋若火,始庸庸。"[20]埶陵於君,權隆於主,然後防之,亦亡及已。[21]

[1]【顔注】師古曰:鷔,鸱也。仁鳥,鸞鳳也。鷔音緣。

[2]【顔注】師古曰:蒙,被也。

[3]【顔注】師古曰:以其所言爲不急而罪之也。

[4]【今注】陽朔:漢成帝年號(前24—前21)。

[5]【顔注】師古曰:防人之口,法禁嚴切(白鷺洲本、大德本、殿本"切"後有"也"字)。

[6]【顔注】師古曰:具臣,具位之臣無益者也。矯,正也。

[7]【顔注】師古曰:杜,塞也。

[8]【顔注】孟康曰:福譏切王氏。《十月》之詩,刺后族太盛也。師古曰:《詩·小雅·十月之交》篇也。

[9]【顔注】師古曰:《周書》篇名也,周公作之以戒成王。【今注】亡逸:即《無逸》,《尚書》篇名。舊説周公作之以戒成王。

[10]【顔注】師古曰:《虞書·舜典》曰"闢四門,明四目",言開四門以致衆賢,則明視於四方也。【今注】案,語見

《尚書·虞書·舜典》。

　　[11]【今注】案，語見《論語·微子》。原文爲"往者不可諫，來者猶可追"。

　　[12]【顔注】師古曰：君命犯者，謂大臣犯君之命。

　　[13]【今注】建始：漢成帝年號（前32—前28）。

　　[14]【顔注】師古曰：言其極多，不可比校而數也。

　　[15]【顔注】張晏曰：河平二年，沛郡鐵官鑄鐵如星飛上去（鐵，殿本作"錢"），權臣用事之異也。蘇林曰：言之不從，是謂不艾，則金不從革。景，象也。何象？言將危亡也。

　　[16]【今注】案，二，白鷺洲本、大德本、殿本作"三"。

　　[17]【顔注】師古曰：務全安之，此爲上。

　　[18]【顔注】師古曰：以斗爲喻也，斗身爲魁。【今注】魁柄：喻朝政大權。魁星是北斗星中第一星，又爲第一星至第四星的總稱。

　　[19]【顔注】師古曰：夷，平也，謂平除之。

　　[20]【顔注】師古曰：《周書·洛誥》之辭也。庸庸，微小貌也。言火始微小，不早撲滅則至熾盛。大臣貴擅，亦當早圖黜其權也。【今注】案，語見《尚書·周書·洛浩》，今本"庸庸"作"焰焰"。

　　[21]【顔注】師古曰：已，語終辭。

　　上遂不納。成帝久亡繼嗣，福以爲宜建三統，[1]封孔子之世以爲殷後，[2]復上書曰：

　　[1]【今注】三統：亦謂三正，夏、商、周三代的正朔。夏正建寅爲人統，商正建丑爲地統，周正建子爲天統。三者最主要的區別在於歲首的不同。周曆以通常冬至所在的建子之月（即夏曆的十一月）爲歲首，殷曆以建丑之月（即夏曆的十二月）爲歲首，夏

曆以建寅之月（即後世常説的陰曆正月）爲歲首。周曆比殷曆早一個月，比夏曆早兩個月。三正歲首的月建不同，故四季也不同。

　　[2]【今注】案，孔子遠祖爲宋國貴族，殷王室的後裔。

　　　　臣聞"不在其位，不謀其政"。[1]政者職也，位卑而言高者罪也。越職觸罪，危言世患，雖伏質横分，臣之願也。[2]守職不言，没齒身全，死之日，尸未腐而名滅，雖有景公之位，伏歷千駟，臣不貪也。[3]故願壹登文石之陛，[4]涉赤墀之塗，[5]當户牖之法坐，[6]盡平生之愚慮。亡益於時，有遺於世，[7]此臣寢所以不安，食所以忘味也。願陛下深省臣言。[8]

　　[1]【今注】案，語見《論語·泰伯》。

　　[2]【顔注】師古曰：伏質，斬刑也。横分，謂身首分離也。

　　[3]【顔注】師古曰：景公，齊景公也。《論語》云："齊景公有馬千駟，死之日，人無得而稱焉（人，白鷺洲本、大德本同，殿本作"民"）。"故引之也。

　　[4]【今注】文石之陛：用有紋理的石頭砌成的宮廷臺階。此借指朝廷。

　　[5]【顔注】應劭曰：以丹淹泥塗殿上也（丹，大德本、殿本同，白鷺洲本作"册"）。【今注】赤墀之塗：皇宮中臺階以赤色丹漆涂飾，故稱。此借指朝堂。

　　[6]【顔注】師古曰：户牖之閒謂之扆（大德本"扆"後有"也"字），言負扆也（負，白鷺洲本、殿本作"自"；大德本無"言負扆也"四字）。法坐，正坐也，聽朝之處，猶言法官、法駕也。坐，音才卧反。

[7]【顏注】師古曰：遺，留也。
[8]【顏注】師古曰：省，察也。

　　臣聞"存人所以自立也，壅人所以自塞也"。善惡之報，各如其事。昔者秦滅二周，夷六國，[1]隱士不顯，佚民不舉，[2]絶三統，滅天道，是以身危子殺，厥孫不嗣，[3]所謂壅人以自塞者也。故武王克殷，未下車，存五帝之後，封殷於宋，紹夏於杞，[4]明著三統，示不獨有也。是以姬姓半天下，遷廟之主，流出於户，[5]所謂存人以自立者也。今成湯不祀，殷人亡後。陛下繼嗣久微，殆爲此也。《春秋經》曰："宋殺其大夫。"《穀梁傳》曰："其不稱名姓，以其在祖位，尊之也。"[6]此言孔子故殷後也，雖不正統，封其子孫以爲殷後，禮亦宜之。何者？諸侯奪宗，聖庶奪適。[7]《傳》曰"賢者子孫宜有土"，而況聖人，又殷之後哉！昔成王以諸侯禮葬周公，而皇天動威，雷風著災。[8]今仲尼之廟不出闕里，[9]孔氏子孫不免編户，[10]以聖人而歆匹夫之祀，非皇天之意也。今陛下誠能據仲尼之素功，以封其子孫，[11]則國家必獲其福，又陛下之名與天亡極。何者？追聖人素功，封其子孫，未有法也，後聖必以爲則。不滅之名，可不勉哉！

[1]【顏注】師古曰：二周，東周、西周君也。六國，齊、楚、韓、魏、趙、燕（趙燕，殿本作"燕趙"）。

［2］【顏注】師古曰："佚"與"逸"同也。

［3］【顏注】張晏曰：身爲燕丹、張良所謀，子二世見殺。孫謂子嬰。

［4］【顏注】師古曰：謂封黃帝之後於薊，帝堯之後於祝，帝舜之後於陳，并杞、宋，是爲五帝。

［5］【顏注】李奇曰：言其多。

［6］【顏注】師古曰：事在僖二十五年。《穀梁》所云"在祖位"者，謂孔子本宋孔父之後，防叔奔魯，遂爲魯人。今宋所殺者亦孔父之後留在宋者，於孔子爲祖列，故尊而不名也。

［7］【顏注】如淳曰：奪宗，始封之君尊爲諸侯，則奪其舊爲宗子之事也。奪適，文王舍伯邑考而立武王是也。孔子雖庶，可爲殷後。師古曰：適讀曰嫡。

［8］【顏注】師古曰：《尚書大傳》云："周公疾，曰：'吾死必葬於成周，示天下臣於成王也。'周公死，天乃雷雨以風，禾盡偃，大木斯拔。國恐，王與大夫開金縢之書，執書以泣曰：'周公勤勞王家，子幼人弗及知。'乃不葬之於成周而葬之於畢（不葬之於成，白鷺洲本、大德本同，殿本無"之"字），示天下不敢臣。"【今注】案，《漢書考證》齊召南説，案《大傳》，伏生所著，其説王啓《金縢》，在周公既葬之後，《史記》卷三三《魯周公世家》即用其説。

［9］【顏注】師古曰：闕里，孔子舊里也。言除此之外，更無祭祀孔子者。

［10］【顏注】師古曰：列爲庶人也。

［11］【顏注】師古曰：素功，素王之功也。《穀梁傳》曰"孔子素王"。

福孤遠，又譏切王氏，故終不見納。武帝時，[1]始封周後姬嘉爲周子南君，至元帝時，尊周子南君爲周承休侯，位次諸侯王。使諸大夫博士求殷後，分散爲十餘姓，郡國往往得其大家，推求子孫，絕不能紀。[2]時匡衡議，以爲：“王者存二王後，所以尊其先王而通三統也。其犯誅絕之罪者絕，而更封他親爲始封君，上承其王者之始祖。《春秋》之義，諸侯不能守其社稷者絕。今宋國已不守其統而失國矣，則宜更立殷後爲始封君，而上承湯統，非當繼宋之絕侯也，宜明得殷後而已。今之故宋，推求其嫡，久遠不可得；雖得其嫡，嫡之先已絕，不當得立。《禮記》孔子曰：‘丘，殷人也。’[3]先師所共傳，宜以孔子世爲湯後。”上以其語不經，[4]遂見寢。至成帝時，梅福復言宜封孔子後以奉湯祀。綏和元年，[5]立二王後，推迹古文，以《左氏》《穀梁》《世本》《禮記》相明，遂下詔封孔子世爲殷紹嘉公。[6]語在《成紀》。是時，福居家，常讀書養性爲事。

[1]【今注】案，白鷺洲本、殿本“武帝”前有“初”字。

[2]【顏注】師古曰：不自知其昭穆之數也。

[3]【今注】案，語見《禮記·檀弓上》。

[4]【顏注】師古曰：不合於經也。

[5]【今注】綏和：漢成帝年號（前8—前7）。

[6]【今注】案，孔何齊初封殷紹嘉侯，不久進爵爲公。

至元始中，[1]王莽顓政，[2]福一朝棄妻子，去九江，至今傳以爲仙。其後，人有見福於會稽者，[3]變名姓，爲吳市門卒云。[4]

[1]【今注】元始：漢平帝年號（1—5）。

[2]【顏注】師古曰："顓"讀與"專"同。

[3]【今注】會稽：郡名。治吴縣（今江蘇蘇州市）。

[4]【顏注】師古曰：其後謂棄妻子去之後。

云敞字幼孺，平陵人也。師事同縣吴章，[1]章治《尚書》經爲博士。平帝以中山王即帝位，年幼，莽秉政，[2]自號安漢公。以平帝爲成帝後，[3]不得顧私親，帝母及外家衛氏皆留中山，不得至京師。莽長子宇，非莽鬲絶衛氏，[4]恐帝長大後見怨。宇與吴章謀，夜以血塗莽門，[5]若鬼神之戒，冀以懼莽。章欲因對其咎。事發覺，莽殺宇，誅滅衛氏，謀所聯及，死者百餘人。章坐要斬，磔尸東市門。[6]初，章爲當世名儒，教授尤盛，弟子千餘人，莽以爲惡人黨，皆當禁錮，不得仕宦。門人盡更名他師。[7]敞時爲大司徒掾，自劾吴章弟子，收抱章尸歸，棺斂葬之，[8]京師稱焉。車騎將軍王舜高其志節，[9]比之欒布，[10]表奏以爲掾，薦爲中郎、諫大夫。[11]莽篡位，王舜爲太師。復薦敞可輔職。[12]以病免。唐林言敞可典郡，[13]擢爲魯郡大尹。[14]更始時，[15]安車徵敞爲御史大夫，[16]復病免去，卒于家。

[1]【今注】吴章：漢博士。王莽長子王宇的師傅。治《大夏侯尚書》。吴恂《漢書注商》説，章師事許商，商師事周堪，堪師事夏侯勝。

[2]【今注】莽：即王莽。傳見本書卷九九。

[3]【今注】案,《公羊傳》成公十五年:"爲人後者爲之子。"

[4]【顏注】師古曰:"鬲"讀與"隔"同。

[5]【今注】案,門,白鷺洲本、大德本、殿本作"第門"。

[6]【今注】磔(zhé)尸:陳尸、戮尸。　東市:此指刑場。漢於長安東市處決犯人。後來泛稱刑場爲東市。

[7]【顏注】師古曰:更以他人爲師,諱不言是章弟子。

[8]【顏注】師古曰:棺,音工喚反。斂,音力贍反。

[9]【今注】車騎將軍:武官名。金印紫綬,位僅次於大將軍及驃騎將軍,掌管征伐背叛,有戰事時乃拜官出征。　王舜:王莽堂弟,漢宣帝皇后兄長。爲人嚴整。父死,襲爵爲安陽侯,與王莽相善。哀帝死,王莽執政,爲車騎將軍,迎立平帝,遷太保。

[10]【今注】欒布:傳見本書卷三七。

[11]【今注】中郎:官名。即省中之郎,爲帝王近侍官。秩比六百石。　諫大夫:官名。掌顧問應對,參預謀議,多以名儒宿德爲之。秩比八百石。

[12]【顏注】師古曰:爲輔弼之任。

[13]【今注】唐林:西漢末年名士,以明經飭行顯名。仕王莽封侯。

[14]【今注】魯郡大尹:魯郡太守。王莽改太守爲大尹。魯郡治魯縣(今山東曲阜市)。

[15]【今注】更始:漢更始帝年號(23—25)。

[16]【今注】安車:古代一種坐乘的小車,多爲年老的高官或貴婦乘用。安車多用一馬,禮尊者則用四馬。《禮記·曲禮上》:"大夫七十而致事(退休)……適四方,乘安車。"鄭玄注:"安車,坐乘,若今小車也。"

贊曰:昔仲尼稱不得中行,則思狂狷。[1]觀楊王孫之志,賢於秦始皇遠矣。世稱朱雲多過其實,故曰:

"蓋有不知而作之者，我亡是也。"[2]胡建臨敵敢斷，武昭於外。[3]斬伐姦隙，軍旅不隊。[4]梅福之辭，合於《大雅》，雖無老成，尚有典刑；殷監不遠，夏后所聞。[5]遂從所好，全性市門。云敞之義，著於吳章，爲仁由己，再入大府，[6]清則濯纓，何遠之有?[7]

[1]【顏注】師古曰：《論語》載孔子曰："不得中行而與之，必也狂狷乎! 狂者進取，狷者有所不爲。"中行，中庸也。狷，介也。言必不得中庸之人與之論道，則思狂狷，猶愈於頑嚚無識者也。狷，音工掾反（工，白鷺洲本、殿本、中華本作"子"）。【今注】案，語見《論語·子路》。

[2]【顏注】師古曰：《論語》稱孔子之言也。疾時人妄有述作，非有實也。【今注】案，語見《論語·述而》。

[3]【顏注】師古曰：昭，明也。

[4]【今注】隊：同"墜"。

[5]【顏注】師古曰：《大雅·蕩》之詩曰"雖無老成人，尚有典刑"，言今雖無其人，尚有故法可案用也。又曰"殷監不遠，在夏后之時"，言殷視夏桀之亡，可爲戒也。贊引此者，謂梅福請封孔子後，是案武王克商之法而行之。又視秦滅二周，夷六國，不爲立後，自取喪亡，可爲戒也。【今注】案，語見《詩·大雅·蕩》。

[6]【顏注】師古曰：《論語》稱孔子曰："爲仁由己，而由人乎哉!"故此贊引之。再入大府，謂初爲大司徒掾，後爲車騎將軍掾也。【今注】案，語見《論語·顏淵》。

[7]【顏注】師古曰：《楚辭·漁父之歌》曰："滄浪之水清，可以濯我纓；滄浪之水濁，可以濯我足。"遇治則仕，遇亂則隱，云敞謝病去職，近於此義也。

漢書 卷六八

霍光金日磾傳第三十八

霍光字子孟，票騎將軍去病弟也。[1]父中孺，河東平陽人也，[2]以縣吏給事平陽侯家，[3]與侍者衞少兒私通而生去病。中孺吏畢歸家，娶婦生光，因絕不相聞。久之，少兒女弟子夫得幸於武帝，[4]立爲皇后，去病以皇后姊子貴幸。既壯大，廼自知父爲霍中孺，未及求問。會爲票騎將軍擊匈奴，道出河東，河東太守郊迎，負弩矢先驅，[5]至平陽傳舍，[6]遣吏迎霍中孺。中孺趨入拜謁，將軍迎拜，因跪曰：“去病不早自知爲大人遺體也。”中孺扶服叩頭，[7]曰：“老臣得託命將軍，此天力也。”去病大爲中孺買田宅奴婢而去。還，復過焉，廼將光西至長安，時年十餘歲，任光爲郎，[8]稍遷諸曹侍中。[9]去病死後，光爲奉車都尉、光禄大夫，[10]出則奉車，入侍左右，出入禁闥二十餘年，[11]小心謹慎，未嘗有過，甚見親信。

[1]【今注】票騎將軍：即驃騎將軍，漢武帝元狩二年（前121）始置，以霍去病爲之，金印紫綬，位同三公。　去病：霍去病。傳見本書卷五五。

[2]【顏注】師古曰："中"讀曰"仲"。【今注】河東：郡名。治安邑（今山西夏縣）。　平陽：縣名。治所在今山西臨汾市南。

[3]【顏注】師古曰：縣遣吏於侯家供事也。

[4]【今注】子夫：衛子夫。事見本書卷九七上《外戚傳上》。

[5]【顏注】師古曰：郊迎，迎於郊界之上也。先驅者，導其路也。【今注】郊迎：出郊迎賓，以示尊敬。《管子·小匡》："初，桓公郊迎管子而問焉。管仲辭讓。"

[6]【今注】傳舍：驛站。古時供出行官吏休息住宿之處所。《戰國策·齊策五》："昔者趙氏襲衛，車舍人不休。"又，尹灣漢簡《元延二年日記》記述作爲郡吏的墓主在漢成帝元延二年（前11）一年中出行情況及使用傳舍的情況（參見侯旭東《傳舍使用與漢帝國的日常統治》，《中國史研究》2008年第1期）。

[7]【顏注】師古曰：服，音蒲北反。【今注】扶服：亦作"扶伏""扶匐""匍匐"。伏地爬行。《禮記·檀弓下》："《詩》云：'凡民有喪，扶服救之。'"

[8]【今注】郎：戰國始置。帝王侍從官侍郎、中郎、郎中等的通稱。

[9]【今注】侍中：官名。列侯以下至郎中的加官，無定員，爲丞相之史，以其往來東厢奏事，切問近對，故謂之侍中。

[10]【今注】奉車都尉：官名。漢武帝置，掌御乘輿車。秩比二千石。　光禄大夫：官名。漢武帝置，掌顧問應對。隸於光禄勳。秩比二千石。

[11]【顏注】師古曰：宮中小門謂之闈。【今注】禁闈：宮廷小門。亦指内廷、朝廷。

征和二年，[1]衛太子爲江充所敗，[2]而燕王旦、廣陵王胥皆多過失。[3]是時上年老，寵姬鈎弋趙健伃有

男，^[4]上心欲以爲嗣，命大臣輔之。察群臣唯光任大
重，可屬社稷。^[5]上迺使黃門畫者畫周公負成王朝諸侯
以賜光。^[6]後元二年春，^[7]上游五柞宮，^[8]病篤，光涕
泣問曰："如有不諱，誰當嗣者？"^[9]上曰："君未諭前
畫意邪？^[10]立少子，君行周公之事。"光頓首讓曰：
"臣不如金日磾。"日磾亦曰："臣外國人，^[11]不如光。"
上以光爲大司馬大將軍，^[12]日磾爲車騎將軍，^[13]及太
僕上官桀爲左將軍，^[14]搜粟都尉桑弘羊爲御史大
夫，^[15]皆拜臥內牀下，^[16]受遺詔輔少主。明日，武帝
崩，太子襲尊號，是爲孝昭皇帝。帝年八歲，政事壹
決於光。

[1]【今注】征和：漢武帝年號（前92—前89），又作"延
和"。

[2]【今注】衞太子：漢武帝子劉據。謚戾，故又稱戾太子。
傳見本書卷六三。　江充：漢武帝臣，曾陷害衞太子。事見本書卷
六三《戾太子劉據傳》。

[3]【今注】燕王旦：漢武帝第三子。傳見本書卷六三。　廣
陵王胥：漢武帝第四子。傳見本書卷六三。

[4]【顏注】師古曰：倢伃居鉤弋宮（倢，白鷺洲本、大德
本、殿本作"倢"），故稱之。【今注】趙倢伃：案，白鷺洲本、
大德本、殿本作"趙倢伃"。漢昭帝劉弗陵的生母，住在鉤弋宮。
倢伃，妃嬪稱號，一作"婕妤"。漢武帝置，爲妃嬪之首。元帝時
因增設昭儀，退居第二。

[5]【顏注】師古曰：任，堪也。屬，委也。"任"音"壬"。
屬，音之欲反。

[6]【顏注】師古曰：黃門之署，職任親近，以供天子，百

物在焉，故亦有畫工。【今注】案，以"周公輔成王"爲題材的漢畫像石、畫像磚多見，主要分布在今山東等地。此在東漢猶盛，與霍光、王莽在政治上效法周公正面、反面兩個典型例子有關（參見高二旺《漢畫"周公輔成王"與漢代政治》，《中州學刊》2017 年第 3 期）。

[7]【今注】後元：漢武帝年號（前 88—前 87）。

[8]【今注】五柞宫：漢宮殿。故址在今陝西周至縣集賢鎮。宮内有五柞樹（又説爲梧桐樹），蔭蓋數畝，故稱五柞宫。

[9]【顔注】師古曰：不諱，言不可諱也。

[10]【顔注】師古曰：諭，曉也。

[11]【今注】案，金日磾爲匈奴人（參見王震亞《西漢少數民族政治家金日磾及其家世》，《西北師範大學學報》1986 年第 3 期）。

[12]【今注】大司馬大將軍：將軍的最高稱謂，位在三公上，卿以下皆拜。後又設大司馬，爲將軍的加官。自漢武帝起，章奏的拆讀與審議，轉歸以大將軍爲首的尚書，分丞相權。自霍光以大司馬大將軍的名義當政，大將軍實爲中朝官領袖，權力已逾丞相。

[13]【今注】車騎將軍：軍官名。漢制，金印紫綬，位次於大將軍及驃騎將軍。

[14]【今注】太僕：官名。置於春秋。秦漢沿襲，九卿之一。掌皇帝的輿馬和馬政。　上官桀：外戚大臣，漢昭帝上官皇后的祖父。事見本書卷九七上《外戚傳上》。　左將軍：軍官名。漢制，金印紫綬，位僅次於上卿。掌京師兵衛、或屯兵邊境。漢不常置。

[15]【今注】搜粟都尉：官名。又名"治粟都尉"。"搜"亦作"駷"。漢武帝時設，專管徵集軍糧之事，不常置。　桑弘羊：漢武帝時管理財政大臣。出身於商賈，十三歲時以精於心算入侍宮中。歷任侍中、大農丞、治粟都尉、大司農等職。先後推行算緡、告緡、鹽鐵官營、均輸、平準、幣制改革、屯田戍邊、酒榷等經濟

政策，大幅度增加了國家的財政收入，爲武帝文治武功奠定了物質基礎。（參見晉文《桑弘羊評傳》，南京大學出版社 2005 年版）

御史大夫：官名。秦漢皆置，負責監察百官，代朝廷起草詔命文書等。三公之一，但品秩二千石（丞相、太尉均爲一萬石）。

[16]【顔注】師古曰：於天子所卧牀前拜職。【今注】卧内：卧室，内室。顔注有誤。王念孫《讀書雜志·漢書第十一》説，室謂之内，故卧室謂之卧内。《盧綰》《楚元王傳》並云“出入卧内”，《周仁傳》“入卧内”，《史丹傳》“直入卧内”，皆是也。顔此注及《金日磾傳》注，皆未曉“卧内”二字之義。

先是，後元年，侍中僕射莽何羅與弟重合侯通謀爲逆，[1]時光與金日磾、上官桀等共誅之，功未録。武帝病，封璽書曰：“帝崩發書以從事。”遺詔封金日磾爲秺侯，[2]上官桀爲安陽侯，光爲博陸侯，[3]皆以前捕反者功封。時衛尉王莽子男忽侍中，[4]揚語曰：[5]“帝崩，忽常在左右，安得遺詔封三子事！[6]群兒自相貴耳。”光聞之，切讓王莽，[7]莽酖殺忽。[8]

[1]【顔注】師古曰：莽，音莫户反。【今注】侍中僕射：官名。侍中之長官，以侍中年高仕久者任之。　莽何羅：人名。又作“馬何羅”（《史記·建元以來侯者年表》《資治通鑑》《唐六典》引作“馬何羅”）。莽何羅與江充友善，江充被滅族後，莽何羅與弟莽通、莽安成刺殺漢武帝。行刺中，莽何羅被金日磾抱捽，倒在地下被擒。關於其名有二説：其一，莽何羅爲歸順漢朝的匈奴人，匈奴語“莽何”的漢語音譯爲“馬”。但《史記》亦載其名爲“馬何羅”，且其弟名爲“莽通”，非“莽何通”。其二，莽何羅祖先是趙國將領趙奢，號馬服君，子孫以馬爲姓。本書卷六《武紀》孟康

注："今此言莽，明德馬后惡其先人有反，易姓莽。"即因東漢明帝之馬皇后改馬爲莽。

　　[2]【今注】秺（dù）：侯國名。治所在今山東成武縣西北。

　　[3]【顏注】文穎曰：博，大。陸，平。取其嘉名，無此縣也，食邑北海、河東城。師古曰：蓋亦取鄉聚之名以爲國號，非必縣也，公孫弘平津鄉則是矣（案，《漢書考證》齊召南説，注"河"字下脱"閒"字，"城"則"郡"之訛。本書《外戚恩澤侯表》云"北海河閒東郡"，師古注"光初封食北海、河閒，後益封，又食東郡"，可知此注脱誤顯然）。

　　[4]【顏注】師古曰：即右將軍王莽也。其子名忽。【今注】衞尉：官名。秦漢皆置，九卿之一，爲統率衞士守衞宮禁之官。秩中二千石。　王莽：字稚叔，天水人。見本書《百官公卿表》。此王莽非新朝建立者王莽。

　　[5]【顏注】師古曰：揚謂宣唱之。

　　[6]【顏注】師古曰：安猶焉。

　　[7]【顏注】師古曰：切，深也。讓，責也。

　　[8]【今注】酖：毒藥，毒酒。《左傳》閔公元年："宴安酖毒，不可懷也。"孔穎達《正義》："宴安自逸，若酖毒之藥，不可懷戀也。"

　　光爲人沈静詳審，長財七尺三寸，[1]白晳，疏眉目，美須顧。[2]每出入下殿門，止進有常處，郎僕射竊識視之，不失尺寸，[3]其資性端正如此。初輔幼主，政自己出，[4]天下想聞其風采。[5]殿中嘗有怪，一夜群臣相驚，光召尚符璽郎，[6]郎不肯授光。光欲奪之，郎按劍曰："臣頭可得，璽不可得也！"光甚誼之。明日，詔增此郎秩二等。衆庶莫不多光。[7]

[1]【顏注】師古曰："財"與"纔"同。【今注】案，一般認爲漢代一尺爲 21.35—23.7 釐米。若取 23.75 釐米爲一漢尺，則霍光身高 1.73 米，遠過漢代人平均身高（不會超過 1.7 米），與"長財七尺三寸"的叙述不洽。關於漢尺，參見白雲翔《漢代尺度的考古發現及相關問題研究》（《東南文化》2014 年第 2 期）；關於漢代人身高，參見彭衛《秦漢人身高考察》（《文史哲》2015 年第 6 期）。

[2]【顏注】師古曰：晳，絜白也（絜，白鷺洲本、大德本同，殿本作"潔"）。顤，頰毛也。晳音先歷反。顤音人占反。

[3]【顏注】師古曰：識，記也，音式志反。【今注】案，王先謙《漢書補注》説，郎有僕射，爲諸郎長，見本書《百官公卿表》。

[4]【顏注】師古曰：自，從也。

[5]【顏注】師古曰：采，文采。

[6]【顏注】師古曰：恐有變難，故欲收取璽。【今注】尚符璽郎：官名。亦稱尚符璽郎中，屬符節令。漢以郎官而掌符璽，故名。陳直《漢書新證》説，尚符璽郎不見於本書《百官公卿表》，但見於《續漢書·百官志》，屬於少府之符節令。蓋東漢之制因於西漢。案，王先謙《漢書補注》説，《資治通鑑》此句下有"欲收取璽"四字，復引顏注於下，是也。顏注正釋收璽之故，若無四字，則"召郎"語意不完，下文"郎不肯授"無根，顏注文義亦無所承。各本皆脱，賴《通鑑》存之。胡三省注："《續志》：'符璽郎中二人在中，主璽及虎符、竹符之半者。'"官本注"其"作"取"。

[7]【顏注】師古曰：多猶重也。以此事爲多足重也。

光與左將軍桀結婚相親，光長女爲桀子安妻。有女年與帝相配，[1]桀因帝姊鄂邑蓋主内安女後宮爲健仔，[2]數月立爲皇后。父安爲票騎將軍，封桑樂侯。光時休沐出，[3]桀輒入代光決事。桀父子既尊盛，而德長公主。[4]公主内行不修，近幸河間丁外人。[5]桀、安欲爲外人求封，幸依國家故事以列侯尚公主者，[6]光不許。又爲外人求光禄大夫，欲令得召見，又不許。長主大以是怨光。而桀、安數爲外人求官爵弗能得，亦慙。自先帝時，桀已爲九卿，位在光右。[7]及父子並爲將軍，有椒房中宫之重，[8]皇后親安女，光迺其外祖，而顧專制朝事，[9]繇是與光争權。[10]

[1]【顏注】晉灼曰：漢語光嫡妻東閭氏生安夫人，昭后之母也。

[2]【顏注】師古曰：鄂邑，所食邑，爲蓋侯所尚，故云蓋主也。【今注】鄂邑蓋主：漢武帝之女，漢昭帝異母姐，昭帝朝封爲長公主。因其封地在鄂邑，故稱鄂邑公主。因嫁蓋侯爲妻，或其生母姓蓋，又稱蓋主或鄂蓋主。史書對鄂邑公主的丈夫無確切記載。據《居延新簡》資料，公主有一孫叫“丁子沱”。因公主曾有一面首叫丁外人，故有猜測丁子沱是公主與丁外人的孫子。但亦有可能公主的丈夫是樂成侯丁義，丁子沱是公主合法的孫子。參見甘肅省文物考古研究所《居延新簡》“甘露二年丞相御史律令”（文物出版社1990年版）。　内：納。　案，健仔，白鷺洲本、大德本、殿本作“僆仔”。

[3]【今注】休沐：休假。漢有休假制度，五日休假一天，稱“休沐”。冬至、夏至爲例假。又有告假，分予告、賜告。予告是因功（考課上等者）由朝廷依規准予休假；賜告則是因病給假。漢制，請假三個月免官，經賜告者可延長。有喪假，依喪服制度，長者三年，短者三十六天。近年出土簡牘多有休告記述（參見張艷玲

《漢代官吏休假制度研究綜述》，《甘肅社會科學》2007 年第 5 期）。王先謙《漢書補注》説，《資治通鑑》胡三省注："漢制，中朝官五日一下里舍休沐。"

　　[4]【顏注】師古曰：懷其恩德也。

　　[5]【今注】丁外人：本名少君。西漢河間郡（今河北獻縣東南）人。外人是當時對關外人的通稱。

　　[6]【今注】故事：漢舊例，凡娶公主爲妻者，皆封侯。

　　[7]【顏注】師古曰：右，上也。【今注】案，錢大昕《廿二史考異・漢書三》説，本書《百官公卿表》："後元二年，太僕上官桀爲左將軍。"其初除太僕，表不得其年，蓋征和二年（前 91）公孫敬聲有罪下獄，即以桀代之也。《漢書考證》齊召南説，桀爲太僕，秩中二千石，光爲奉車都尉，僅比二千石。故曰"位在光右"。

　　[8]【顏注】師古曰：椒房殿，皇后所居。【今注】椒房：西漢未央宮皇后所居殿名。椒，即花椒。漢后妃所住的宮殿，用花椒和泥塗抹墻，取其溫暖有香氣，兼有多子之意，故名。又稱椒室、椒庭、椒第、椒殿等。

　　[9]【顏注】師古曰：顧猶反也。

　　[10]【顏注】師古曰："繇"讀與"由"同。

　　燕王旦自以昭帝兄，常懷怨望。及御史大夫桑弘羊建造酒榷鹽鐵，[1]爲國興利，伐其功，[2]欲爲子弟得官，亦怨恨光。於是蓋主、上官桀、安及弘羊皆與燕王旦通謀，詐令人爲燕王上書，言："光出都肄郎羽林，道上稱趯，[3]太官先置。[4]又引蘇武前使匈奴，拘留二十年不降，還廼爲典屬國，[5]而大將軍長史敞亡功爲搜粟都尉。[6]又擅調益莫府校尉。[7]光專權自恣，疑有非常。臣旦願歸符璽，入宿衛，察姦臣變。"候司光出沐日奏之。桀欲從中下其事,[8]桑弘羊當與諸大臣共執退光。書奏,帝不肯下。

[1]【今注】酒榷鹽鐵:酒專賣、鹽鐵官營。榷,白鷺洲本、大德本、殿本作"権"。

[2]【顏注】師古曰:伐,矜也。

[3]【顏注】孟康曰:都,試也。肄,習也。師古曰:謂總閱試習武備也。【今注】都肄:檢閱操練。 趯:即"蹕"。帝王出行時清道。

[4]【顏注】師古曰:供食飲之具。【今注】太官:官名。掌皇帝膳食及燕享之事。案,王先謙《漢書補注》說,太官掌御飲食,有令丞,屬少府。二事皆言其僭越。

[5]【今注】典屬國:官名。負責屬國事務。秩二千石。案,蘇武在匈奴凡十九年。

[6]【顏注】師古曰:楊敞也。【今注】大將軍長史:大將軍府掾屬之長。秩千石。秦漢丞相、郡守等幕府皆設有長史官,大將軍設府置官自霍光始。

[7]【顏注】師古曰:調,選也。莫府,大將軍府也。調,音徒釣反。

[8]【顏注】師古曰:下謂下有司也,音胡稼反。

明旦,光聞之,止畫室中不入。[1]上問:"大將軍安在?"左將軍桀對曰:"以燕王告其罪,故不敢入。"有詔召大將軍。光入,免冠頓首謝,上曰:"將軍冠。[2]朕知是書詐也,將軍亡罪。"光曰:"陛下何以知之?"上曰:"將軍之廣明,都郎屬耳。[3]調校尉以來未能十日,燕王何以得知之?且將軍爲非,不須校尉。"[4]是時帝年十四，尚書左右皆驚，[5]而上書者果亡，捕之甚急。桀等懼，白上小事不足遂，[6]上不聽。

[1]【顏注】如淳曰：近臣所止計畫之室也，或曰彫畫之室也。師古曰：彫畫是也。【今注】畫室：殿門西閣房間，內有古帝王畫像。案，周壽昌《漢書注校補》說："畫室，當是殿前西閣之室。《楊敞傳》'上觀西閣上畫人，指桀紂畫謂樂昌侯王武'云云，又云'畫人有堯舜禹湯'，則知西閣畫古帝王像，故稱畫室。蔡質《漢官典職》曰：'明光殿省中皆以胡粉塗殿，紫青界之，畫古烈士，重行書讚。'《文苑英華》盧碩《畫諫》曰：'漢文帝於未央宮承明殿畫屈軼草，進善旌，誹謗木，敢諫鼓，獬豸。'益知漢宮殿皆有圖畫也。時昭帝御殿內，光止西閣之室中以待命。不入，言不入殿也。"

[2]【顏注】師古曰：令復著冠也。

[3]【顏注】師古曰：之，往也。廣明，亭名也。屬耳，近耳也。屬，音之欲反。【今注】廣明：驛亭名。在長安城東都門外。 都：率領。案，王先謙《漢書補注》說，耳，語詞。郎羽林皆郎屬也。"屬"不當訓"近"。胡注："廣明亭在長安城東，東都門外。"亦詳本書卷六三《戾太子傳》。

[4]【顏注】文穎曰：帝云將軍欲反，不由一校尉。【今注】案，陳直《漢書新證》說，《續漢書·百官志》："大將軍營五部，部校尉一人，比二千石。"霍光雖掌兵權，但不在行伍，此時方調用校尉。

[5]【今注】尚書：職官名。秦置，隸屬少府，掌殿內文書。漢武帝強化集權，因尚書在皇帝左右，地位漸重。案，王先謙《漢書補注》說："胡注：據表，尚書、中書為兩官，《續志》合為一官。此時既有尚書，則與中書謁者為兩官明矣。沈約《宋志》亦以為兩官。"

[6]【顏注】師古曰：遂猶竟也。不須窮竟也。

後桀黨與有譖光者，[1]上輒怒曰："大將軍忠臣，先帝所屬以輔朕身，[2]敢有毀者坐之。" 自是桀等不敢復言，廼謀令長公主置酒請光，伏兵格殺之，因廢帝，迎立燕王爲天子。事發覺，光盡誅桀、安、弘羊、外人宗族。燕王、蓋主皆自殺。光威震海内。昭帝既冠，[3]遂委任光，訖十三年，百姓充實，四夷賓服。

[1]【今注】黨與：同黨之人。 譖（zèn）：誣陷，中傷。

[2]【顏注】師古曰：屬，委也，音之欲反。其下亦同。

[3]【今注】冠：古時男子二十而冠。漢昭帝行冠時在元鳳四年（前77），年十八。

元平元年，[1]昭帝崩，亡嗣。武帝六男獨有廣陵王胥在，群臣議所立，咸持廣陵王。王本以行失道，先帝所不用。光内不自安。郎有上書言："周太王廢太伯立王季，文王舍伯邑考立武王，唯在所宜，[2]雖廢長立少可也。廣陵王不可以承宗廟。" 言合光意。光以其書視丞相敞等，[3]擢郎爲九江太守，[4]即日承皇太后詔，[5]遣行大鴻臚事少府樂成、宗正劉德、光禄大夫吉、中郎將利漢迎昌邑王賀。[6]

[1]【今注】元平：漢昭帝年號。漢用元平年號一年，即元平元年（前74）。公元前74年四月，昭帝崩。六月昌邑王即位，未定立年號，被廢。七月漢宣帝即位，沿用元平年號，次年改元。

[2]【顏注】師古曰：太伯者，王季之兄。伯邑考，文王長子也。

[3]【顏注】師古曰："視"讀曰"示"。敞即楊敞也。

[4]【今注】九江：郡名。治壽春（今安徽壽縣）。

[5]【今注】皇太后：漢昭帝之上官皇后。

[6]【今注】大鴻臚：官名。秦及漢初本名典客，爲九卿之一。掌管諸侯及藩屬國事務。漢景帝中元六年（前144），改名大行令。武帝太初元年（前104），改名大鴻臚。秩中二千石。　少府：官名。始設於戰國，秦漢沿置。九卿之一，掌皇室私財和生活事務。秩中二千石。　樂成：或作"史樂成"。陳直《漢書新證》說，或作"使樂成"及"便樂成"。"史"字爲省文，"便"字爲誤字。　宗正：官名。秦置，西漢沿置。掌皇室宗親。九卿之一。劉德：楚元王劉交曾孫，宗正劉辟強子。劉交後裔在西漢多次出任宗正，甚至因此改劉姓宗。參見本書《百官公卿表》、卷三六《楚元王傳》。　光禄大夫：官名。漢武帝時始改中大夫爲光禄大夫，掌顧問應對。秩二千石。　吉：丙吉。傳見本書卷七四。　中郎將：官名。漢時皇帝衛侍有五官中郎將之名號。地位僅次於將軍。

昌邑王賀：劉賀。傳見本書卷六三。

　　賀者，武帝孫，昌邑哀王子也。[1]既至，即位，行淫亂。光憂懣，[2]獨以問所親故吏大司農田延年。[3]延年曰："將軍爲國柱石，[4]審此人不可，何不建白太后，[5]更選賢而立之？"光曰："今欲如是，於古嘗有此不？"[6]延年曰："伊尹相殷，廢太甲以安宗廟，後世稱其忠。[7]將軍若能行此，亦漢之伊尹也。"光廼引延年給事中，[8]陰與車騎將軍張安世圖計，[9]遂召丞相、御史、將軍、列侯、中二千石、大夫、博士會議未央宮。[10]光曰："昌邑王行昏亂，恐危社稷，如何？"群臣皆驚鄂失色，[11]莫敢發言，但唯唯而已。田延年前，離席按劍，曰："先帝屬將軍以幼孤，寄將軍以天下，以將軍忠賢能安劉氏也。今群下鼎沸，社稷將傾，且漢之傳諡常爲孝者，以長有天下，令宗廟血食也。如令漢家絕祀，[12]將軍雖死，何面目見先帝於地下乎？今日之議，不得旋踵。[13]群臣後應者，臣請劍斬之。"光謝曰："九卿責光是也。天下匈匈不安，光當受難。"[14]於是議者皆叩頭，曰："萬姓之命在於將軍，唯大將軍令。"[15]

[1]【今注】昌邑哀王：劉髆（bó），漢武帝第五子。

[2]【顏注】師古曰："懣"音"滿"，又音"悶"字（字，大德本同，白鷺洲本、殿本無）。

[3]【今注】田延年：傳見本書卷九〇。田延年原在霍光府中任事，故稱"故吏"。案，周壽昌《漢書注校補》説，光爲大將軍在武帝朝，無印綬、官屬。延年初以材略給事大將軍幕府，故稱故吏。

[4]【顏注】師古曰：柱者，梁下之柱；石（大德本、殿本"石"後有"者"字），承柱之礎也。言大臣負國重任，如屋之柱及其石也。

[5]【顏注】師古曰：立議而白之。

[6]【顏注】師古曰：光不涉學，故有此問也。

[7]【顏注】師古曰：《商書·太甲篇》曰"太甲既立，弗明，伊尹放諸桐"是也。【今注】太甲：商湯嫡長孫，商朝第四位君主。太甲繼位之初，伊尹輔政，太甲繼位第三年，暴虐百姓，朝政昏亂，伊尹把他放逐到商湯墓地附近的桐宮，自己攝政，史稱

"伊尹放太甲"。太甲在桐宮三年，悔過自責，伊尹便還政於他。

[8]【今注】給事中：加官名。加此號得給事宮禁中，常侍皇帝左右，每日上朝謁見。

[9]【顏注】師古曰：圖，謀也。【今注】張安世：酷吏張湯之子，麒麟閣十一功臣之一。傳見本書卷五九。

[10]【今注】未央宮：漢正宮。在秦章臺基礎上修建，位於漢長安城地勢最高的西南角龍首原上，因在長安城安門大街之西，又稱西宮。

[11]【顏注】師古曰：凡言鄂者，皆謂阻礙不依順也，後字作愕，其義亦同。

[12]【顏注】師古曰：如，若也。

[13]【顏注】師古曰：宜速決。【今注】旋踵：畏縮。

[14]【顏注】師古曰：受其憂責也。【今注】案，《漢書考正》引宋祁說，"受難"改作"處難"。

[15]【顏注】師古曰：言一聽之也。

　　光即與群臣俱見白太后，具陳昌邑王不可以承宗廟狀。皇太后迺車駕幸未央承明殿，[1]詔諸禁門毋內昌邑群臣。王入朝太后還，乘輦欲歸溫室，[2]中黃門宦者各持門扇，王入，門閉，昌邑群臣不得入。王曰："何爲?"大將軍跪曰："有皇太后詔，毋內昌邑群臣。"王曰："徐之，何迺驚人如是!"光使盡驅出昌邑群臣，置金馬門外。車騎將軍安世將羽林騎收縛二百餘人，皆送廷尉詔獄。令故昭帝侍中中臣侍守王。[3]光勑左右："謹宿衛，卒有物故自裁，令我負天下，有殺主名。"[4]王尚未自知當廢，謂左右："我故群臣從官安得罪，而大將軍盡繫之乎。"[5]頃之，有太后詔召王。王聞召，意恐，廼曰："我安得罪而召我哉！"太后被珠襦，[6]盛服坐武帳中，侍御數百人皆持兵，期門武士陛戟，陳列殿下。[7]群臣以次上殿，召昌邑王伏前聽詔。光與群臣連名奏王，尚書令讀奏曰：[8]

[1]【今注】承明殿：未央宮十四個宮殿之一，朝臣休息處。

[2]【今注】溫室：在未央宮殿北，皇帝冬天因其溫暖居於此殿。

[3]【今注】中臣：内臣，中朝官泛稱。陳直《漢書新證》疑"中臣"當作"中官"，誤。《後漢書》卷五四《楊震傳》："其日戊辰，三者皆土，位在中宮，此中臣近官盛於持權用事之象也。"錢大昭《漢書辨疑》説，侍中爲中朝官，故稱中臣。

[4]【顏注】師古曰："卒"讀曰"猝"。物故，死也。自裁，自殺也。

[5]【顏注】師古曰：安，焉也。

[6]【顏注】如淳曰：以珠飾襦也。晉灼曰：貫珠以爲襦，形若今革襦矣。師古曰：晉説是也。

[7]【顏注】師古曰：陛戟謂執戟以衛陛下也。【今注】期門：官名。漢武帝時置，職掌皇帝出入護衛之事。武帝喜微行，多與西北六郡良家子能騎射者期約在殿門會合，故稱。

[8]【今注】尚書令：官名。秦漢皆置。少府屬官，負責管理少府文書和傳達命令。漢武帝時鞏固皇權，設内朝官，任用少府尚書處理天下章奏，遂涉及國家政治中樞。位輕權重。

丞相臣敞、[1]大司馬大將軍臣光、車騎將軍臣安世、[2]度遼將軍臣明友、[3]前將軍臣增、[4]後將軍臣充國、[5]御史大夫臣誼、[6]宜春侯臣譚、[7]當塗侯臣聖、[8]隨桃侯臣昌樂、[9]杜侯臣屠耆堂、[10]太僕臣延年、[11]太常臣昌、[12]大司農臣延年、[13]宗正臣德、[14]少府臣樂成、[15]廷尉臣光、[16]執金吾臣延壽、[17]大鴻臚臣賢、[18]左馮翊臣廣明、[19]右扶風臣德、[20]長信少府臣嘉、[21]典屬國臣武、[22]京輔都尉臣廣漢、[23]司隸校尉臣辟兵、[24]諸吏文學光禄大夫臣遷、[25]臣畸、[26]臣吉、[27]臣賜、臣管、臣勝、臣梁、臣長幸、[28]臣夏侯勝、[29]太中大夫臣德、[30]臣卬[31]昧死言皇太后陛下：臣敞等頓首死罪。天子所以永保宗廟總壹海內者，以慈孝禮誼賞罰爲本。孝昭皇帝早棄天下，亡嗣，臣敞等議，《禮》曰“爲人後者爲之子也”，[32]昌邑王宜嗣後，遣宗正、大鴻臚、光禄大夫奉節使徵昌邑王典喪。服斬縗，[33]亡悲哀之心，廢禮誼，居道上不素食，[34]使從官略女子載衣車，內所居傳舍。始至謁見，立爲皇太子，常私買雞豚以食。受皇帝信璽、行璽大行前，[35]就次發璽不封。[36]從官更持節，[37]引內昌邑從官騶宰官奴二百餘人，常與居禁闥內敖戲。自之符璽取節十六，[38]朝暮臨，[39]令從官更持節從。[40]爲書曰：“皇帝問侍中君卿：[41]使中御府令高昌奉黃金千斤，賜君卿取十妻。”大行在前殿，發樂府樂器，引內昌邑樂人，擊鼓歌吹作俳倡。[42]會下還，上前殿，[43]擊鐘磬，召內泰壹、宗廟樂人，輦道牟首，[44]鼓吹歌舞，悉奏衆樂。發長安厨三大牢，具祠閣室中，[45]祀已，與從官飲啗。[46]駕法駕，皮軒鸞旗，驅馳北宫、桂宫，弄彘鬥虎。[47]召皇太后御小馬車，[48]使官奴騎乘，遊戲掖庭中。與孝昭皇帝宫人蒙等淫亂，詔掖庭令敢泄言要斬。[49]

[1]【顏注】師古曰：楊敞也。【今注】敞：楊敞。傳見本書卷六六。

[2]【顏注】師古曰：張子孺。

[3]【顏注】師古曰：范明友。【今注】度遼將軍：武官名。漢雜號將軍。漢昭帝元鳳三年（前78）任命中郎將范明友爲度遼將軍，因度遼水而得名，銀印青綬，秩二千石。後有增秩。屯札在五原曼柏縣（今内蒙古准格爾旗西北），與烏桓校尉合稱二營。一般流放的罪人都會發配到度遼將軍轄地（參見李炳泉《兩漢度遼將軍新考》，《中國邊疆史地研究》2018年第4期）。　明友：范明友，爲霍光女婿，漢武帝晚年始受重用，昭宣時重要的將軍之一。《史記》《漢書》無傳。據《史記·建元以來侯者年表》，其生於隴西郡“世習外國事”之家。

[4]【顏注】師古曰：韓增。【今注】前將軍：武官名。漢不常置。金印紫綬，位次上卿。典京師兵衞、屯兵邊境。漢末以後，將軍名號繁多，名稱素樸之前、後、左、右之類，遂漸廢棄。增：韓增。韓王信玄孫、按道侯韓説之子。出身貴族，歷事三主，爲人寬和自守。

[5]【顏注】師古曰：趙充國。【今注】充國：趙充國。傳見本書卷六九。

[6]【顏注】師古曰：蔡誼。【今注】誼：蔡誼，一作“蔡義”。傳見本書卷六六。

[7]【顏注】師古曰：王訢子。【今注】譚：王訢之子。本書卷六六《王訢傳》有載，訢薨，子譚嗣。譚薨，“子咸嗣。王莽妻

即咸女"。

[8]【顏注】師古曰：姓魏也。

[9]【顏注】師古曰：姓趙，故蒼梧王趙光子。

[10]【顏注】師古曰：故胡人。

[11]【顏注】師古曰：杜延年。【今注】延年：杜周之子。傳見本書卷六〇。

[12]【顏注】師古曰：蒲侯蘇昌。【今注】太常：官名。秦置奉常，九卿之一，掌宗廟禮儀。秩中二千石。漢景帝改爲太常。一説西漢初名太常，惠帝改爲奉常，景帝時恢復舊稱。

[13]【顏注】師古曰：田延年。【今注】大司農：官名。本名治粟内史，秦置，漢沿置，九卿之一。秩中二千石。漢景帝後元元年（前143），更名爲大農令，武帝太初元年（前104），改爲大司農。掌錢糧，爲國家財政主管。 延年：田延年。傳見本書卷九〇。

[14]【顏注】師古曰：劉向父。

[15]【顏注】師古曰：姓史也。

[16]【顏注】師古曰：李光。【今注】廷尉：官名。西漢時亦稱大理。秦漢皆置。位列九卿，掌國家司法審判。秩中二千石。

[17]【顏注】師古曰：李延壽。【今注】執金吾：官名。負責京師的治安警衛，掌北軍，和掌南軍守衛宮禁的衛尉相爲表裏。武帝時設立八校尉，屬中尉。原三輔的軍事長官是中尉，後設中壘校尉，以分割中尉部分權力。元鼎四年（前113），武帝於内史地區設置京輔都尉、左輔都尉、右輔都尉等三都尉。至太初元年分内史地區爲三輔，分別置長史，中尉改稱執金吾，至此其軍事實權已被各個都尉分割，威風不在，而由皇帝總攬大權（參見林劍鳴《秦漢史》，上海人民出版社2003年版，第324頁）。

[18]【顏注】師古曰：韋賢。【今注】賢：韋賢。傳見本書卷七三。

[19]【顏注】師古曰：田廣明。【今注】左馮翊：官名。漢代三輔之一。漢時將京兆尹、左馮翊、右扶風稱三輔，京師附近地區歸三個地方官分別管理。秦時以內史掌治京師，漢武帝時分置左、右內史。漢武帝太初元年將左內史更名爲左馮翊，治長安（今陝西西安市東北），相當於郡守。

[20]【顏注】師古曰：周德。【今注】右扶風：官名。漢代三輔之一。秦置主爵都尉。漢景帝中元六年（前144）更名都尉，武帝太初元年更名右扶風，取扶助風化之意。轄地在今陝西西安市長安區西，爲拱衛首都長安三輔之一。案，王先謙《漢書補注》曰："據《公卿表》，元封六年宣免，太初元年爲右扶風，中廢不過數月。"

[21]【顏注】師古曰：不知姓。【今注】長信少府：官名。漢有長信詹事，主皇太后宮，由宦者任職。景帝改爲長信少府。

[22]【顏注】師古曰：蘇武。【今注】典屬國：官名。掌少數民族事務。秩二千石。案，沈欽韓《漢書疏證》引《容齋四筆》："《武傳》，昭帝時免武官，以故二千石與定策。此奏直稱'典屬國'，《宣紀》封侯亦然，恐誤。"

[23]【顏注】師古曰：趙廣漢。【今注】京輔都尉：官名。漢執金吾的屬官有左京輔都尉、右京輔都尉各一人。輔助執金吾分區徼巡京師。　廣漢：趙廣漢。傳見本書卷七六。

[24]【顏注】師古曰：不知姓。【今注】司隸校尉：官名。舊號臥虎。爲監督京師和京城周邊地方的秘密監察官。始置於漢武帝征和四年（前89）。秩二千石。

[25]【顏注】師古曰：王遷。

[26]【顏注】師古曰：宋畸。

[27]【顏注】師古曰：景吉。【今注】案，錢大昭《漢書辨疑》説，景吉即丙吉也。唐諱"丙"字，故"丙丁"皆爲"景丁"。

[28]【顏注】師古曰：並不知姓也。

[29]【顏注】李奇曰：同官同名，故以姓別也。【今注】夏侯勝：傳見本書卷七五。

[30]【顏注】師古曰：不知姓。【今注】太中大夫：官名。秦漢皆置。掌論議。秩比千石。案，太中，白鷺洲本、大德本同，殿本作"大中"。

[31]【顏注】師古曰：趙充國子也。

[32]【今注】案，此句不見於三《禮》。《儀禮》類似者有"爲人後者爲其昆弟"。"爲人後者爲之子"，語出《公羊傳》成公十五年。意思是，改做他人後嗣的人，就是他人的兒子（參見孫筱《從"爲人後者爲之子"談漢廢帝劉賀的立與廢》，《史學月刊》2016 年第 9 期）。

[33]【顏注】師古曰：典喪服，言爲喪主也。斬縗，謂縗裳下不縫，直斬割之而已。縗，音步千反。【今注】案，錢大昭《漢書辨疑》說，典喪，爲喪主也。顏以"典喪服"爲句，失其指矣。楊樹達《漢書窺管》認爲錢說是，本書卷六三《昌邑王傳》云"霍光徵王賀典喪"，其明證也。

[34]【顏注】師古曰：素食，菜食無肉也。言王在道常肉食，非居喪之制也。而鄭康成解《喪服》素食云"平常之食"，失之遠矣。素食，義亦見《王莽傳》。

[35]【顏注】孟康曰：漢初有三璽，天子之璽自佩，行璽、信璽在符節臺。大行前，昭帝柩前也。韋昭曰：大行，不反之辭也。【今注】信璽：秦漢時皇帝徵召大臣、調兵遣將用的玉璽。先秦凡印皆可稱璽，自秦始皇以後，祇有帝王之印可稱璽，其他人的印皆稱印或章。　行璽：秦漢時皇帝發布詔令、册封諸侯王用的玉璽。《續漢書·輿服志》"乘輿黃赤綬"，劉昭注引《漢舊儀》："璽皆白玉螭虎紐，文曰'皇帝行璽''皇帝之璽''皇帝信璽''天子行璽''天子之璽''天子信璽'，凡六璽。皇帝行璽，凡封之璽賜

諸侯王書；信璽，發兵徵大臣；天子行璽，策拜外國，事天地鬼神。"又案，陳直《漢書新證》說，《封泥考略》卷一、三頁，有"皇帝信璽"封泥，與本文合，此西漢帝王六璽之僅見者。　大行：皇帝或皇后初崩稱爲"大行"。

[36]【顏注】師古曰：璽既國器，常當緘封，而王於大行前受之，退還所次，遂爾發漏，更不封之，得令凡人皆見，言不重慎（大德本、殿本句末有"也"字）。

[37]【顏注】師古曰：更，音工衡反。次下亦同。

[38]【顏注】師古曰：之，往也。自往至署取節也。

[39]【顏注】師古曰：臨，哭臨也，音力禁反（白鷺洲本、大德本同，殿本無"音"字）。

[40]【顏注】師古曰：更互執節，從至哭臨之所。

[41]【顏注】師古曰：昌邑之侍中名君卿也。

[42]【顏注】師古曰：俳優，諧戲也。倡，樂人也。俳音排。

[43]【顏注】如淳曰：下謂柩之入冢。葬還不居喪位，便處前殿也。師古曰：下，音胡稼反。

[44]【顏注】鄭氏曰：祭泰壹神樂人也。孟康曰：牟首，地名，上有觀。如淳曰：輦道，閣道也。牟首，屏面也。以屏面自隔，無哀戚也。臣瓚曰：牟首，池名也，在上林苑中。方在衰絰而輦游於池，言無哀戚也。師古曰：召泰壹樂人，內之於輦道牟首而鼓吹歌舞也。牟首，瓚說是也。屏面之言，失之遠矣。又左思《吳都賦》云"長塗牟首"，劉逵以爲牟首閣道有室屋也，此說更無所出。或者思及逵據此"輦道牟首"便誤用之乎？【今注】泰壹：亦作"泰一""太一"，傳說中的天神名。漢代官方崇拜的主神，漢武帝時開始祭祀（參見王煜《漢代太一信仰的圖像考古》，《中國社會科學》2014 年第 3 期）。

[45]【顏注】如淳曰：《黃圖》北出中門有長安厨，故謂之

厨城門。閤室，閤道之有室者。不知禱何淫祀（白鷺洲本、大德本、殿本句末有"也"字）。【今注】大牢：即"太牢"。古帝王祭祀社稷時，牛、羊、豕三牲全備爲"太牢"。因祭祀所用犧牲，行祭前需先飼養於牢，故這類犧牲稱爲牢。案，大牢，白鷺洲本同，大德本、殿本作"太牢"。又，陳直《漢書新證》説，本書《百官公卿表》京兆尹屬官，有長安市厨兩令丞，本文指長安厨令供張而言。

　　[46]【顔注】師古曰：啗，食也，音徒敢反。

　　[47]【顔注】師古曰：皮軒鸞旗皆法駕所陳也。北宫、桂宫並在未央宫北。【今注】案，王先謙《漢書補注》説："胡注：'《黄圖》：桂宫，武帝造，周回十餘里，有紫房複道，通未央宫。《三秦記》：未央宫漸臺西有桂宫。'先謙案，此即《龔逐傳》所云'召皮軒車九流，驅馳東西'也。"

　　[48]【顔注】張晏曰：皇太后所駕遊宫中輦車也。漢厩有果下馬，高三尺，以駕輦。師古曰：小馬可於果樹下乘之，故號果下馬。

　　[49]【今注】掖庭令：官名。掌掖庭事務。秩六百石。掖庭，即後宫。

　　太后曰："止！[1]爲人臣子當悖亂如是邪！"[2]王離席伏。尚書令復讀曰：

　　[1]【顔注】師古曰：令且止讀奏。
　　[2]【顔注】師古曰：責王也。悖，乖也，音布内反。

　　取諸侯王、列侯、二千石綬及墨綬、黄綬以并佩昌邑郎官者免奴。[1]變易節上黄旄以赤。[2]發御府金錢、刀劍、玉器、采繒,[3]賞賜所與遊戲者。與從官官奴夜飲,湛沔於酒。[4]詔太官上乘輿食如故。[5]食監奏未釋服未可御故食,[6]復詔太官趣具,無關食監。[7]太官不敢具,即使從官出買雞豚,詔殿門内,以爲常。[8]獨夜設九賓温室,[9]延見姊夫昌邑關内侯。[10]祖宗廟祠未舉,爲璽書使使者持節,以三太牢祠昌邑哀王園廟,稱嗣子皇帝。[11]受璽以來二十七日,使者旁午,[12]持節詔諸官署徵發,凡一千一百二十七事。[13]文學光禄大夫夏侯勝等及侍中傅嘉數進諫以過失,使人簿責勝,[14]縛嘉繫獄。荒淫迷惑,失帝王禮誼,亂漢制度。臣敞等數進諫,不變更,[15]日以益甚,恐危社稷,天下不安。

[1]【顔注】師古曰:免奴謂免放爲良人者。【今注】綬:本義是指古代用以繫佩玉、官印等東西的絲帶。綬帶的顔色常用以標示不同的身份與等級。漢制,君主與皇后黄赤綬,諸侯王赤綬,公、侯、將軍紫綬,九卿、二千石青綬,千石、六百石黑綬,四百石、三百石、二百石黄綬。

[2]【顔注】師古曰:以劉屈氂與戾太子戰,加節上黄旄,遂以爲常。賀今輒改之。【今注】案,沈欽韓《漢書疏證》説,東京之世,皆承用黄旄,不敢改,至董卓始改赤。見《三國志》卷六《袁紹傳》注。

[3]【今注】采繒:彩色絲織物。

[4]【顔注】師古曰:"湛"讀曰"沉",又讀曰"統"。沈沔,荒迷也。

[5]【今注】乘輿:天子所乘之車。常用以借指帝王。

[6]【顏注】師古曰：釋謂解脫也。

[7]【顏注】師古曰："趣"讀曰"促"。關，由也。

[8]【顏注】師古曰：內，入也。令每日常入雞豚也。

[9]【顏注】師古曰：於溫室中設九賓之禮也。九賓，解在《叔孫通傳》。【今注】九賓：古時最隆重的貴賓上殿禮節，有九個迎賓贊禮的司儀施禮，並延引上殿。賓，同"儐"。 溫室：即溫室殿，長樂宮與未央宮似均有溫室殿。雖名爲保暖之殿，但主要用於宴息、議政、藏書等（參見呂菊《溫室殿及其功用》，《蘭州學刊》2006 年第 9 期）。

[10]【今注】昌邑關內侯：即昌邑王所封的關內侯。漢制諸侯王可在其封國封關內侯，與中央朝廷封爵有別。

[11]【顏注】師古曰：時在喪服，故未祠宗廟而私祭昌邑哀王也。【今注】昌邑哀王：劉髆，劉賀之父。案，禮制，爲人後者爲之子，劉賀繼承昭帝之皇位，當放棄與劉髆父子關係，不應稱爲劉髆之嗣子（參見孫筱《從"爲人後者爲之子"談漢廢帝劉賀的立與廢》，《史學月刊》2016 年第 9 期）。

[12]【顏注】如淳曰：旁午，分布也。師古曰：一從一橫爲旁午，猶言交橫也。【今注】旁午：交錯紛繁，四面八方。

[13]【今注】案，一千，白鷺洲本、大德本同，殿本作"千"。

[14]【顏注】師古曰：簿，音步戶反。簿責，以文簿具責之。【今注】簿（bù）責：意爲據文書所列罪狀逐一責問。

[15]【顏注】師古曰：更，改也。

　　臣敞等謹與博士臣霸、臣雋舍、[1]臣德、臣虞舍、臣射、臣倉議，[2]皆曰："高皇帝建功業爲漢太祖，孝文皇帝慈仁節儉爲太宗，今陛下嗣孝昭皇帝後，行淫辟不軌。[3]《詩》云：'籍曰未知，亦既抱子。'[4] 五辟之屬，莫大不孝。[5] 周襄王不能事母，《春秋》曰'天王出居于鄭'，繇不孝出之，絕之於天下也。[6] 宗廟重於君，陛下未見命高廟，[7] 不可以承天序，奉祖宗廟，子萬姓，當廢。"臣請有司御史大夫臣誼、宗正臣德、太常臣昌與太祝以一太牢具，[8] 告祠高廟。臣敞等昧死以聞。

[1]【顏注】晉灼曰：雋，姓；舍，名也。下有臣虞舍，故以姓別之。師古曰：雋，音辭阢反，又字阢反。【今注】霸：孔霸。漢元帝拜爲太師。孔子十三世孫，事見本書卷八一《孔光傳》以及《孔子家譜》。　雋舍：姓雋，名舍。

[2]【今注】虞舍：人名。事迹不詳。　倉：后倉。西漢經學家，通《詩》《禮》《孝經》。武帝時立爲博士，官少府。

[3]【顏注】師古曰：軌，法也。"辟"讀曰"僻"。

[4]【顏注】師古曰：《大雅·抑》之詩。衞武公刺厲王（白鷺洲本，大德本、殿本句末有"也"字）。籍，假也。此言假令人云王尚幼少，未有所知，亦已長大而抱子矣，實不幼少也。【今注】案，語見《詩·大雅·抑》。

[5]【顏注】師古曰：五辟即五刑也。辟音頻亦反。【今注】案，《孝經·五刑》："五刑之屬三千，而罪莫大於不孝。"

[6]【顏注】師古曰：襄王，惠王子也。僖二十四年經書"天王出居于鄭"。《公羊傳》曰："王者無外，此其言出何？不能乎母也。""繇"讀與"由"同。【今注】案，語見《春秋》僖公二十四年。

[7]【今注】高廟：供奉漢高祖靈位的宗廟。據《三輔黃圖》，位於長安城門街東，當武庫之南。

[8]【今注】誼：蔡義。名或作"誼"。　昌：蘇昌。漢武帝

時爲圉縣尉史。捕淮陽反者公孫勇等，封蒲侯，任太常。

　　皇太后詔曰："可。"光令王起拜受詔，王曰："聞天子有爭臣七人，雖亡道不失天下。"^[1]光曰："皇太后詔廢，安得天子!"廼即持其手，^[2]解脱其璽組，^[3]奉上太后，扶王下殿，出金馬門，群臣隨送。王西面拜，^[4]曰："愚戇不任漢事。"起就乘輿副車。^[5]大將軍光送至昌邑邸，光謝曰："王行自絶於天，臣等駑怯，不能殺身報德。臣寧負王，不敢負社稷。願王自愛，臣長不復左右。"^[6]光涕泣而去。群臣奏言："古者廢放之人屏於遠方，不及以政，^[7]請徙王賀漢中房陵縣。"^[8]太后詔歸賀昌邑，賜湯沐邑二千户，^[9]昌邑群臣坐亡輔導之誼，陷王於惡，光悉誅殺二百餘人。出死，號呼市中^[10]曰："當斷不斷，反受其亂。"^[11]

　　[1]【顔注】師古曰：引《孝經》之言。【今注】案，語見《孝經·諫諍》。《荀子·子道》作"四人"，《孔子家語·三恕》亦作"七人"。

　　[2]【顔注】師古曰：即，就也。

　　[3]【今注】璽組：印綬。

　　[4]【今注】案，《漢書考正》引宋祁説，"西"疑作"四"。

　　[5]【今注】乘輿副車：皇帝出行時的侍從車。

　　[6]【顔注】師古曰：言不復得侍見於左右。【今注】案，白鷺洲本，大德本、殿本"復"後有"見"字。

　　[7]【顔注】師古曰：言不豫政令。

　　[8]【今注】房陵縣：秦置，屬漢中郡。治所在今湖北房縣。

　　[9]【今注】湯沐邑：古代貴族食邑制度。原指諸侯朝見天

子，天子在王畿所賜予的供住宿、齋戒、沐浴之封邑。後轉指受封者收取賦税的私邑。

[10]【顏注】師古曰：呼，音火故反。【今注】案，陳景雲《兩漢訂誤》説，出死，出獄赴市也。又見本書卷七六《趙廣漢傳》。

[11]【顏注】師古曰：悔不早殺光等也。【今注】案，語又見《黄帝四經·兵容》。漢時熟語。又，何焯《義門讀書記》説："誅其尤無誼者，而流放其餘，可也；悉誅二百餘人，不已濫乎？然觀其臨死之言，則昌邑群臣亦謀爲變，光微覺之，不獨以其行淫亂而憂懣改圖，史家使人得諸言外爾。"

光坐庭中，會丞相以下議定所立。廣陵王已前不用，及燕剌王反誅，其子不在議中。近親唯有衛太子孫號皇曾孫在民間，[1]咸稱述焉。光遂復與丞相敞等上奏曰："《禮》曰：'人道親親故尊祖，尊祖故敬宗。'[2]太宗亡嗣，[3]擇支子孫賢者爲嗣。孝武皇帝曾孫病已，武帝時有詔掖庭養視，至今年十八，師受《詩》《論語》《孝經》，躬行節儉，慈仁愛人，可以嗣孝昭皇帝後，奉承祖宗廟，子萬姓。臣昧死以聞。"皇太后詔曰："可。"光遣宗正劉德至曾孫家尚冠里，[4]洗沐賜御衣，[5]太僕以軨獵車迎曾孫就齋宗正府，入未央宮見皇大后，封爲陽武侯。[6]已而光奉上皇帝璽綬，謁于高廟，是爲孝宣皇帝。明年，下詔曰："夫襃有德，賞元功，古今通誼也。大司馬大將軍光宿衛忠正，宣德明恩，守節秉誼，以安宗廟。其以河北、東武陽益封光萬七千户。"[7]與故所食凡二萬户。賞賜前後黄金十千

斤，^[8]錢六千萬，雜繒三萬疋，奴婢百七十人，馬二千匹，甲第一區。^[9]

[1]【今注】皇曾孫：即漢宣帝劉病已，武帝曾孫，後改名"詢"。

[2]【今注】案，語見《禮記·大傳》。今本作"人道親親也，親親故尊祖，尊祖故敬宗。"

[3]【今注】案，王念孫《讀書雜志·漢書第十二》說，"太宗"當爲"大宗"。

[4]【今注】尚冠里：在長安城南。里中有京兆尹治所，西漢貴族聚居區之一。參見《三輔黃圖》。

[5]【今注】案，疑文本有脫誤。本書卷八《宣紀》作"御府衣"。王念孫《讀書雜志·漢書第十二》說，"御衣"當爲"御府衣"。《史記》卷八七《李斯列傳》公子高曰"御府之衣，臣得賜之；中厩之寶馬，臣得賜之"是也。下文云"入未央宮見皇太后，封爲陽武侯，已而光奉上皇帝璽綬"，則此時未得遽賜御衣也。

[6]【顏注】師古曰：解並在《宣紀》。"軨"音"零"。【今注】軨獵車：打獵時所用輕便小車。案，漢制庶人不得爲皇帝，故先封劉詢爲侯。皇大后，白鷺洲本、大德本、殿本作"皇太后"。

[7]【今注】河北：縣名。治所在今山西芮城縣北。以在大河之北，故名，屬河東郡。　東武陽：縣名。治所在今山東莘縣莘城鎮南，屬東郡。

[8]【今注】案，十千斤，白鷺洲本、大德本、殿本作"七千斤"。

[9]【今注】甲第：上等住宅。　一區：一所。

自昭帝時，光子禹及兄孫雲皆中郎將，雲弟山奉車都尉侍中，領胡越兵。^[1]光兩女壻爲東西宮衛尉，^[2]

昆弟諸壻外孫皆奉朝請,[3]爲諸曹大夫, 騎都尉,[4]給事中。黨親連體,根據於朝廷。光自後元秉持萬機,及上即位,廼歸政。上謙讓不受,諸事皆先關白光,然後奏御天子。光每朝見,上虛己斂容,禮下之已甚。[5]

[1]【今注】胡越兵:歸順的胡人與越人編制的部隊。

[2]【今注】東西宮衛尉:即東宮長樂宮與西宮未央宮衛尉。前注指明,衛尉位列九卿,理論上應爲一人。然漢代除東西宮衛尉外,還有建章宮衛尉,級別皆同。(參見勞榦《論漢代的衛尉與中尉兼論南北軍制度》,《史語所集刊》第 29 本,1958 年)

[3]【今注】奉朝請:古稱春季朝見爲"朝",秋季朝見爲"請"。奉朝請者,即有參加朝會之資格。漢代貴冑,無職務或退職者,多以奉朝請名義參加朝會。

[4]【今注】騎都尉:官名。漢武帝時始置。屬光禄勳,掌羽林騎。秩比二千石。

[5]【顏注】師古曰:下音胡稼反。

光秉政前後二十年,地節二年春病篤,[1]車駕自臨問光病,上爲之涕泣。光上書謝恩曰:"願分國邑三千户,以封兄孫奉車都尉山爲列侯,奉兄票騎將軍去病祀。"[2]事下丞相御史,即日拜光子禹爲右將軍。

[1]【今注】地節:漢宣帝年號(前 69—前 66)。

[2]【今注】去病:霍去病。案,王先謙《漢書補注》謂,去病子嬗嗣封,薨,無後,國除。故光乞分國邑以奉其祀。

　　光薨，上及皇太后親臨光喪。太中大夫任宣與侍御史五人持節護喪事。[1]中二千石治莫府冢上。[2]賜金錢、繒絮，繡被百領，衣五十篋，璧珠璣玉衣，[3]梓宫、[4]便房、黄腸題湊各一具，[5]樅木外藏椁十五具。[6]東園温明，[7]皆如乘輿制度。載光尸柩以轀輬車，[8]黄屋左纛，[9]發材官輕車北軍五校士軍陳至茂陵，[10]以送其葬。謚曰宣成侯。發三河卒穿復土，起冢祠堂，置園邑三百家，長丞奉守如舊法。

　　[1]【今注】侍御史：官名。秦置漢沿。受命御史中丞，接受公卿奏事，舉劾非法；有時受命辦案，號爲“繡衣直指”。宣帝曾召侍御史二人治書，後乃專設治書侍御史。

　　[2]【顏注】如淳曰：典爲冢者。【今注】案，冢上，白鷺洲本、大德本同，殿本作“冢上”，在墓地設機構辦理喪事。

　　[3]【顏注】師古曰：《漢儀注》以玉爲襦，如鎧狀連綴之，以黄金爲縷，要已下玉爲札，長尺，廣二寸半爲甲，下至足，亦綴以黄金縷。【今注】玉衣：皇帝和貴族的葬服，又稱玉柙或玉匣，是用許多四角穿有小孔的玉片並以金絲、銀絲或銅絲相連而製成的。分別稱爲金縷玉衣、銀縷玉衣和銅縷玉衣。古人認爲玉作爲一種高貴的禮器和身份的象徵，能夠保持尸骨不朽。玉衣是漢代規格最高的喪葬殮服，大致出現在西漢文景時期。《西京雜記》記載，漢代帝王下葬都用“珠襦玉匣”，形如鎧甲，用金絲連接。

　　[4]【顏注】服虔曰：棺也。師古曰：以梓木爲之，親身之棺也。爲天子制，故亦稱梓宫。

　　[5]【顏注】服虔曰：便房，藏中便坐也。蘇林曰：以柏木黄心致累棺外，故曰黄腸（黄腸，白鷺洲本、殿本作“黄腸”）。木頭皆内向，故曰題湊。如淳曰：《漢儀注》天子陵中明中高丈二

尺四寸，周二丈，内梓宫，次楩椁，柏黄腸題湊。師古曰：便房，小曲室也。如氏以爲楩木名，非也。【今注】便房：漢代皇帝、諸侯等墓葬中象徵生人卧居之處的建築，棺木置其中。　黄腸題湊：帝王陵寝椁室四周用柏木枋堆壘成的框形結構。黄腸本謂柏木之心，柏木心黄，故稱。"題湊"是一種葬式，始於上古。案，黄腸，白鷺洲本、殿本作"黄腸"。又，《漢書考正》引劉敞説，以次言之，先親身者衣被，次梓宫，次便房，次題湊，次外藏，則當以如説爲是也。且出《漢儀注》，宜以爲信爾。今但云曲室，果何用木爲之？置於何所耶？自是臆説耳。又引宋祁説，小柏室也，姚改"小曲室也"；以爲梓木，姚改"以爲楩木"。

　　[6]【顔注】服虔曰：在正臧外，婢妾臧也。或曰厨厠之屬也。蘇林曰：樅木，柏葉松身。師古曰：《爾雅》及《毛詩傳》並云樅木松葉柏身，檜木乃柏葉松身耳。蘇説非也。樅音七庸反。檜音工闊反，字亦作栝。

　　[7]【顔注】服虔曰：東園處此器，形如方漆桶，開一面，漆畫之，以鏡置其中，以懸屍上，大斂并蓋之。師古曰：東園，署名也，屬少府。其署主作此器也。【今注】案，王念孫《讀書雜志·漢書第十二》説，"温明"下有"秘器"二字，而今本脱之。據服、顔二注，皆是釋"秘器"二字。本書卷八一《孔光傳》載，光父霸薨，"賜東園秘器"，光薨，"賜乘輿秘器"，師古皆無注，以注已見於此篇也。《太平御覽》禮儀部三十二引此，已脱"秘器"二字。《文選·齊竟陵文宣王行狀》注引此，正作"東園温明秘器"，《漢紀》同。

　　[8]【顔注】文穎曰：輼輬車，如今喪轜車也。孟康曰：如衣車有窗牖，閉之則温，開之則涼，故名之輼輬車也。臣瓚曰：秦始皇道崩，祕其事，載以輼輬車，百官奏事如故，此不得是轜車類也。案杜延年奏，載霍光柩以輬車，駕大厩白虎駒，以輼車駕大厩白鹿駒爲倅。師古曰：輼輬本安車也，可以卧息。後因載

喪，飾以柳翣，故遂爲喪車耳。輼者密閉，輬者旁開窗牖，各別一乘，隨事爲名。後人既專以載喪，又去其一，總爲藩飾，而合二名呼之耳。倅，副也，音千内反。

［9］【顏注】師古曰：解在《高紀》也。【今注】黃屋：皇帝御車之車蓋用黃繒做裏子。　左纛：皇帝御車之裝飾物，用牦牛尾製做，設在車衡左邊。

［10］【今注】材官：秦漢始置的一種地方預備兵兵種。步卒。《漢官儀》："高祖命天下郡國選能引關蹶張材力武猛者，以爲輕車、騎士、材官、樓船。常以立秋後講肄課試，各有員數。平地用車騎，山阻用材官，水泉用樓船。"　輕車：古代兵種名。士兵均駕車作戰。　茂陵：漢武帝陵寢。位於今陝西興平市。

既葬，封山爲樂平侯，以奉車都尉領尚書事。天子思光功德，下詔曰："故大司馬大將軍博陸侯宿衞孝武皇帝三十有餘年，輔孝昭皇帝十有餘年，遭大難，躬秉誼，率三公九卿大夫定萬世册以安社稷，天下蒸庶咸以康寧。功德茂盛，朕甚嘉之。復其後世，[1]疇其爵邑，[2]世世無有所與，功如蕭相國。"[3]明年夏，封太子外祖父許廣漢爲平恩侯。復下詔曰："宣成侯光宿衞忠正，勤勞國家。善善及後世，[4]其封光兄孫中郎將雲爲冠陽侯。"

［1］【今注】復：免除賦役。

［2］【顏注】應劭曰：疇，等也。師古曰：復音方目反。【今注】疇：此指不減封爵食邑。

［3］【顏注】師古曰："與"讀曰"豫"。【今注】案，此指不出賦役。

[4]【顏注】師古曰：善善者，謂襃寵善人也。

禹既嗣爲博陸侯，大夫人顯改光時所自造塋制而侈大之。[1]起三出闕，[2]築神道，北臨昭靈，南出承恩，[3]盛飾祠室，輦閣通屬永巷，而幽良人婢妾守之。[4]廣治第室，作乘輿輦，加畫繡絪，馮黃金塗，[5]韋絮薦輪，[6]侍婢以五采絲輓顯，游戲第中。[7]初，光愛幸監奴馮子都，常與計事，及顯寡居，與子都亂。[8]而禹、山亦並繕治第宅，走馬馳逐平樂館。[9]雲當朝請，數稱病私出，[10]多從賓客，張圍獵黃山苑中，[11]使倉頭奴上朝謁，[12]莫敢譴者。而顯及諸女，晝夜出入長信宮殿中，亡期度。[13]

[1]【顏注】師古曰：塋，墓域也，音“營”。【今注】案，大夫人，白鷺洲本同，大德本、殿本作“太夫人”。

[2]【今注】三出闕：闕是古代最高等級的建築形式之一。即城門、宮殿或者陵園的一種標志性建築。因通常左右各一，中有缺口而名爲闕。後來，闕由單闕演變爲組合的形式，逐漸形成最高等級的三出闕。此處言霍光墓起三出闕逾越禮制，然漢代的三出闕作爲帝王陵寢專用並未規範化，漢宣帝杜陵使用的是子母闕，而非三出闕。(參見中國社會科學院考古研究所編著《漢杜陵陵園遺址》，科學出版社1993年版)

[3]【顏注】服虔曰：昭靈、承恩，皆館名也。李奇曰：昭靈，高祖母家園也。文穎曰：承恩，宣平侯家園也。師古曰：服說是也，文、李並失之。

[4]【顏注】晉灼曰：閣道乃通屬至永巷中也。師古曰：此亦其家上作輦閣之道及永巷也，非謂掖庭之永巷也。

[5]【顏注】如淳曰："絪"亦"茵"。馮調所馮者也（調，白鷺洲本、大德本、殿本作"謂"），以黃金塗飾之。師古曰：茵，蓐也，以絹爲茵馮而黃金塗輿輦也（絹，白鷺洲本、大德本、殿本作"繡"）。【今注】案，後人句讀皆以"絪馮"爲一詞，或爲顏注所誤。馮，車軾。

[6]【顏注】晉灼曰：御輦以韋緣輪，著之以絮。師古曰：取其行安，不搖動也。著，音張呂反。

[7]【顏注】師古曰：輓，謂牽引車輦也，音"晚"。

[8]【顏注】晉灼曰：漢語東閭氏亡，顯以婢代立，素與馮殷姦也。師古曰：監奴，謂奴之監知家務者也，殷者，子都之名。

[9]【今注】平樂館：宮觀名。漢高祖始建，武帝增修，在長安上林苑。

[10]【顏注】師古曰：請，音才姓反。

[11]【今注】黃山：宮名。故地在今陝西興平市西南。

[12]【顏注】文穎曰：朝當用謁，不自行而令奴上謁者也。師古曰：上謁，若今參見尊貴而通名也。

[13]【顏注】師古曰：長信宮，上官太后所居。【今注】期度：期限、法度。

宣帝自在民間聞知霍氏尊盛日久，內不能善。光薨，上始躬親朝政，御史大夫魏相給事中。[1]顯謂禹、雲、山："女曹不務奉大將軍餘業，[2]今大夫給事中，他人壹聞，女能復自救邪？"[3]後兩家奴爭道，[4]霍氏奴入御史府，欲蹋大夫門，[5]御史爲叩頭謝，迺去。人以謂霍氏，[6]顯等始知憂。會魏大夫爲丞相，數燕見言事。[7]平恩侯與侍中金安上等徑出入省中。[8]時霍山自若領尚書，[9]上令吏民得奏封事，不關尚書，群臣進見獨往來，[10]於是霍氏甚惡之。

[1]【今注】魏相：傳見本書卷七四。

[2]【顏注】師古曰："女"音"汝"。曹，輩也。

[3]【顏注】師古曰：間，音居莧反。

[4]【顏注】師古曰：謂霍氏及御史家。

[5]【今注】躤：古同"蹋"。

[6]【顏注】師古曰：告語也。

[7]【今注】燕見：古帝王退朝閑居時召見臣子。

[8]【今注】平恩侯：許廣漢。　金安上：金日磾之子。

[9]【顏注】師古曰：自若猶言如故也。

[10]【顏注】師古曰：謂各各得盡言於上也。

宣帝始立，立微時許妃爲皇后。[1]顯愛小女成君，欲貴之，私使乳醫淳于衍行毒藥殺許后，[2]因勸光內成君，代立爲后。語在《外戚傳》。始許后暴崩，吏捕諸醫，劾衍侍疾亡狀不道，下獄。吏簿問急，[3]顯恐事敗，即具以實語光。光大驚，欲自發舉，不忍，猶與。[4]會奏上，因署衍勿論。[5]光薨後，語稍泄。於是上始聞之而未察，[6]廼徙光女壻度遼將軍未央衛尉平陵侯范明友爲光禄勳，次壻諸吏中郎將羽林監任勝出爲安定太守。[7]數月，復出光姊壻給事中光禄大夫張朔爲蜀郡太守，[8]群孫壻中郎將王漢爲武威太守。[9]頃之，復徙光長女壻長樂衛尉鄧廣漢爲少府。更以禹爲大司馬，冠小冠，[10]亡印綬，罷其右將軍屯兵官屬，特使禹官名與光俱大司馬者。[11]又收范明友度遼將軍印綬，但爲光禄勳。及光中女壻趙平爲散騎騎都尉光禄大夫將屯兵，又收平騎都尉印綬。諸領胡越騎、羽林及兩宮衞將屯兵，[12]悉易以所親信許、史子弟代之。[13]

〔1〕【今注】案，蔡琪本、大德本無“立”字。

〔2〕【顔注】師古曰：乳醫，視産乳之疾者。乳，音而樹反。【今注】案，錢大昭《漢書辨疑》謂，本書卷八《宣紀》作“女侍醫”。

〔3〕【顔注】師古曰：簿，音步户反。

〔4〕【顔注】師古曰：猶與，不決也。“與”讀曰“豫”。

〔5〕【顔注】師古曰：署者，題其奏後也。【今注】案，《漢書考證》齊召南説，本書卷九七《外戚傳》同此文，注：“李奇曰：‘光題其奏也。’師古曰：‘言之於帝，故解釋耳，光不自署也。’”二注並出師古之手，而判然不同。胡三省云：“光薨後，帝始聞毒許后事，光於是時安敢言於帝耶？李奇説是也。”

〔6〕【顔注】師古曰：未知其虛實。

〔7〕【今注】安定：郡名。西漢武帝元鼎三年（前114）分北地郡置，治高平縣（今寧夏固原市原州區）。

〔8〕【今注】蜀郡：治成都（今四川成都市）。

〔9〕【今注】武威：郡名。治姑臧（今甘肅武威市）。

〔10〕【今注】小冠：漢制，大司馬冠武弁大冠。命霍氏戴小冠，示貶之。案，陳直《漢書新證》説，《居延漢簡釋文》卷一、十頁，有簡文略云：“地節五年，移敦煌太守府書，故大司馬博□。”霍禹謀反事在地節四年七月（前66），此元康元年（前65，地節無五年）殘詔文，亦當續言霍禹謀反事。

〔11〕【顔注】蘇林曰：特，但也。

〔12〕【今注】胡越騎：歸附胡人與越人組成的騎兵。關於“胡越騎”之“越”，古有二解：《續漢書·百官志》“北軍中候”

條注，其一如淳説“越人内附以爲騎”，其二晉灼説“取其材力超越也”。後人或以爲越人不善騎，多傾向晉灼所説，當不妥帖。（參見王子今《漢朝軍制中的“越騎”部隊》，《史學月刊》2010 年第2 期）

[13]【今注】許史：指漢宣帝皇后許氏、宣帝祖母史良娣。

　　禹爲大司馬，稱病。禹故長史任宣候問，禹曰：“我何病？縣官非我家將軍不得至是，[1]今將軍墳墓未乾，盡外我家，[2]反任許、史，奪我印綬，令人不省死。”[3]宣見禹恨望深，[4]廼謂曰：“大將軍時何可復行！[5]持國權柄，殺生在手中。廷尉李种、王平，[6]左馮翊賈勝胡及車丞相女壻少府徐仁皆坐逆將軍意下獄死。[7]使樂成小家子得幸將軍，至九卿封侯。[8]百官以下但事馮子都、王子方等，[9]視丞相亡如也。[10]各自有時，今許、史自天子骨肉，貴正宜耳。大司馬欲用是怨恨，愚以爲不可。”禹默然。數日，起視事。

　　[1]【顏注】如淳曰：縣官謂天子。【今注】縣官：官府。又代指天子、朝廷。楊振紅認爲，以“縣官”稱天子、國家的制度始於秦始皇統一中國。意爲秦從諸侯國君升格爲天子，成爲居住在縣内（王畿）統治天下的官。（參見楊振紅《“縣官”之由來與戰國秦漢時期的“天下”觀》，《中國史研究》2019 年第 1 期）

　　[2]【顏注】師古曰：外謂疏斥之。

　　[3]【顏注】師古曰：不自省有過耳。

　　[4]【顏注】師古曰：望，怨也。

　　[5]【顏注】師古曰：言今何得復如此也。

　　[6]【顏注】師古曰：“种”音“冲”。【今注】李种：一作

“李仲”，漢昭帝始元元年（前 86）爲廷尉，始元五年下獄死。事見本書卷六○《杜周傳》。　王平：被霍光腰斬。事見本書《杜周傳》。

[7]【今注】賈勝胡：漢昭帝元鳳三年（前 78）棄市。　車丞相：車千秋，本姓田。傳見本書卷六六。　徐仁：漢昭帝元鳳元年爲霍光所逼自殺。

[8]【顏注】師古曰：即上所云少府樂成者也。使者，其姓也，字或作“史”。

[9]【顏注】服虔曰：皆光奴。

[10]【顏注】師古曰：無如猶言無所象似也。【今注】案，或以爲“亡”當作“蔑”。王念孫《讀書雜志·漢書第十二》認爲，師古之説甚迂，“亡如”猶云“蔑如”，言百官以下皆蔑視丞相也。本書卷六五《東方朔傳》贊：“其流風遺書蔑如也。”“蔑”與“亡”一聲之轉。《史記》卷七九《范雎蔡澤列傳》《索隱》：“亡猶輕蔑也。”本書卷八○《宣元六子傳》“今迺遭命，離于惡疾，夫子所痛，曰‘蔑之，命矣夫’”，《論語·雍也》“蔑”作“亡”，《論衡·問孔》又作“無”，“無”與“亡”古字通，故《大雅·桑柔》傳曰“蔑，無也”。

顯及禹、山、雲自見日侵削，數相對啼泣，自怨。山曰：“今丞相用事，縣官信之，盡變易大將軍時法令，以公田賦與貧民，發揚大將軍過失。又諸儒生多竅人子，[1]遠客飢寒，喜妄説狂言，[2]不避忌諱，大將軍常讎之，[3]今陛下好與諸儒生語，人人自使書對事，多言我家者。嘗有上書言大將軍時主弱臣强，專制擅權，今其子孫用事，昆弟益驕恣，恐危宗廟，災異數見，盡爲是也。其言絶痛，山屏不奏其書。後上書者益黠，盡奏封事，輒下中書令出取之，[4]不關尚書，益不信人。"顯曰："丞相數言我家，獨亡罪乎？"山曰："丞相廉正，安得罪？我家昆弟諸壻多不謹。又聞民閒讙言霍氏毒殺許皇后，[5]寧有是邪？"顯恐急，即具以實告山、雲、禹。山、雲、禹驚曰："如是，何不早告禹等！縣官離散斥逐諸壻，用是故也。此大事，誅罰不小，奈何？"於是始有邪謀矣。

[1]【顏注】師古曰：窶，貧而無禮，音其羽反。【今注】窶(jù)人：窮苦人。

[2]【顏注】師古曰：喜，音許吏反。

[3]【顏注】師古曰：言嫉之如仇讎也。

[4]【今注】中書令：官名。助皇帝處理政務，負責向皇帝上奏的密奏"封事"，職責重要。多由宦官擔任。

[5]【顏注】師古曰：讙，衆聲也，音許爰反。

初，趙平客石夏善爲天官，[1]語平曰："熒惑守御星，[2]御星，太僕奉車都尉也，不黜則死。"平內憂山等。雲舅李竟所善張赦見雲家卒卒，[3]謂竟曰："今丞相與平恩侯用事，可令太夫人言太后，[4]先誅此兩人。移徙陛下，在太后耳。"長安男子張章告之，[5]事下廷尉。執金吾捕張赦、石夏等，後有詔止勿捕。山等愈恐，相謂曰："此縣官重太后，故不竟也。[6]然惡端已見，又有弒許后事，陛下雖寬仁，恐左右不聽，久之猶發，發即族矣，不如先也。"[7]遂令諸女各歸報其夫，皆曰："安所相避？"[8]

　　[1]【顏注】師古曰：曉星文者。

　　[2]【今注】熒惑：火星。火星熒熒似火，行蹤不定，故古稱其爲"熒惑"。　守：犯。　御星：屬房宿（房宿今屬天蠍星座），共二小星。御星象徵爲天子駕車者。案，熒惑守御星，霍山時爲奉車都尉，故趙平憂之。

　　[3]【顏注】師古曰："卒"讀曰"猝"，忽遽之貌也。

　　[4]【今注】太后：漢昭帝皇后。上官安與霍氏之女。

　　[5]【今注】案，何焯《義門讀書記》卷一八説，褚先生《建元以來侯者年表》後續記云："張章，故潁川人。爲長安亭長，失官，之北闕上書，寄宿霍氏第舍，卧馬櫪間，夜聞養馬奴相與語，言霍氏子孫欲謀反狀，因上書告反。"

　　[6]【顏注】師古曰：重，難也。竟，窮竟其事也。

　　[7]【顏注】師古曰：言先反。

　　[8]【顏注】師古曰：言無處相避，當受禍也（禍，白鷺洲本、大德本、殿本作"禍"）。

　　會李竟坐與諸侯王交通，辭語及霍氏，有詔雲、山不宜宿衛，免就第。光諸女遇太后無禮，[1]馮子都數犯法，上并以爲讓，[2]山、禹等甚恐。顯夢第中井水溢流庭下，竈居樹上，又夢大將軍謂顯曰："知捕兒不？[3]亟下捕之。"[4]第中鼠暴多，與人相觸，以尾畫地。鴞數鳴殿前樹上。[5]第門自壞。雲尚冠里宅中門亦壞。巷端人共見有人居雲屋上，徹瓦投地，就視，亡有，大怪之。禹夢車騎聲正讙來捕禹，舉家憂愁。山曰："丞相擅減宗廟羔、菟、蠅，[6]可以此罪也。"謀令太后爲博平君置酒，[7]召丞相、平恩侯以下，使范明友、鄧廣漢承太后制引斬之，[8]因廢天子而立禹。約定未發，雲拜爲玄菟太守，[9]太中大夫任宣爲代郡太守。[10]山又坐寫祕書，顯爲上書獻城西第，入馬千匹，以贖山罪。書報聞。[11]會事發覺，雲、山、明友自殺，顯、禹、廣漢等捕得。禹要斬，顯及諸女昆弟皆棄市。唯獨霍后廢處昭臺宮。[12]與霍氏相連坐誅滅者數千家。[13]

[1]【顏注】服虔曰：光諸女自以於上官太后爲姨母，遇之無禮。

[2]【顏注】師古曰：總以此事責之也。

[3]【顏注】師古曰：知兒見捕不？

[4]【顏注】蘇林曰：且疾下捕之（且，白鷺洲本、大德本同，殿本作“亟”）。師古曰：亟，音居力反。

[5]【顏注】師古曰：鴞，惡聲之鳥也。古者室屋高大，則通呼爲殿耳，非止天子宮中（止，大德本同，白鷺洲本、殿本作“正”）。其語亦見《黃霸傳》。鴞，音羽驕反。 【今注】鴞（xiāo）：鴟（chī）鴞，亦作“鴟梟”。鳥名。俗稱貓頭鷹。常喻貪惡之人、不祥之事。

[6]【顏注】如淳曰：高后時定令，敢有擅議宗廟者，棄市。師古曰：羔、菟、鼈所以供祭也。

[7]【顏注】文穎曰：宣帝外祖母也。

[8]【今注】鄧廣漢：時爲長信少府，霍光長女婿。

[9]【今注】玄菟：郡名。治玄菟縣（今遼寧瀋陽市附近）。漢武帝滅衛氏朝鮮後，在其地設立的一個郡，與樂浪郡、臨屯郡和真番郡合稱“漢四郡”，玄菟郡面積最大。

[10]【今注】代郡：治代縣（今河北蔚縣代王城）。

[11]【顏注】師古曰：不許之。

[12]【今注】霍后：成君，霍光小女。　昭臺宮：宮名。在上林苑。

[13]【今注】案，數千家，《資治通鑑》卷二五《漢紀》孝宣皇帝地節四年（前66）作"數十家"。

　　上迺下詔曰："迺者東織室令史張赦使魏郡豪李竟報冠陽侯雲謀爲大逆，[1]朕以大將軍故，抑而不揚，冀其自新。今大司馬博陸侯禹與母宣成侯夫人顯及從昆弟子冠陽侯雲、樂平侯山諸姊妹壻謀爲大逆，欲詿誤百姓。[2]賴宗廟神靈，先發得，咸伏其辜，[3]朕甚悼之。諸爲霍氏所詿誤，事在丙申前，未發覺在吏者，皆赦除之。男子張章先發覺，以語期門董忠，忠告左曹楊惲，[4]惲告侍中金安上。惲召見對狀，後章上書以聞。侍中史高與金安上建發其事，[5]言無入霍氏禁闥，卒不得遂其謀，[6]皆離有功。[7]封章爲博成侯，忠高昌侯，惲平通侯，安上都成侯，高樂陵侯。"

　　[1]【顏注】師古曰：解在《宣紀》也。【今注】東織室令史：官名。漢置。屬少府，主作郊廟文繡之服。　魏郡：治鄴縣（今河北臨漳縣）。

　　[2]【今注】詿（guà）誤：貽誤；連累。

　　[3]【顏注】師古曰：事發而捕得。

　　[4]【今注】楊惲：丞相楊敞次子，司馬遷外孫。

　　[5]【顏注】師古曰：言共立意發之也。

　　[6]【顏注】師古曰：遂，成也。

　　[7]【顏注】晉灼曰：離，等也。師古曰：言其功相等類也。

初，霍氏奢侈，茂陵徐生曰：“霍氏必亡。夫奢則不遜，不遜必侮上。侮上者，逆道也。在人之右，眾必害之。”[1]霍氏秉權日久，害之者多矣。天下害之，而又行以逆道，不亡何待！”迺上疏言：“霍氏泰盛，陛下即愛厚之，宜以時抑制，無使至亡。”書三上，輒報聞。其後霍氏誅滅，而告霍氏者皆封。人爲徐生上書曰：“臣聞客有過主人者，見其竈直突，[2]傍有積薪，客謂主人，更爲曲突，遠徙其薪，不者且有火患。主人默然不應。[3]俄而家果失火，鄰里共救之，幸而得息。於是殺牛置酒，謝其鄰人，灼爛者在於上行，[4]餘各以功次坐，而不錄言曲突者。人謂主人曰：‘鄉使聽客之言，不費牛酒，終亡火患。[5]今論功而請賓，曲突徙薪亡恩澤，燋頭爛額爲上客耶？’[6]主人迺寤而請之。今茂陵徐福數上書言霍氏且有變，宜防絕之。鄉使福説得行，則國亡裂土出爵之費，臣亡逆亂誅滅之敗。往事既已，而福獨不蒙其功，唯陛下察之，貴徙薪曲突之策，使居焦髮灼爛之右。”[7]上迺賜福帛十疋，[8]後以爲郎。

[1]【顏注】師古曰：右，上也。
[2]【今注】直突：直道烟囱。
[3]【今注】案，默然，大德本同，白鷺洲本、殿本作“嘿然”。
[4]【顏注】師古曰：灼謂被燒炙者也。行，音胡郎反。
[5]【顏注】師古曰：“鄉”讀曰“嚮”。次下亦同也。
[6]【今注】案，頷，白鷺洲本、大德本同，殿本作“額”。

[7]【顏注】師古曰：右，上也。

[8]【今注】案，王念孫《讀書雜志·漢書第十二》謂，告霍氏者皆封侯，而徐福僅賜帛十匹，則輕重相去太遠。"十匹"當爲"千匹"。《資治通鑑》作"十匹"，則所見《漢書》本已誤。《太平御覽》居處部十四、治道部十四引此並作"千匹"，《漢紀》同。

宣帝始立，謁見高廟，大將軍光從驂乘，[1]上內嚴憚之，若有芒刺在背。後車騎將軍張安世代光驂乘，天子從容肆體，甚安近焉。[2]及光身死而宗族竟誅，故俗傳之曰："威震主者不畜，霍氏之禍萌於驂乘。"[3]

[1]【今注】驂乘：古指陪乘在車右的人。案，王先謙《漢書補注》引胡注："漢制，大駕，大將軍驂乘。"

[2]【顏注】師古曰：肆，放也，展也。近，音鉅靳反。

[3]【顏注】師古曰：萌謂始生也。

至成帝時，爲光置守冢百家，吏卒奉祠焉。元始二年，[1]封光從父昆弟曾孫陽爲博陸侯，千户。

[1]【今注】元始：漢平帝年號（1—5）。

金日磾字翁叔，[1]本匈奴休屠王太子也。[2]武帝元狩中，票騎將軍霍去病將兵擊匈奴右地，多斬首，虜獲休屠王祭天金人。[3]其夏，票騎復西過居延，攻祁連山，大克獲。於是單于怨昆邪、休屠居西方多爲漢所破，[4]召其王欲誅之。昆邪、休屠恐，謀降漢。休屠王後悔，昆邪王殺之，并將其衆降漢。封昆邪王爲列侯。日磾以父不降見殺，與母閼氏、弟倫俱没入官，輸黄門養馬，[5]時年十四矣。

[1]【顏注】師古曰：磾，音丁奚反。【今注】日磾：音 mì dī。

[2]【顏注】師古曰：休，音許虬反（虬，白鷺洲本、大德本、殿本作“蚪”）。“屠”音“儲”。【今注】休屠王：匈奴王，駐地涼州休屠城（今甘肅武威市），其統領休屠部、獨孤部、屠各部，後來著名的金氏、獨孤氏就出自休屠王部（參見喬琛《休屠王閼氏與金氏家族——一個西漢匈奴家族的血統延續與文脈傳承》，《西域研究》2015年第1期）。

[3]【今注】祭天金人：匈奴祭天之中心偶像。漢武帝元狩二年（前121），霍去病破匈奴休屠王城，得“祭天金人”，後置於甘泉宫内。關於祭天金人，今有四説：其一佛像説，或以此爲佛像傳入中國之始；其二秦國金人説，或認爲秦始皇統一六國之後，收繳天下兵器，鑄造了“金人十二”，匈奴掠取用來祭天；其三薩滿教説，或以古代北方游牧民族的信仰以及鑄金人習俗爲據；其四希臘戰神説，或以新疆出土希臘戰神阿瑞斯爲圖證史。案，《漢書考正》宋祁謂，本書卷五五《霍去病傳》作“天祭金人”。

[4]【顏注】師古曰：昆，音下門反。

[5]【今注】黄門：官署名。侍奉皇帝及其家族，多以宦官充任。

久之，武帝游宴見馬，[1]後宫滿側。日磾等數十人牽馬過殿下，莫不竊視，[2]至日磾獨不敢。日磾長八尺二寸，容貌甚嚴，馬又肥好，上異而問之，具以本狀對。上奇焉，即日賜湯沐衣冠，拜爲馬監，[3] 遷侍中駙馬都尉光禄大夫。日磾既親近，未嘗有過失，上甚信愛之，賞賜累千金，出則驂乘，入侍左右。貴戚多竊怨，曰：“陛下妄得一胡兒，反貴重之!”上聞，愈厚焉。

[1]【顏注】師古曰：方於宴游之時，而召閲諸馬。

[2]【顏注】師古曰：視宫人。

[3]【今注】馬監：官名。黄門令屬官。掌馬政。案，陳直《漢書新證》説：“馬監者黄門令屬官之馬監也，黄門令又有倡監，見《東方朔傳》。又按：《隸釋》卷六武梁祠畫像題字有‘騎都尉’畫像，旁題‘休屠像’一榜，蓋畫金日磾事。惟稱‘騎都尉’，與本傳稱‘駙馬都尉’異。又西安漢城遺址出土有‘金’字瓦當，亦疑爲日磾邸第之物，因西漢無其他金姓貴族也。”

日磾母教誨兩子，甚有法度，上聞而嘉之。病死，[1] 詔圖畫於甘泉宫，署曰“休屠王閼氏”。[2] 日磾每見畫常拜，鄉之涕泣，然後迺去。[3] 日磾子二人皆愛，爲帝弄兒，[4] 常在旁側。弄兒或自後擁上項，[5] 日磾在前，見而目之。[6] 弄兒走且啼曰：“翁怒。”上謂日磾：“何怒吾兒爲？”其後弄兒壯大，不謹，自殿下與宫人戲，日磾適見之，惡其淫亂，遂殺弄兒。弄兒即日磾長子也。上聞之大怒，日磾頓首謝，具言所以殺弄兒狀。上甚哀，爲之泣，已而心敬日磾。

[1]【今注】案，《漢書考正》宋祁謂，“病”疑作“母”。

［2］【顏注】師古曰：題其畫。

［3］【顏注】師古曰："鄉"讀曰"嚮"。

［4］【今注】弄兒：指供人狎弄取樂的兒童。

［5］【顏注】師古曰：擁，抱也。

［6］【顏注】師古曰：目，視怒也。

　　初，莽何羅與江充相善，及充敗衛太子，何羅弟通用誅太子時力戰得封。後上知太子冤，廼夷滅充宗族黨與。何羅兄弟懼及，[1]遂謀爲逆。日磾視其志意有非常，心疑之，陰獨察其動靜，與俱上下。[2]何羅亦覺日磾意，以故久不得發。是時上行幸林光宮，[3]日磾小疾臥廬。[4]何羅與通及小弟安成矯制夜出，共殺使者，發兵。明旦，上未起，何羅亡何從外入。[5]日磾奏廁心動，[6]立入坐內戶下。須臾，何羅褏白刃從東箱上，[7]見日磾，色變，走趨臥內欲入，[8]行觸寶瑟，僵。[9]日磾得抱何羅，因傳曰："莽何羅反！"[10]上驚起，左右拔刃欲格之，上恐并中日磾，[11]止勿格。日磾捽胡投何羅殿下，[12]得禽縛之，窮治皆伏辜。繇是著忠孝節。[13]

［1］【顏注】師古曰：及謂及於禍也。

［2］【顏注】師古曰：上下於殿也。

［3］【顏注】服虔曰：甘泉一名林光。師古曰：秦之林光宮，胡亥所造，漢又於其旁起甘泉宮。

［4］【顏注】師古曰：殿中所止曰廬。

［5］【顏注】師古曰：無何猶言無故也。

[6]【顔注】師古曰：奏，向也。日磾方向厠而心動。

[7]【顔注】師古曰：置刃於衣褒中也。褒，古“袖”字。

[8]【顔注】師古曰：“趨”讀曰“趣”，嚮也。臥内，天子臥處。

[9]【今注】僵：仰面向後倒下。

[10]【顔注】師古曰：傳謂傳聲而唱之。

[11]【顔注】師古曰：中，音竹仲反。

[12]【顔注】孟康曰：“胡”音“互”。捽胡，若今相僻臥輪之類也。晉灼曰：胡，頸也，捽其頸而投殿下也。師古曰：晉説是也。捽，音才兀反。【今注】捽胡：揪住頭頸。

[13]【顔注】師古曰：“繇”讀與“由”同。

　　日磾自在左右，目不忤視者數十年。[1]賜出宮女，不敢近。上欲内其女後宮，不肯。其篤慎如此，上尤奇異之。[2]及上病，屬霍光以輔少主，[3]光讓日磾。日磾曰：“臣外國人，且使匈奴輕漢。”於是遂爲光副。光以女妻日磾嗣子賞。初，武帝遺詔以討莽何羅功封日磾爲秺侯，[4]日磾以帝少不受封。輔政歲餘，病困，大將軍光白封日磾，卧授印綬。一日，薨，賜葬具冢地，送以輕車介士，軍陳至茂陵，謚曰敬侯。

[1]【顔注】師古曰：忤，逆也。

[2]【顔注】師古曰：篤，厚也（白鷺洲本、大德本同，殿本無此注）。

[3]【顔注】師古曰：屬，音之欲反。

[4]【顔注】師古曰：秺，音丁故反。

日磾兩子，賞、建，俱侍中，與昭帝略同年，共臥起。賞爲奉車、建駙馬都尉。[1]及賞嗣侯，佩兩綬，上謂霍將軍曰："金氏兄弟兩人不可使俱兩綬邪？"霍光對曰："賞自嗣父爲侯耳。"上笑曰："侯不在我與將軍乎？"光曰："先帝之約，有功迺得封侯。"時年俱八九歲。宣帝即位，賞爲太僕，霍氏有事萌牙，上書去妻。[2]上亦自哀之，獨得不坐。元帝時爲光禄勳，薨，亡子，國除。元始中繼絶世，封建孫當爲秺侯，奉日磾後。

[1]【今注】奉車：奉車都尉。　駙馬都尉：官名。武帝時始置。掌皇帝副車之馬。駙，即"副"。

[2]【顏注】師古曰：萌牙者，言始有端緒，若草之始生。【今注】案，錢大昕《廿二史考異·漢書三》謂，本書《百官公卿表》"宣帝甘露四年，秺侯金賞爲侍中太僕"，距霍氏之亡已十六年矣。霍氏有事之始，賞祇爲侍中，未任太僕也。

初，日磾所將俱降弟倫，字少卿，爲黃門郎，早卒。日磾兩子貴，及孫則衰矣，而倫後嗣遂盛，子安上始貴顯封侯。

安上字子侯，少爲侍中，惇篤有智，宣帝愛之。頗與發舉楚王延壽反謀，[1]賜爵關内侯，[2]食邑三百户。後霍氏反，安上傳禁門闥，無内霍氏親屬，[3]封爲都成侯，至建章衛尉。薨，賜冢塋杜陵，謚曰敬侯。四子，常、敞、岑、明。

[1]【顏注】師古曰："與"讀曰"豫"。

[2]【今注】關內侯：爵位名。二十等爵位中第十九等，僅低於徹侯（即列侯，亦稱通侯）。有號無封國。

[3]【顏注】師古曰：禁，止也。門闥，宮中大小之門也。傳聲而止諸門闥也。

　　岑、明皆爲諸曹中郎將，常光禄大夫。元帝爲太子時，敞爲中庶子，[1]幸有寵，帝即位，爲騎都尉光禄大夫，中郎將侍中。元帝崩，故事，[2]近臣皆隨陵爲園郎，[3]敞以世名忠孝，太后詔留侍成帝，爲奉車水衡都尉，至衞尉。敞爲人正直，敢犯顏色，左右憚之，唯上亦難焉。[4]病甚，上使使者問所欲，以弟岑爲託。上召岑，拜爲使主客。[5]敞子涉本爲左曹，上拜涉爲侍中，使待幸緑車載送衞尉舍。[6]須臾卒。[7]敞三子，涉、參、饒。

[1]【今注】中庶子：官名。即太子中庶子。秦漢時爲太子侍從官。秩六百石。

[2]【今注】故事：舊制。

[3]【今注】園郎：官名。守陵園，園令屬官。

[4]【顏注】師古曰：臣下皆敬憚，唯有天子一人，亦難之。【今注】案，王先謙《漢書補注》謂，"唯"與"雖"同。言不獨左右憚之，雖上亦難之也。顏訓誤。詳見本書卷三四《韓信傳》。

[5]【顏注】服虔曰：官名，屬鴻臚，主胡客也。

[6]【顏注】李奇曰：輦緑車，常設以待幸也。臨敞病困，拜子爲侍中，以此車送，欲敞見其榮寵也。如淳曰：幸緑車嘗置左右以待召載皇孫，今遣涉歸，以皇孫車載之，寵之也。晉灼曰：

漢注緑車名皇孫車，太子有子乘以從。師古曰：如、晉二説是也。

　　[7]【今注】案，時在漢成帝陽朔四年（前21）。

　　涉明經儉節，諸儒稱之。成帝時爲侍中騎都尉，領三輔胡越騎。[1]哀帝即位，爲奉車都尉，至長信少府。[2]而參使匈奴，匈奴中郎將，[3]越騎校尉，關内都尉，[4]安定、東海太守。饒爲越騎校尉。[5]

　　[1]【顔注】師古曰：胡越騎之在三輔者，若長水、長楊、宣曲之屬是也。

　　[2]【今注】長信少府：官名。漢有長信詹事，主皇太后宫，由宦者任職。景帝改爲長信少府。秩二千石。

　　[3]【顔注】師古曰：以其出使匈奴，故拜爲匈奴中郎將也。【今注】案，吳恂《漢書注商》謂，當作“參使匈奴中郎將”。傳文方歴陳三子官階，不應插入“使匈奴”一語。

　　[4]【今注】案，《漢書考正》宋祁謂“内”字當删。

　　[5]【今注】越騎校尉：官名。漢武帝置八校尉之一，掌越騎。秩比二千石。

　　涉兩子，湯、融，皆侍中諸曹將大夫。[1]而涉之從父弟欽舉明經，爲太子門大夫，[2]哀帝即位，爲太中大夫給事中，欽從父弟遷爲尚書令，兄弟用事。帝祖母傅太后崩，欽使護作，[3]職辦，擢爲泰山、弘農太守，[4]著威名。平帝即位，徵爲大司馬司直、京兆尹。[5]帝年幼，選置師友，[6]大司徒孔光以明經高行爲孔氏師，[7]京兆尹金欽以家世忠孝爲金氏友。徙光禄大夫侍中，秩中二千石，封都成侯。

[1]【顏注】師古曰：將亦謂中郎將也。【今注】案，陳直《漢書新證》："阮氏《積古齋鐘鼎款識》卷十、十五頁，有'金湯'銅器，疑即金湯所鑄。又按：《百官表》中黃門有給事黃門，位從將大夫。與本傳將大夫三字連文正合。將爲五官中郎將，左、右中郎將，郎中車、户、騎三將之通稱。大夫爲太中大夫、諫大夫、光禄大夫之通稱。顏師古注，將謂五官中郎將，所解猶爲狹義。"

[2]【今注】太子門大夫：官名。漢屬太子少傅。爲太子宫宿衛之官。秩六百石。

[3]【顏注】師古曰：監主葬送之事也。

[4]【今注】泰山：郡名。治奉高（今山東泰安市東）。　弘農：郡名。治弘農縣（今河南靈寶市東北）。

[5]【今注】司直：官名。漢武帝始置。幫助長官檢舉不法。

[6]【今注】案，選，白鷺洲本、大德本同，殿本作"遷"。

[7]【今注】孔光：傳見本書卷八一。

時王莽新誅平帝外家衛氏，召明禮少府宗伯鳳[1]入説爲人後之誼，白令公卿、將軍、侍中、朝臣並聽，[2]欲以内屬平帝而外塞百姓之議。[3]欽與族昆弟秺侯當俱封。初，當曾祖父日磾傳子節侯賞，而欽祖父安上傳子夷侯常，皆亡子，國絶，故莽封欽、當奉其後。當母南即莽母功顯君同産弟也。當上南大行爲大夫人。[4]欽因緣謂當："詔書陳日磾功，亡有賞語。當名爲以孫繼祖也，自當爲父、祖父立廟。[5]賞故國君，使大夫主其祭。"[6]時甄邯在旁，[7]庭叱欽，[8]因劾奏曰："欽幸得以通經術，超擢侍帷幄，重蒙厚恩，封襲爵號，[9]知聖朝以世有爲人後之誼。前遭故定陶太后背本逆天，[10]孝哀不獲厥福，迺者吕寬、衛寶復造姦謀,[11]至於反逆,咸伏厥辜。大皇太后懲艾悼懼,[12]逆天之咎,非聖誣法,大亂之殃,誠欲奉承天心,遵明聖制,專壹爲後之誼,以安天下之命,數臨正殿,延見群臣,講習禮經。孫繼祖者,謂亡正統持重者也。賞見嗣日磾,後成爲君,[13]持大宗重,則《禮》所謂'尊祖故敬宗',[14]大宗不可以絶者也。欽自知與當俱拜同誼,即數揚言殿省中,教當云云。[15]當即如其言,則欽亦欲爲父明立廟而不入夷侯常廟矣。進退異言,頗惑衆心,亂國大綱,開禍亂原,誣祖不孝,罪莫大焉。尤非大臣所宜,大不敬。秺侯當上母南爲太夫人,失禮不敬。"莽白太后,下四輔、公卿、大夫、博士、議郎,[16]皆曰:"欽宜以時即罪。"[17]謁者召欽詣詔獄,欽自殺。邯以綱紀國體,亡所阿私,忠孝尤著,益封千户。更封長信少府涉子右曹湯爲都成侯。湯受封日,不敢還歸家,以明爲人後之誼。益封之後,莽復用欽弟遵,封侯,歷九卿位。

[1]【顏注】如淳曰:宗伯,姓。

[2]【顏注】師古曰:白令皆聽之。

[3]【顏注】師古曰:塞,止也。

[4]【顏注】文穎曰:南,名也。大行,官名也(白鷺洲本、大德本同,殿本無"也"字)。當上名狀於大行也。鄧展曰:當上南爲大夫人,恃莽姨母故耳。爲父立廟,非也。【今注】大行:指大行令。漢武帝太初元年(前104)由行人令改名。大鴻臚屬官。協助大鴻臚掌管安排諸侯、百官朝會、封授等活動,以及少數民族使節朝見禮儀。秩六百石。

[5]【顏注】晉灼曰：當是賞弟建之孫，此言自當爲其父及祖父建立廟也。

[6]【顏注】如淳曰：以賞故國君，使大夫掌其祭事。臣瓚曰：當是支庶上繼太宗（太宗，白鷺洲本、大德本同，殿本作"大宗"），不得顧其外親也。而欽見當母南爲大夫人（大夫人，白鷺洲本同，大德本、殿本作"太夫人"），遂尊其父祖以續日磾，不復爲後賞，而令大夫主賞祭事。師古曰：瓚説是也。

[7]【今注】甄邯：字子心，西漢末政治人物。大司徒孔光的女婿。

[8]【顏注】師古曰：於朝庭中叱之也。

[9]【顏注】師古曰：重，音直用反。

[10]【今注】定陶太后：即傅昭儀，漢元帝妃嬪，定陶恭王劉康生母，哀帝劉欣的祖母。哀帝尊爲太皇太后。王莽掌權後，貶爲定陶恭王母。事見本書卷九七下《外戚傳下》。

[11]【今注】呂寬：漢平帝時人，王莽長子王宇之妻兄。爲配合王宇勸説王莽移權於太后衛姓家族，弄鬼警戒，入夜用狗血灑王莽府邸門。事發遭誅。　衛寶：漢平帝舅父。

[12]【顏注】師古曰："艾"讀曰"乂"。乂，創也。【今注】案，大皇，白鷺洲本、大德本、殿本作"太皇"。

[13]【今注】案，後，白鷺洲本、殿本作"從"。

[14]【今注】案，語見《禮記·大傳》。

[15]【顏注】師古曰：云云者，多言也。謂上所陳以孫繼祖也。

[16]【今注】四輔：指王莽掌權時的四位輔政大臣。

[17]【顏注】師古曰：即，就也。

　　贊曰：霍光以結髮内侍，[1]起於階闥之閒，[2]確然秉志，誼形於主。[3]受襁褓之託，任漢室之寄，當廟堂，擁幼君，摧燕王，仆上官，[4]因權制敵，以成其忠。處廢置之際，臨大節而不可奪，遂匡國家，安社稷。擁昭立宣，光爲師保，雖周公、阿衡，何以加此！[5]然光不學亡術，闇於大理，陰妻邪謀，[6]立女爲后，湛溺盈溢之欲，以增顛覆之禍，[7]死財三年，宗族誅夷，[8]哀哉！昔霍叔封於晉，[9]晉即河東，光豈其苗裔乎？金日磾夷狄亡國，羈虜漢庭，而以篤敬寤主，忠信自著，勒功上將，傳國後嗣，世名忠孝，七世内侍，[10]何其盛也！本以休屠作金人爲祭天主，故因賜姓金氏云。

[1]【今注】結髮：束髮，紮結頭髮。古男子二十歲束髮而冠，以示成年。

[2]【今注】階闥：陛階和宮門。借指宫廷。

[3]【顏注】師古曰：形，見也。

[4]【顏注】師古曰：仆，頓也（頓也，白鷺洲本、殿本同，大德本作“煩也”，誤），音“赴”。【今注】仆：使覆敗。

[5]【顏注】師古曰：阿衡，伊尹官號也。阿，倚也。衡，平也。言天子所倚，群下取平也。

[6]【顏注】晉灼曰：不揚其過也。

[7]【顏注】師古曰：“湛”讀曰“沈”。

[8]【顏注】師古曰：“財”與“纔”同。

[9]【顏注】師古曰：霍叔，文王之子、武王之弟也。【今注】案，何焯《義門讀書記》卷一八謂，昭、宣之際，有推霍光爲霍叔後者，其語殊謬，足累光之誠節。詳見《史記·三代世表》後褚少孫所記。班氏特略舉於贊中，以傳疑，亦兼以爲微戒云。

[10]【今注】案，楊樹達《漢書窺管》説，日磾至湯不過五世，“七”字疑誤。